中国科协产业技术路线图丛书
中国科学技术协会 / 主编

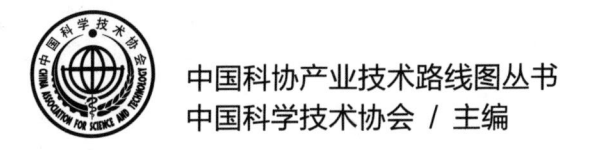

先进制造
产业技术路线图

中国机械工程学会　编著

中国科学技术出版社
·北　京·

图书在版编目（CIP）数据

先进制造产业技术路线图 / 中国科学技术协会主编；中国机械工程学会编著 . —北京：中国科学技术出版社，2024.6
（中国科协产业技术路线图丛书）
ISBN 978-7-5236-0696-4

Ⅰ.①先… Ⅱ.①中… ②中… Ⅲ.①制造工业 – 产业发展 – 研究 – 中国 Ⅳ. F426.4

中国国家版本馆 CIP 数据核字（2024）第 090101 号

策　　划	刘兴平　秦德继
责任编辑	赵　佳
封面设计	菜花先生
正文设计	中文天地
责任校对	邓雪梅
责任印制	徐　飞

出　　版	中国科学技术出版社
发　　行	中国科学技术出版社有限公司
地　　址	北京市海淀区中关村南大街 16 号
邮　　编	100081
发行电话	010-62173865
传　　真	010-62173081
网　　址	http://www.cspbooks.com.cn

开　　本	787mm×1092mm　1/16
字　　数	290 千字
印　　张	15.75
版　　次	2024 年 6 月第 1 版
印　　次	2024 年 6 月第 1 次印刷
印　　刷	河北鑫兆源印刷有限公司
书　　号	ISBN 978-7-5236-0696-4 / F·1249
定　　价	98.00 元

（凡购买本社图书，如有缺页、倒页、脱页者，本社销售中心负责调换）

本书编委会

首席科学家 郭东明

顾 问 组（按姓氏笔画排序）

尤 政　毛 明　朱森第　屈贤明

专 家 组（按姓氏笔画排序）

王长路　王晓浩　左晓卫　刘志峰[1]　刘志峰[2]　刘辛军
刘忠明　李涤尘　李新宇[1]　杨炳南　张 洁　张 雷
张传臣　张保全　张彦敏　张喜军　陆大明　苑世剑
姜 潮　高 亮　韩 旭　雷源忠　戴一帆

编 写 组（按姓氏笔画排序）

于宏丽　牛 斌　方永聪　方学伟　孔德婧　叶 军
田小永　田利芳　兰红波　师陆冰　吕佑龙　朱利斌
刘 宇　刘 杰　刘 钢　刘长猛　刘佳涛　刘俊峰
刘艳秋　刘振宇　刘培基　齐宝宝　闫春泽　关朝亮
阮 勇　李 菊　李 磊　李宝童　李星辉　李淑慧
李新宇[2]　杨聪彬　吴玲玲　侣好学　汪俊亮　张 驰
张 旻　张春江　张春波　张荷芳　张德权　陈 军
陈 妮　陈传海　陈浩杰　陈善勇　林 鑫　欧 洋
季亚娟　郑凯伦　赵 强　胡 皓　胡嘉琦　柯庆镝
贺 永　贺健康　袁俊瑞　顾冬冬　柴 禄　倪冰雨

　　　　高艺平　郭劲言　陶　波　黄海鸿　曹立雄　常川川
　　　　符永高　梁庆宣　彭小强　彭开元　韩清华　谢福贵
　　　　赖　涛　詹　梅　鲍　宏　熊　卓　熊玉朋　薛　飞
　　　　薛　帅

统　　稿　刘艳秋　韩清华　田利芳

秘　　书　韩清华

注：刘志峰[1]（吉林大学）；刘志峰[2]（合肥工业大学）
　　　李新宇[1]（华中科技大学）；李新宇[2]（合肥工业大学）

序

习近平总书记深刻指出，要积极培育新能源、新材料、先进制造、电子信息等战略性新兴产业，积极培育未来产业，加快形成新质生产力，增强发展新动能。产业是生产力变革的具体表现形式，战略性新兴产业、未来产业是生成和发展新质生产力的主阵地，对新旧动能转换发挥着引领性作用，代表着科技创新和产业发展的新方向。只有围绕发展新质生产力布局产业链，及时将科技创新成果应用到具体产业和产业链上，才能改造提升传统产业，培育壮大新兴产业，布局建设未来产业，完善现代化产业体系，为高质量发展持续注入澎湃动能。

中国科协作为党和政府联系科学技术工作者的桥梁和纽带，作为国家推动科学技术事业发展、建设世界科技强国的重要力量，在促进发展新质生产力的进程中大有可为也大有作为。2022年，中国科协依托全国学会的学术权威性和组织优势，汇聚产学研各领域高水平专家，围绕信息技术、生物技术、先进制造技术、现代交通技术、空天技术等相关技术产业，以及生命健康、新材料、新能源等相关领域产业，开展产业技术路线图研究，研判国内外相关产业的整体发展态势和技术演进变革趋势，提出产业发展的关键技术，制定发展路线图，探索关键技术的突破路径和解决机制，以期引导广大科技工作者开展原创性、引领性攻关，为培育新质生产力奠定技术基础。

产业技术路线图重点介绍国内外相关领域的产业与技术概述、产业技术发展趋势，对产业技术需求进行分析，提出促进产业技术发展的政策建议。丛书整体兼顾科研工作者和管理决策者的需要，有助于科研人员认清产业发展、关键技术、生产流程及产业环境现状，有助于企业拟定技术研发目标、找准创新升级的发展方向，有助于政府决策部门识别我国现有的技术能力和研发瓶颈、明确支持和投入方向。

在丛书付梓之际,衷心感谢参与编纂的全国学会、学会联合体、领军企业以及有关科研、教学单位,感谢所有参与研究与编写出版的专家学者。真诚地希望有更多的科技工作者关注产业技术路线图研究,为提升研究质量和扩展成果利用提出宝贵意见建议。

前　言

　　党的二十大报告指出，高质量发展是全面建设社会主义现代化国家的首要任务。要加快建设现代化经济体系，坚持把发展经济的着力点放在实体经济上，实施产业基础再造工程和重大技术装备攻关工程，支持专精特新企业发展，推动制造业高端化、智能化、绿色化发展。先进制造知识密集、创新活跃、成长性好、附加值高，是新一轮科技革命和产业变革的主阵地，也是引领全球经济增长的主引擎和压舱石。

　　近十年来，我国先进制造业快速增长、稳定发展，展示出强劲的发展韧性。国家统计局《新产业新业态新商业模式统计分类（2018）》将先进制造产业分为14大类，113小类。我国制造业增加值从2012年的16.98万亿元增加到2022年的33.5万亿元，占全球比重从2012年的22.5%提高到2022年的近30%。光伏、新能源汽车、轨道交通、智能手机、消费级无人机等先进制造业领域出现了一些创新能力突出、发展潜力好、国际竞争力强的企业，在技术方面取得了一定优势；载人深潜、大型飞机等领域成功研发了蛟龙号载人潜水器、C919大飞机等国之重器，实现从无到有的突破；在卫星导航系统、超级计算机等一批重大技术装备领域也取得了突破。

　　但先进制造业实现高质量发展仍然面临技术创新能力、产业结构、能耗等问题的挑战。在设计研发环节，我国研发设计类软件接近90%的市场被国外品牌垄断，软件中的工业辅助设计、工艺流程控制、技术数据、模拟测试等底层核心技术长期缺乏。关键基础材料、核心基础零部件、基础制造技术与装备等技术亟须增强自主创新能力。

　　要推动制造业高质量发展，就要突出重点，把握关键。要以科技创新引领现代化产业体系建设，实施产业基础再造工程和重大技术装备攻关工程，实施制造业重点产业链高质量发展行动，提升产业链供应链韧性和安全水平。要聚焦先进制造业重点领域，加强薄弱环节；抓好重大技术装备攻关和重大短板装备攻关；实现制造业数字化转型、绿色低碳发展。

路线图的编制应为强化先进制造关键技术攻关与创新提供有力支撑。首先，路线图要瞄准未来一二十年的发展，先进制造业高质量发展就是要制造出高端的产品；强调产品性能是满足使用要求的最佳性能。其次，路线图既要有重点，还要有系统性。重点领域包括对我国先进制造业有重要支撑作用、基础共性作用的产业领域，未来可能成为战略制高点的产业领域，具备一定发展优势的产业领域。关键技术清单的梳理要瞄准国家先进制造"十四五"重大专项、重大规划、重大工程，瞄准重点领域的基础制造、高端装备制造、数字化制造、绿色制造、特种制造五大能力，瞄准重点领域的重点产品，遴选支撑我国先进制造业发展的若干项共性、基础和关键技术。各技术、产品、领域之间要体现相关性和系统性。最后，路线图要体现产业需求的牵引，分析未来可能产生的新技术带来的产品功能的提升、生产效益效率的提升。

本书概述了先进制造产业发展历程和现状，分析了国内外先进制造技术研究热点和技术发展特点，在先进制造产业"高端、智能、绿色"的发展趋势下，提出了12类重点产业领域和5类18项关键技术，并绘制了这18项关键技术的路线图。在以上研究的基础上，绘制了先进制造产业技术发展的总体路线图。

为了遴选关键技术，我们征集了企业、高校、科研院所等相关单位百余位专家的意见。尽管如此，我们仍期望得到更多专家的宝贵意见。感谢相关部门及产业界、学术界同仁的热心支持！

最后，期望本书能为我国先进制造业高端化智能化绿色化发展发挥积极作用。

中国机械工程学会
2024年2月

目录

第一章 先进制造产业发展概述 / 001
 第一节 发展历程及现状分析 / 001
 第二节 国内外进展比较 / 012

第二章 先进制造产业发展趋势与需求分析 / 016
 第一节 发展趋势 / 016
 第二节 需求分析 / 022

第三章 先进制造产业技术路线图分析 / 038
 第一节 路线图制定的主要思路 / 038
 第二节 先进制造产业与技术发展的愿景目标 / 042
 第三节 先进制造产业未来发展的重点领域及关键技术 / 045
 第四节 先进制造产业与技术发展总体路线图 / 060

第四章 关键技术路线图 / 066
 第一节 复杂机械系统高性能模拟、设计与工业软件 / 066
 第二节 复杂装备可靠性工程与全寿命保质设计 / 076
 第三节 大型复杂薄壁结构整体近净成形技术 / 087
 第四节 耐热合金整体叶盘类构件高品质摩擦焊技术 / 093
 第五节 超高精度光学元件加工检测、掠入射反射镜加工检测技术 / 102
 第六节 在线精密测试技术与设备 / 108
 第七节 大型构件高效增减材整体制造技术 / 117

第八节	多材料功能构件增材制造技术	/ 128
第九节	面向复杂产品设计、制造、服务软件的智能化技术	/ 140
第十节	数据与知识融合驱动的制造过程自决策技术	/ 150
第十一节	云边协同的工业互联网技术	/ 159
第十二节	废旧产品再资源化制造关键技术	/ 167
第十三节	绿色低碳设计技术及系统集成	/ 175
第十四节	核心基础零部件抗疲劳制造技术	/ 183
第十五节	高性能微纳传感器批量产品化关键技术	/ 194
第十六节	高端数控机床可靠性与精度保持性技术	/ 206
第十七节	超精密主轴、导轨和抛光功能头等关键零部件	/ 215
第十八节	工业机器人高性能加工技术	/ 223

第五章 促进先进制造产业与技术发展的政策建议 / 233

索 引 / 238

第一章
先进制造产业发展概述

制造业是国家繁荣发展的重要基础，是科技力量发挥作用的重要载体和国民经济的支柱产业。先进制造业是现代产业体系的脊梁，更是我国制造业转型升级、提升综合竞争力的重要保障。突出重点、抓住关键，着力提升产业链供应链韧性和安全水平，加快提升产业创新能力，持续推动产业结构优化升级，是今后一段时间的奋斗目标。发达经济体纷纷加紧部署先进制造业，全球制造业竞争日益加剧。我国先进制造产业具有一定基础。新发展格局下，先进制造产业是我国参与国际竞争的先导力量，也是引领我国制造业高质量发展的利器。发展先进制造产业势在必行、刻不容缓、立意深远。

第一节 发展历程及现状分析

一、先进制造技术与先进制造产业

先进制造技术是具有多学科体系的制造技术群，强调其从基础制造技术、新型制造单元技术到先进制造集成技术的发展过程（图1-1）[1]。

第一层次是基础制造技术群。包括铸造、塑性成形、焊接、热处理、表层改性、机械加工等基础制造工艺与技术。这些基础技术经过智能化、绿色化发展，形成优质、高效、智能、低耗、清洁的基础制造工艺与技术。如高性能成形制造技术、精密与超精密制造技术、微纳制造技术、高速加工技术等。

第二层次是新型制造单元技术群。其是在计算机、电子、信息、新材料、新能源、环境科学等技术牵引和深度融合下形成的制造技术，如计算机辅助设计（computer aided design，CAD）、计算机辅助制造（computer aided manufacturing，

CAM）、工艺模拟与优化、增材制造、激光加工、复合材料制造、生物制造等。

第三层次是先进制造集成技术群。通过应用新一代信息技术、工业互联网技术、大数据分析技术、系统工程及现代管理等，将上述两层的技术集成，形成柔性制造系统、智能制造系统、集成制造系统、虚拟制造、协同制造等新模式、新业态。

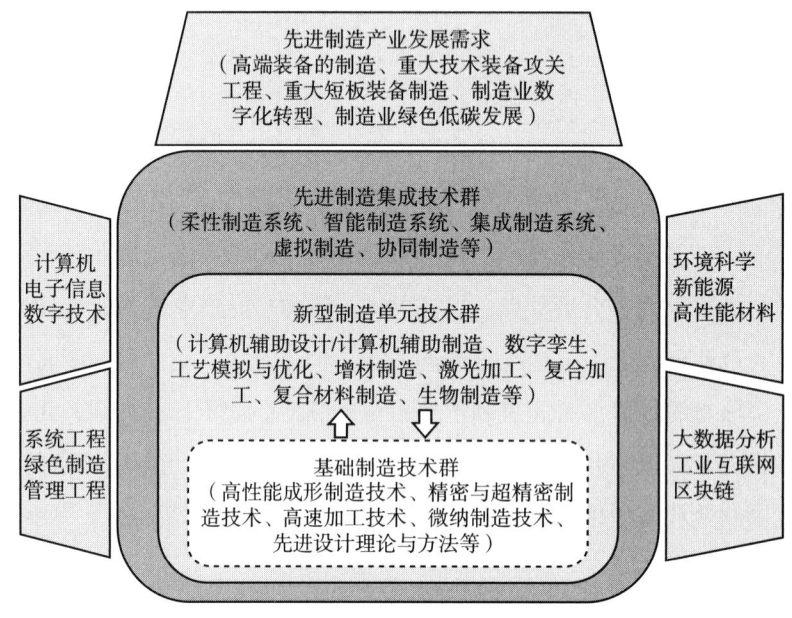

图 1-1　先进制造技术的层次及技术示意图

先进制造产业的发展离不开先进制造技术创新。传统制造业产业的升级、新兴产业的形成、发展壮大，通常都是从先进制造技术的创新开始，随着技术成果的产业化应用，市场规模与商业模式逐渐走向成熟。

实现优质、高效、低耗、清洁、灵活生产的先进制造技术有高附加值，同时制造过程中管理先进，有更好的社会和市场效益。

先进制造产业具有技术先进、知识密集、附加值高、成长性好、带动性强等特征[2]。我国先进制造产业既包括新技术催生的新产业、新业态、新模式，也包括利用先进制造技术、工艺、流程、材料、管理等改造提升后的传统产业（图1-2）。我国先进制造产业发展就是既要做大做强新兴产业，突出抓好大飞机、航空发动机和燃气轮机、航天装备、轨道交通装备、集成电路、海洋工程装备、高端数控机床、机器人、高性能材料制造、新能源汽车、新能源装备等重点领域的创新突破，也要做好做实传统产业的转型升级，推动企业加快数字化、网络化、智能化改造，实现产品从中低端向中高端的升级，生产过程、生产工艺提质增效、节能降耗，产业迈向高端智能绿色。

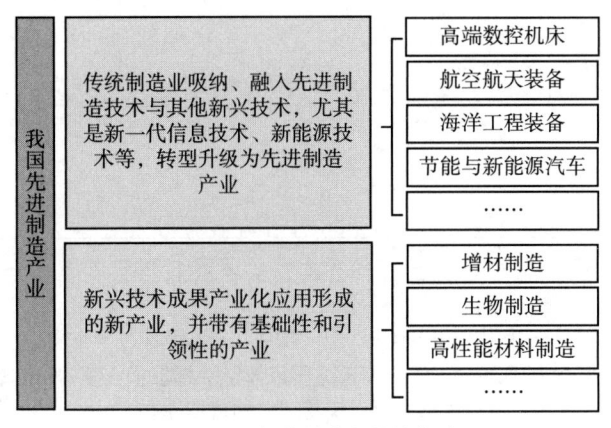

图 1-2 先进制造产业的构成

二、先进制造产业发展历程

当前，新一轮产业革命正在全球范围内孕育兴起，新技术尤其是信息通信技术领域加速创新，并与制造业紧密结合催生新的制造技术与工艺、新服务、新业态、新模式、新应用。世界各主要经济体均围绕先进制造产业创新发展制定政策措施。发达国家侧重于推动制造业回归，通过体系化创新重塑竞争优势和主导权；新兴经济体等发展中国家或地区则力图依托优势要素制定赶超计划，赢得未来产业竞争的主动权。

（一）产业创新进程与国际生产体系变革催生先进制造产业

工业革命以来，从世界先行工业化国家的发展轨迹，先是英国、美国，后是德国、日本，无一不是依靠强大的制造业迈上高收入国家水平，并长期在诸多制造业领域维持较强国际竞争力。近年来，各国重视制造业发展，制造业增加值占国内生产总值（gross domestic product, GDP）比重处于稳定状态（见图 1-3）。其中，德国、日本制造业占本国 GDP 比重多年保持在 20% 左右；美国保持在 11% 以上；韩国保持在 25% 以上。

2021 年，受疫情影响美国制造业增加值比重降至 10.16%（见图 1-4），但美国在先进制造技术、制造方法创新等，以及面向制造业的生产性服务业在全球仍处于全球领先地位。若综合考虑先进制造技术及其关联延伸范围，其对美国经济的实际带动作用远高于其增加值的占比。

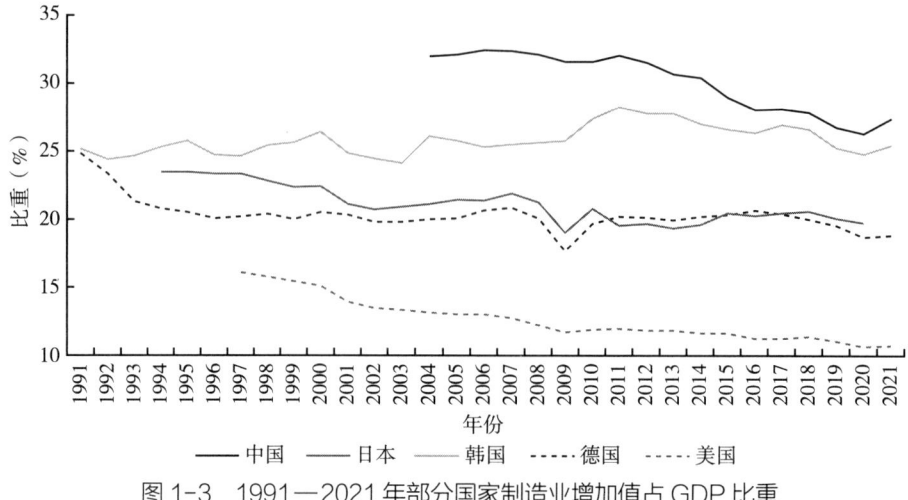

图 1-3 1991—2021年部分国家制造业增加值占GDP比重
数据来源：快易理财网数据库。

图 1-4 2011—2021年美国制造业增加值及GDP
数据来源：快易理财网数据库。

改革开放以来，我国制造业快速发展推动经济和收入水平持续提升，迅速由低收入国家迈上中等收入国家[3]。2020年，我国人均制造业增加值2749美元；2021年，增至3141美元，但与部分发达国家相比，仍存在很大差距。高收入国家人均制造业增加值在6000美元左右。其中，德国和日本超过8000美元，美国和韩国则超过7000美元。此外，我国制造业增加值占GDP比重自2012年进入持续下滑态势（图1-5），未来我国经济和制造业发展要迈向高质量发展阶段，发展先进制造产业将成为我国未来经济高质量发展的重要抓手。

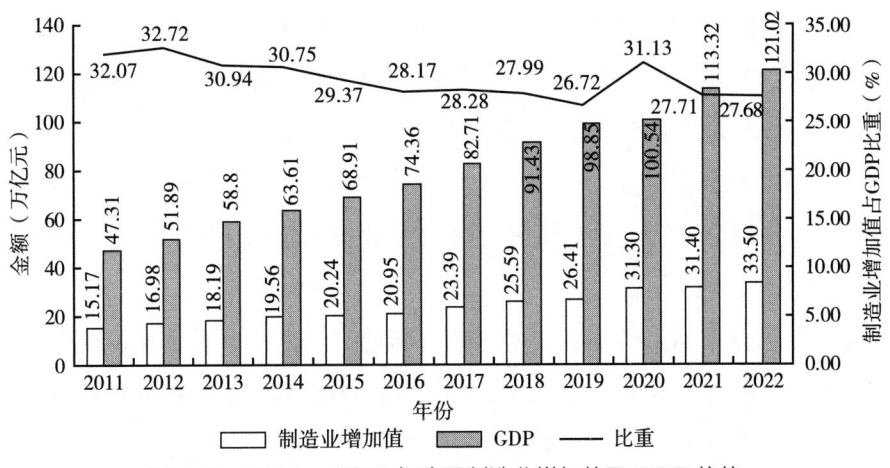

图 1-5　2011—2022 年我国制造业增加值及 GDP 趋势

数据来源：2010—2023 年《中国统计年鉴》。

世界科技发展正面临四大发展趋势：一是移动互联网、智能终端、大数据、云计算、高端芯片等新一代信息技术发展将带动众多产业变革和创新；二是围绕新能源、气候变化、空间、海洋开发的技术创新更加密集；三是绿色经济、低碳技术等新兴产业蓬勃兴起；四是生命科学、生物技术带动形成庞大的健康、现代农业、生物能源、生物制造、环保等产业[4]。

信息技术与制造技术的融合推动了智能设计、智能制造、服务型制造、硬件与软件的深度融合发展，推动传统制造业数字化智能化转型升级。工业机器人、数字化产线、工业物联网的出现使得大规模定制生产、连续化生产、全球协同制造与服务成为可能。能源经历了从煤炭到石油、天然气，到核能，再到太阳能、风能为代表的可再生能源转型的过程，锂电、光伏、新能源汽车、新能源装备等重点领域创新突破不断加快。随着新一轮科技革命和产业变革突飞猛进，数字技术、新材料、新能源、生命科学等领域新技术的成熟和大规模产业化催生新产品、新产业，以数字技术为代表的新兴技术的扩散融合正在深入改变现有产业的要素组合、生产工艺、商业模式、组织模式等各个方面，推动传统产业转向先进制造业。先进制造产业正在成为各主要工业国提升产业核心竞争力的共同选择。

为了应对全球竞争，美国拜登政府执政以来积极采取一系列措施，通过技术创新提振美国制造业，包括发布 2022 年版《国家先进制造业战略》（*National Strategy for Advanced Manufacturing*，以下简称 NSAM 战略）。在制造业创新技术方面，拜登政府延续了往届政府对于纳米制造、半导体材料以及数字化、量子计算和人工智能等技术创新在制造业的集成与应用战略，加强了对于新材料及加工技术的关注，强调了清洁和可持续制造以支持传统工业脱碳。先进制造技术在美国制造业生态系统和供应链中的广泛应用，促进美国制造业保持持续的竞争优势。

此外，德国提出"工业4.0计划"，英国提出工业2050计划，日本2014年《制造业白皮书》强调日本制造业在积极发挥IT作用方面落后于欧美，建议转型为利用大数据的"下一代"制造业。

融合了数字技术的先进制造技术与先进制造产业正在重组全球各种生产要素资源，重构全球产业链价值链，促使国际生产体系的转型。如果说20世纪生产模式的突出特点是少品种、大批量、效率高、单品成本低，进入21世纪，面对竞争日趋激烈、形势瞬息万变的市场环境，数字化智能化制造很好地解决了需求端对产品要求的复杂性和个性化。制造企业运用建模、仿真、虚拟现实、数字孪生等技术手段对产品设计、研发和制造进行全过程模拟；技术主导型企业可以组建管理结构扁平化、竞争与合作相结合的动态产业联盟，成员企业基于自身比较优势、围绕各自核心竞争力开展联合生产活动[5]。但近年来，国际贸易保护主义加剧以及新冠肺炎疫情的冲击，使制造业的全球化进程遭遇严重挫折。全球产业链价值链正在面临结构性重构，区域化、数字化、绿色化将成为国际生产调整的重要方向[6]。

（二）工业发达国家优先和重点布局先进制造产业

21世纪以来，主要工业发达国家都非常重视先进制造产业在本国的发展，以占据全球竞争的制高点。

美国提出NSAM战略，设定了相互关联的三大目标：开发和实施先进制造技术、促进先进制造业劳动力发展和提升制造业供应链弹性。NSAM战略将为美国本土先进制造业的研发和生产等活动提供长期的指导，推动创新实现新的制造方法以及开发新产品。将人工智能、先进的制造业技术、量子信息科学和第五代移动通信技术列为"推动美国繁荣和保护国家安全"的4项关键技术。美国通用电气公司（General Electric Company，GE）公司于2012年提出"工业互联网"计划，其基本思想是"打破智慧与机器的边界"（Pushing the Boundaries of Minds and Machines），旨在通过提高机器设备的利用率并降低成本，取得经济的效益，引发新的革命。2022年4月，美国商务部下属机构美国国家标准与技术研究院（National Institute of Standards and Technology，NIST）发布了"先进制造技术路线图"（Advanced Manufacturing Technology Roadmap，MFGTech）计划，旨在通过为有前途的先进制造集群制定技路线图，以及建立新的或加强现有行业驱动联合体的竞争力，计划面向4个领域，包括微电子、供应链弹性、未来工业以及振兴传统产业[7]（图1-6）。

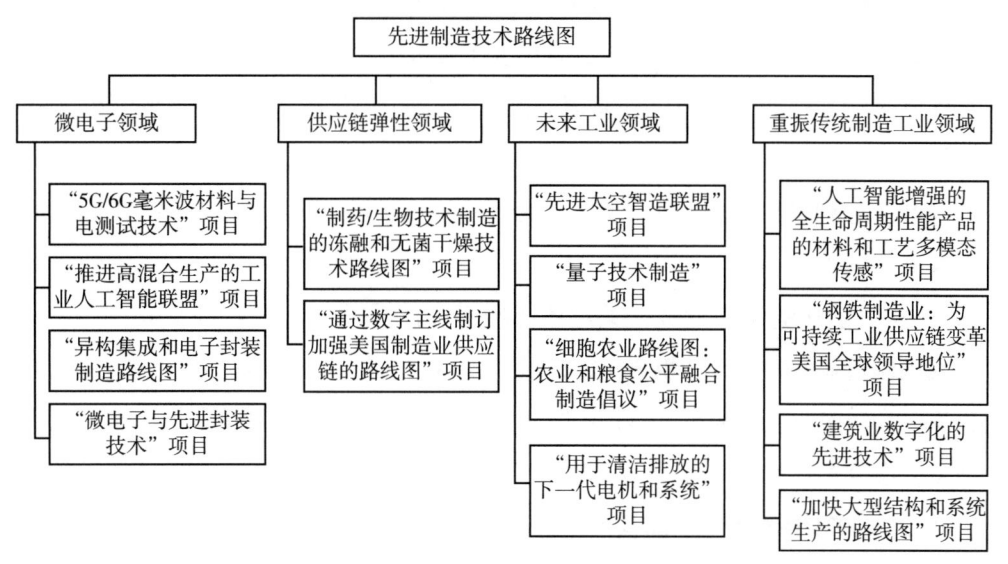

```
先进制造技术路线图
├── 微电子领域
│   ├── "5G/6G毫米波材料与电测试技术"项目
│   ├── "推进高混合生产的工业人工智能联盟"项目
│   ├── "异构集成和电子封装制造路线图"项目
│   └── "微电子与先进封装技术"项目
├── 供应链弹性领域
│   ├── "制药/生物技术制造的冻融和无菌干燥技术路线图"项目
│   └── "通过数字主线制订加强美国制造业供应链的路线图"项目
├── 未来工业领域
│   ├── "先进太空智造联盟"项目
│   ├── "量子技术制造"项目
│   ├── "细胞农业路线图：农业和粮食公平融合制造倡议"项目
│   └── "用于清洁排放的下一代电机和系统"项目
└── 重振传统制造工业领域
    ├── "人工智能增强的全生命周期性能产品的材料和工艺多模态传感"项目
    ├── "钢铁制造业：为可持续工业供应链变革美国全球领导地位"项目
    ├── "建筑业数字化的先进技术"项目
    └── "加快大型结构和系统生产的路线图"项目
```

图1-6　MFGTech计划在4个关键领域执行的14个项目

德国政府于2013年启动"工业4.0（Industry 4.0）战略"，其基本思想是数字和物理世界的融合，主要特征是互联。利用数字-物理系统（cyber-physical systems，CPS）的理念，把企业的各种信息与自动化设备等整合在一起，打造智能工厂。工业4.0需要很多前沿技术做支撑，如物联网、大数据、增强现实、增材制造、仿真、云计算、人工智能等。接下来，德国又分别在2016年和2019年提出了《2025数字化战略》和《国家工业战略2030》，旨在敦促制造业利用数字化转型的机遇，巩固德国乃至欧洲在制造业领域的领先地位。德国的大企业已经有了较高的数字化水平，各项政策更多地关注中小企业数字化转型。除此以外，德国还在欧盟推动创建欧洲数字框架，计划建设35个欧洲数字创新中心，旨在向全欧洲推行德国的制造业数字化标准。

日本政府于1999年颁布《制造业基础技术振兴基本法》，提出每年以报告书的形式向国会报告振兴制造业的相关对策措施，发布《制造业白皮书》（以下简称白皮书）。历次白皮书提出重点发展机器人、下一代清洁能源汽车、再生医疗以及三维打印技术。2018年版白皮书中指出，在生产一线的数字化方面，应充分利用人工智能的发展成果，加快技术传承和节省劳动力。2022年版白皮书强调要强化半导体产业的竞争力，尤其要求在5G移动通信系统、可急速提升计算处理速度的量子计算机等数字技术方面提升日本的竞争力。

三、我国先进制造产业现状分析

"十三五"期间,我国先进制造产业快速增长,带动制造业创新能力的提升。光伏、新能源汽车、家电、智能手机、消费级无人机等重点产业跻身世界前列;信息通信、轨道交通等产业出现一批创新能力突出、引领作用大、发展潜力好、国际竞争力强的企业,开放水平也在不断提升。我国通信设备、先进轨道交通装备、输变电装备等产业达到世界领先水平,航天装备、新能源汽车、发电装备等产业达到世界先进水平[8]。

(一)产业优势正在形成,关键核心技术有待提升

我国制造业发展已经从粗放化、外延式发展转向集约化、内涵式发展,从规模速度竞争模式转向质量效益竞争模式,结构不断优化。我国先进制造业近十年来呈现快速增长、稳定发展的趋势,展示出强劲的发展韧性。

2012—2021年规模以上高技术制造业增加值年均增长11.6%,远高于同期工业增加值增速。装备工业增加值年均增长8.2%,始终保持中高速。2021年,我国高技术制造业、装备制造业增加值占规模以上工业增加值比重分别达到15.1%和33.7%,较2012年分别提高了3.3个和1.9个百分点,成为带动制造业发展的主要力量。2022年,我国高技术制造业增加值同比增长7.4%,高于制造业增加值增速4.4个百分点(图1-7);装备制造业增加值增长5.6%,对整体工业增长贡献率高达50.3%;其中,电子及通信设备制造业、航空航天器及设备制造业、医疗仪器设备及仪器仪表制造业分别增长12.7%、9.9%、7.6%。

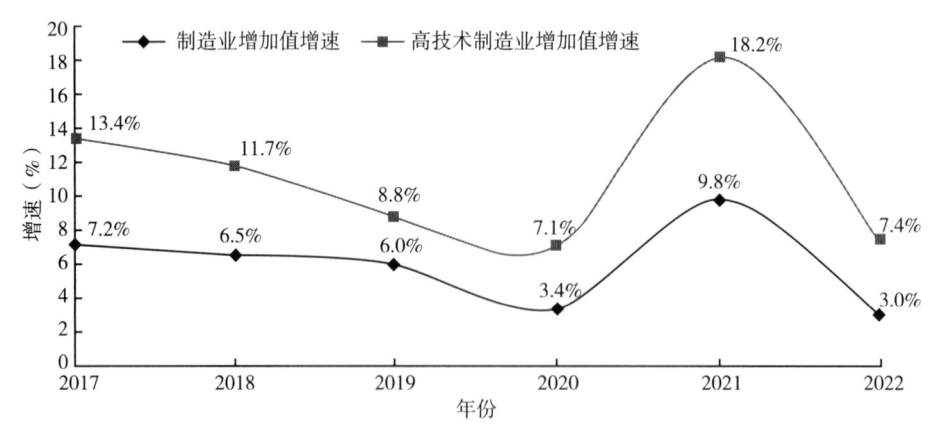

图1-7 2017—2022年制造业增加值增速及高技术制造业增加值增速
数据来源:2018—2023年《中国统计年鉴》。

近年来，我国部分先进制造产业在技术方面取得先发优势，综合竞争力在全球范围内位居前列。目前，在高端装备制造业、电子信息制造业、无人机等领域，涌现出了中国中车、华为、大疆等一批龙头企业和独角兽企业，产业竞争力进入国际市场第一方阵。在载人深潜、大型飞机等领域成功研发蛟龙号载人潜水器、C919大飞机等国之重器，实现从无到有的突破。在卫星导航系统、超级计算机、高铁装备等一批重大技术装备领域陆续取得突破。虽然我国部分制造业领域的优势正在形成，但是在研发环节，创新能力仍然不足。比如在海洋船舶、航空航天、集成电路等先进制造业领域，不少关键基础材料、核心基础零部件、关键核心制造技术与装备、研发设计类工业软件等对外依存度较高。如在产品设计环节，虽然涌现出一批自主创新设计成果，但总体上并没有走出模仿跟踪阶段，相当多的产品设计仍停留在外观样式等表层，触及产品核心价值的原创设计不多，超越引领型的颠覆性设计更少，创新设计尚未成为提升产品、企业和产业的核心竞争力。

（二）新技术催生模式业态，多领域融合发展格局初步形成

随着全球范围内以物联网、大数据、云计算、人工智能为代表的新一代信息技术，以增材制造、工业机器人为代表的智能化制造技术，以石墨烯、碳纤维复合材料为代表的材料技术不断突破，我国制造业领域也催生了智能制造、网络协同制造、云制造、服务型制造、绿色制造等新模式，孵化出了以无人机配送、智能网联汽车、锂电、光伏、供应链计划协同优化、碳资产管理、销售驱动业务优化等为代表的新业态、新模式，培育和激发了产业变革新动能。先进制造产业已形成与信息、能源、材料、生物等多领域融合发展、共融共生的格局，不仅提高了先进制造业设计、研发、生产、销售、服务等全流程效率和效益，也培育和激发了产业变革新动能。

多领域融合的智能生产新场景、企业管理新形态和产业组织新模式的探索，显著提升生产效率、资源综合利用率、设备综合利用率、全员劳动生产率等，大幅降低产品研制周期、运营成本、不良品率、单位产值综合能耗等，有效优化产线作业人员，明显增强网络安全保障能力，整体智能化水平达到行业领先。智能制造场景是智能工厂的核心组成部分，面向制造过程各个环节，通过新一代信息技术、先进制造技术的深度融合，部署高端数控机床与工业机器人、增材制造装备、智能传感与控制装备、智能检测与装配装备、智能物流与仓储装备、成套装备等，集成相应的工艺、解决方案等，实现具备协同和自治特征、具有特定功能和实际价值的应用。根据"十三五"以来智能制造发展情况和企业实践，结合技术创新和融合应用发展趋势，凝练总结了

产品全生命周期、生产全过程和供应链全环节共 16 个环节 45 个智能制造典型场景，为智能工厂建设提供参考。

（三）"制造 + 服务"双轮驱动，培育发展新动能

随着国家政策支持和消费需求升级，我国生产型制造和服务型制造协同发展，形成了"制造 + 服务"双轮驱动格局，为先进制造业发展注入新动能。2022 年，我国生产性服务业增加值为 37.8 万亿元，占 GDP 比重 31.31%。目前，我国生产性服务业涵盖了制造业的研发创新、物流配送、检验检测、金融服务、售后服务、环保服务、数字技术赋能、服务外包、电子商务、品牌服务等各环节，在第三产业中牢固占据半壁江山，对提升制造业的经济带动性初显成效。

如北京机械工业自动化研究所打造覆盖智能制造全产业链的业务组合。推进智能化数字工厂建设。根据不同领域客户存在的痛点及数字化生产需求，定制面向企业的数字化生产方案，构建需求牵引、客户参与、合作研发、集成创新、应用示范、规模发展的行业发展模式。推动研发设计服务赋能制造业。业务链涵盖了从生产型物流、配送型物流到大型物流配送中心的全物流行业，提供集自动化、信息化、智能化于一体，包括加工、搬运、仓储、配送等一系列环节的全面解决方案。

再如，陕鼓集团实现产业链、创新链高效融合，提供保姆式工业服务。陕鼓能源互联岛是面向分布式能源市场的智能综合系统解决方案，应用互联网及大数据分析，从全流程全区域供能、用能、能量转换的角度出发，通过多能互补梯级利用，将可再生、清洁及传统能源高效耦合集成，以智能管控、专业运营模式，按时、按需、按质向用户端提供分布式清洁能源综合一体化解决方案。推动产业链、创新链优化升级。

在市场需求的强力牵引和智能制造技术的驱动下，制造业由生产型转向服务型成为一种趋势。服务型制造以产品为载体，以生产为根基，制造业企业向客户提供覆盖产品设计、产品加工与生产、产品物流、产品服务等全生命周期的增值服务，从而提供产品附加值。形成"以用户为中心，以市场为导向"，实现先进制造业与现代服务业的深度融合的一种制作模式。通过把服务融合到制造的各个环节，制造企业从供给"产品"向供给"产品 + 服务""产品即服务"乃至"整体解决方案"的发展路径转变[9]。

（四）生产能耗稳步下降，可持续发展初显成效

在过去的十多年，我国制造业绿色发展的重点放在淘汰退出落后产能、构建清洁高效低碳的工业用能结构。我国以年均 3% 的能源消费增速支撑了年均 6.6% 的经济增长，万元国内生产总值能耗累计下降26.4%，主要资源产出率累计提高了58%。突破了一批绿色制造共性关键技术，研制了一批绿色新产品、新工艺、新装备和相关标准技术规范，取得了一批具有自主知识产权的重要科研成果，并在金属冶炼、化工、纺织、汽车、机械、家电、建材等行业形成了应用示范。同时，加快发展新能源、新材料、新能源汽车、高端装备、能源电子等环保战略性新兴产业。

绿色制造体系基本构建，已成为绿色转型的重要支撑。完善绿色工厂、绿色园区、绿色供应链、绿色产品评价标准，引导企业创新绿色产品设计、使用绿色低碳环保工艺和设备，优化园区企业、产业和基础设施空间布局，加快构建绿色产业链供应链。研究制定468项节能与绿色发展行业标准，到2022年培育建设3657家绿色工厂、270家绿色工业园区、408家绿色供应链企业，推广近3万个绿色产品，绿色工业园区平均固废处置利用率超过95%，一大批绿色工厂能耗水平优于国家能耗限额标准的先进值，逐步构建起从基础原材料到终端消费品的全链条绿色产品供给体系，在金属冶炼、化工、纺织、汽车、机械、家电、建材等行业形成了应用示范。

参考文献

[1] 朱建霞. 先进制造技术的发展趋势及我国企业的对策[J]. 科技进步与对策, 2001（4）: 36-37.

[2] 罗文. 紧扣高质量发展要求 加快发展先进制造业[J]. 求是, 2018（8）: 23.

[3] 宏观经济研究院. 新格局下我国制造业发展迎来新使命[R/OL].（2021-12-17）[2023-09-08］. https://www.ndrc.gov.cn/wsdwhfz/202112/t20211217_1308310_ext.html.

[4] 习近平在参加全国政协十二届一次会议科协、科技界委员联组讨论时的讲话[EB/OL]. 人民网, 2013-03-04.

[5] 王存刚. 数字技术发展、生产方式变迁与国际体系转型——一个初步的分析[J]. 人民论坛·学术前沿, 2023（4）: 12-24.

[6] 詹晓宁, 贾辉辉, 齐凡. 后疫情时代国际生产体系大转型：新趋势和未来方向[J]. 国际贸易, 2021（9）: 4-14.

[7] 史冬梅, 王晶, 张景胤. 美国拜登政府制造业发展战略措施及启示[J]. 全球科技经济瞭望, 2023, 38（5）: 21-32.

[8] 单忠德. 打造有国际竞争力的先进制造业[N]. 学习时报, 2022-06-15（006）.

[9] 中国机械工程学会. 中国机械工程技术路线图[M]. 北京：机械工业出版社, 2022.

第二节　国内外进展比较

一、研究热点分析

发达国家的先进制造产业相关政策扶持的重点表现在：在高端化方面，航空航天装备领域发展高端装备以及开发创新材料和加工技术；在智能化方面，加快微电子和半导体的制造创新及竞争力；在绿色化方面，要实现清洁和可持续的制造以支持脱碳。同时每个国家不同的侧重点是，美国侧重于创新创造以及原材料的基础使能技术，德国侧重于关键装备与核心零部件、生产过程与生产系统环节，日本则侧重于原材料及使能技术和关键装备及关键零部件领域。分析中国工程科技知识中心论文数据库全球范围内先进制造的热点关键词发现，"先进制造"（advanced manufacturing）、"人工智能"（artificial intelligence，AI）、"智能制造"（smart manufacturing）、"清洁能源制造"（clean energy manufacturing technology）、"机器学习"（machine learning）这五个关键词出现次数最多。

其中，"advanced manufacturing"为先进制造领域的主题词，"artificial intelligence"出现频率位居第二，表明人工智能是先进制造领域重要的研究热点。"smart manufacturing"出现频率位于第三，说明随着制造业各领域不断发展，智能制造对突破关键基础软件及航空航天及汽车等领域高性能设备至关重要，这就使得智能制造对于高端设备的研究一直处于热门状态。"clean energy manufacturing technology"出现频率位于第四，说明绿色化制造是先进制造领域的重要组成部分。"machine learning"出现频率处于第五位，表明促进智能工厂与智能制造发展是先进制造领域的重点，同时需要推动智能制造工具和智能制造平台的研发与应用。

利用Web of Science论文数据库对全球范围内先进制造的论文产出情况进行检索，2004—2022年，Web of Science数据库共收录了发表论文32664篇，进一步从论文产出国家和年度论文产出数量变化趋势等方面进行分析。2004—2022年，全球先进制造领域的论文产出量整体呈稳定上升趋势（图1-8），2022年全球全年产出论文4256篇，达到了2004年（856篇）的497%。2004—2007年，全球该领域的论文产出量呈增长趋势。而2007—2010年，全球全年论文产出量出现增长停滞和上下波动的情况。2011—2012年，全球论文产出量出现短暂的倒退。而到了2013—2017年，全球先进制造领域的全年论文产出量的增长整体呈稳定上升趋势。2018—2022年，全球论文产出量呈现快速上升趋势。

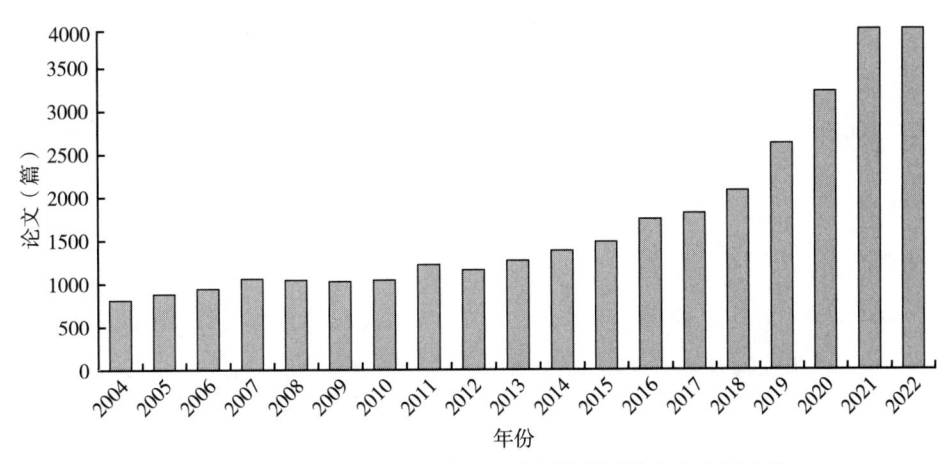

图 1-8　2004—2022 年全球先进制造领域论文产出量变化

从论文产出国家来看（图 1-9），2002—2022 年全球在先进制造领域论文产出量排名前十的国家依次是美国、印度、德国、中国、意大利、韩国、日本、法国、西班牙、加拿大，主要分布在亚洲和欧美地区。其中中国的论文产出量达到 2032 篇，排名第四，从一定程度上也体现了我国在先进制造领域研究研发的创新活力。

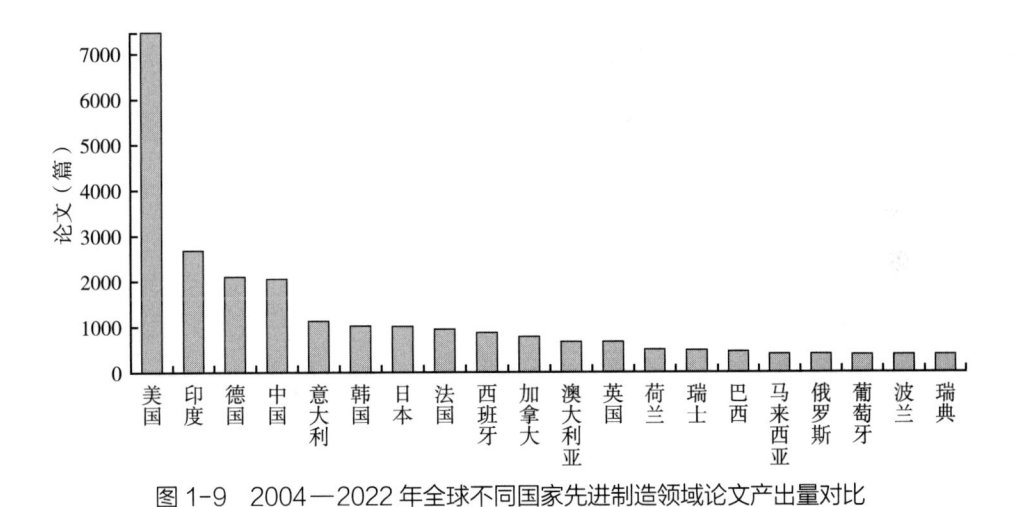

图 1-9　2004—2022 年全球不同国家先进制造领域论文产出量对比

利用 incoPat 专利数据库对全球范围内先进制造领域的发明专利公开情况进行了检索。2004—2022 年，incoPat 数据库共收录了发明专利公开 287526 项。2004—2022 年，先进制造领域的发明专利量呈快速上升趋势（图 1-10）。从 2004 年全年公开 501 项发明专利，增长到 2022 年全年公开发明专利 32061 项，增长了约 629.9%。

2009—2020年，发明专利公开数量增长率在 1.32%～17.13% 不断波动。

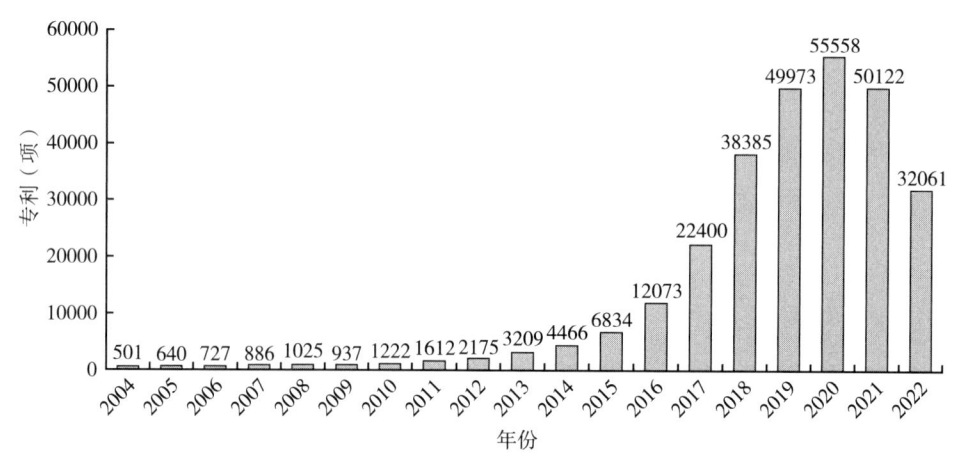

图 1-10　2004—2022 年全球先进制造领域专利产出量变化

从专利申请来源地看，2004—2022 年先进制造领域相关专利申请量排名前五的为中国（不包括港澳台数据）、美国、日本、韩国、印度，主要分布在亚洲及欧美地区，其中我国发明专利 104420 项，占该领域全球专利申请总量的 42.03%，展现我国在先进制造领域的创新活力（图 1-11）。

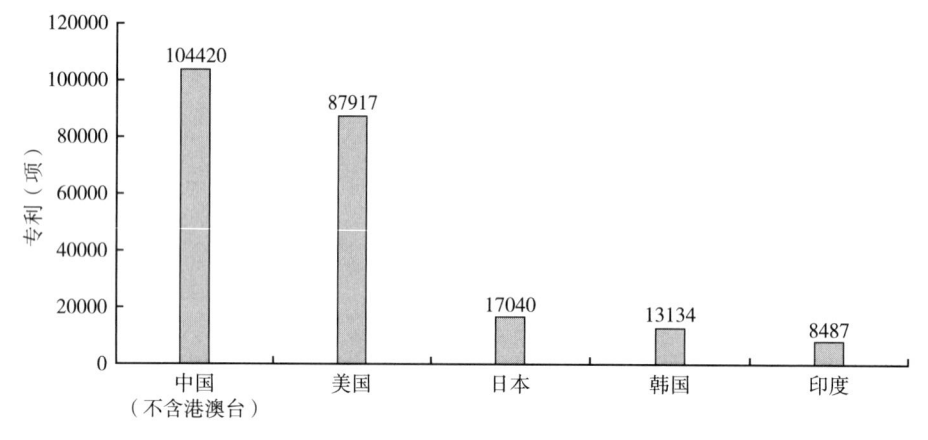

图 1-11　2004—2022 年全球不同国家先进制造专利产出量对比

综上所述，全球制造业业态和产业组织形态不断演变，计算机和数字通信组成的信息技术、生物医药和能源设备最为活跃，新技术正在不断扩充传统制造产业的边界。

新一代信息技术与先进制造技术的深度融合，贯穿于先进制造业的各个环节。数字孪生、人工智能、移动互联网、区块链等形成的前沿技术群落，将持续推动先进制造业与新一代信息技术、现代服务业等多领域的融合发展。同时，未来先进制造业绿色发展的关键，在于提升能源利用效率与充分利用碳排放指标。

此外，在新冠肺炎疫情、能源危机等影响下，经济萧条，制造业供应链的不稳定因素增多，全球先进制造产业进入重塑期。产业组织模式也不断演进，先进制造业集群是制造业产业组织模式创新的关键，运用数字技术，构建数字生态将成为企业塑造和保持自身竞争力的关键。

二、技术发展对比分析

综合分析国内外主要工业国家制造业发展的重点，从高端化智能化绿色化三个方面概括技术发展特点并进行对比分析，见表1-1。

表1-1 国内外先进制造技术发展特点对比

先进制造技术发展趋势	项目	国外	国内
高端化	基础制造	加快先进制造技术与数字智能相结合	推动关键核心制造技术、基础软件的自主创新进程
	高端装备	发展航空航天、集成电路、汽车等领域高性能的高端装备	提升重大技术装备制造能力和系统集成能力
	产业集群	实现网络化横向集成、纵向集成及数字化端对端集成	加快建设头部企业产业链高质量发展、先进制造产业集群
智能化	智能产品	加快人工智能、智能算法与产品的结合，提高制造创新力及竞争力	推动智能产品在生活、制造、物流等方面的应用
	智能工厂与智能生产	提高智能化生产与系统供应链管理	加快数字化网络化智能化技术与制造技术的智能升级
	智能集成制造系统	推动智能制造工具和智能制造平台的研发与应用	发展制造全系统、全流程、全局优化的集成方式
绿色化	产品设计	开发污染物、有毒有害限用物质与材料的替代物；保证高性能的同时考虑资源、能源及环境属性的设计	建立基于互联网数据及知识工程的绿色设计方法
	制造技术与工艺	开发和展示提高能源效率的先进制造技术	推进传统制造业绿色转型，加强绿色制造技术与装备的研发
	制造工厂	采用脱碳经济型的运输工具、建筑和工业	构建绿色供应链管理体系推动节能、降耗、减排

编撰组

组　长：田利芳

成　员：孔德婧　陈妮　刘艳秋
　　　　韩清华

第二章

先进制造产业发展趋势与需求分析

第一节 发展趋势

先进制造业具有技术先进、知识密集、附加值高、成长性好、带动性强等特征，位于我国制造业价值链的高端，既是国家综合国力和核心竞争力的重要体现，也是国民经济发展的主导力量。坚持以高端化、智能化、绿色化为发展方向，加快先进制造业发展，建设现代化产业体系。

一、高端

我国"十四五"规划提出，坚持自主可控、安全高效，推进产业基础高级化、产业链现代化，保持制造业比重基本稳定，增强制造业竞争优势，推动制造业高质量发展。以高端制造为导向推动产业结构转型升级，夯实高质量发展的产业基础。

先进制造业的高端化可以从三个层面来理解：第一个层面是技术层面，属于技术、知识密集，符合高、精、尖要求；第二个层面是价值层面，属于价值链高端领域，具有较高的附加值；第三个层面是产业层面，处于产业链的核心层面，是微笑曲线的左端和右端。先进制造业的高端主要表现在六个方面。

（1）基础制造高端化。增强产业基础领域创新能力，以及核心基础零部件、基础元器件、关键基础材料的保障能力，改进基础零部件与元器件性能、功能指标，提升可靠性、耐久性、先进性。加快推广先进制造技术与工艺，推进先进制造技术与数字智能、网络技术的深度融合，提高生产制造敏捷度和精益性。突破关键基础软件的自主可控，支持通用基础软件、工业软件、平台软件、应用软件工程化开发，突破工业质量分析与控制软件关键技术，实现产业技术基础能力明显提升，产业基础高级化水平持续增强。

（2）装备制造高端化。高端装备制造是装备制造业的高端领域，以高新技术为引领、处于价值链高端和产业链核心环节，决定着整个产业链的综合竞争力，是推动工业转型升级的引擎。实施重大技术装备攻关工程，开发一批标志性、带动性强的重点产品和重大装备，攻克高性能、高可靠、高价值特征的高端装备，如国家急需、进口受限的高端数控机床，以及航空航天、汽车、轨道交通等领域亟须的高精度、高可靠性的焊接机器人等。加强研发设计、生产制造、售后服务全过程质量控制，研发应用基础和前沿技术，强化复杂系统的功能、性能及可靠性一体化设计，突破共性关键技术与工程化、产业化瓶颈，提升重大技术装备制造能力和系统集成能力，提高创新发展能力和国际竞争力。

（3）质量品牌高端化。质量和品牌是制造业综合实力的集中反映。加强质量品牌建设，支持建设先进质量管理体系和监督体系，提升产品质量、提高服务水平、创新技术发展，大力培育先进制造业优质品牌，集中力量建设一批世界级制造业品牌。推进制造业企业品牌培育，鼓励和引导企业在产品设计、制造、销售、服务等环节强化标准、产品质量与监管，提升企业核心竞争力和品牌影响力。推进先进制造业和现代服务业的深度融合，促进制造业产品的品牌价值来源从硬件质量向服务品质转型，围绕产品维护、升级、保修、融资等方面的服务体系逐步成为制造业产品的重要组成部分。重塑和优化制造业品牌形态，提升质量品牌服务供给水平，提高中国制造品牌的影响力，进一步支撑与推动制造业高质量发展。

（4）产业链高端化。以高端制造为导向推动制造业结构转型升级，加快向产业链价值链中高端迈进。实施制造业优化发展，通过满足中高端、品质化、多样化的产品需求，由高端、高品质、高附加值的产品生产向研发设计、中高端制造、市场营销等价值链高端环节延伸，扩大中高端产品供给能力，推动产业高端化提升。采用先进适用技术对传统制造业进行技术创新和技术改造，全面提升设计、制造、工艺、管理水平，促进传统制造业的质量提升、速度提升和效率提升，推进传统产业向中高端迈进。加快航空航天、集成电路、海洋工程、节能与新能源汽车、新材料、生物医药等战略性新兴产业发展，强化战略性新兴产业的技术、质量、管理协同创新，培育壮大产业形成增量突破，提升优势领域国际竞争力。依托产业基础和比较优势，超前布局和加快培育新型储能、光芯片、元宇宙等未来创新型产业。支持中小企业专精特新发展，培育一批专注细分领域的"隐形冠军""单项冠军"企业，提高专业化发展能力，促进大中小企业融通发展。

（5）产业集群高端化。加快建设一批高水平的先进制造业产业集群，培育壮大一批带动产业链上下游共同发展的高端头部企业和链主企业，推动集成电路、航空航天装备、船舶与海洋工程装备、机器人、先进轨道交通装备、先进电力装备、工程机械、高端数控机床、医药及医疗设备等产业创新发展。瞄准新一轮科技革命和产业变革趋势，打造人工智能、柔性电子区块链等战略性新兴产业集群、创新型产业集群。加强区域协同，将集群培育创建融入国家区域重大战略和区域协调发展战略中，推动产业集聚区转型升级、提质增效，提升产业集群引领力和战略能级，推进产业集群高端化发展。

（6）服务型制造高端化。制造业与相关产业和要素深度融合，催生更多引领先进制造业发展的新模式、新业态，推动制造企业由单纯提供产品向提供全价值链服务转变，带动价值链从中低端向高端化迈进。推动先进制造业和现代服务业深度融合，加快培育发展服务型制造，大力发展工业设计、工业软件、供应链管理、总集成总承包、检验检测服务等制造服务，通过产品升级服务、内容增值服务、系统运营服务等效能增值服务，进一步为客户供给"产品即服务"的内容丰富、效能优良的系统、平台和生态圈，实现从"以产品为中心"向"以用户为中心"的供给侧结构性转变。加快发展新经济新业态新模式，发展数字经济，加强产品全生命周期各环节的数据互通与业务集成，提供基于数据的增值服务，提升产品附加值，持续优化和更新商业模式。推动资源要素整合共享，针对通用性高、共性需求大的领域，支持建设一批共享制造平台，云制造技术、柔性化便捷性生产技术等创新模式与技术将带来设计者之间、生产者与消费者之间、制造企业之间的协同，提升产业链协同共享能力。

二、智能

进入21世纪以来，智能制造的概念在不断发展和深化，这主要源自制造技术与新一代信息技术的深度融合与迭代创新。近十几年来，在云计算、大数据、物联网、5G、人工智能、虚拟现实（virtual reality，VR）、增强现实（augmented reality，AR）等一大批信息技术突飞猛进的基础上，智能制造正在成为未来制造业的主攻方向。

智能制造系统具有数据采集、数据处理、数据分析的能力，能够准确执行指令，能够实现闭环反馈。智能制造最终的发展趋势，是要具备状态感知、实时分析、自主决策、精准执行的特征，使企业更柔性、更智能、更集成化，并且实现了大部分或者全部的智能化技术应用，以数据的自动流动解决复杂系统的不确定性，实现知识的获取、规模化利用与传承，提高资源配置效率。未来智能制造体系下的研发/制造流程将是一体化，所有的过程是并行、并发的，数据的高速、有序的自由流通，各个环节高度互动和协同，组织是灵活动态的组织单元，由此获得非常高的研发效率。

未来，先进制造业的智能化发展将呈现七大方向。

（1）人工智能技术的深度应用。人工智能技术重点应用于工业智能产品或工序复杂的行业。从预测性维护和基于机器视觉的表面质量检测技术扩展到生产的全流程，人工智能帮助企业提升产品质量，或者用基于人工智能的能源分配来降低生产成本，提高生产的柔性。

（2）基于大数据的工业智能。在工业企业生产过程中，大数据典型的服务型应用是实时监测、实时预警、实时控制以及预测性维护，减少数据的采集、传输和应用等全处理流程耗时，对生产线的监测和历史数据进行处理并进行人工智能的预测性分析，在生产过程中发挥其巨大价值。未来，大数据技术将逐渐引入到企业的生产经营中，将促进工业企业探索创新性商业模式。

（3）设备状态智能管理系统。将形成以数据为核心，从智能采集、智能分析、智能诊断、智能排产、自动委托、推送方案、远程支持到智能检验，再进入新一轮智能采集的闭环运行模式，设备状态智能管理系统将成为远程运维的新模式。

（4）工业区块链。区块链具有防伪造、防篡改、交易透明性、可追溯的技术特性，有利于解决制造业中的设备管理、数据共享、多方信任协作、安全保障等问题。随着工业区块链技术应用，将形成分布式智能生产网络，借助其透明性或者智能合约集中式"大脑"协作性，具有提升工业生产效率、降低成本，提升供应链协同水平和效率，以及促进管理创新和业务创新具有重要作用。

（5）协作机器人（柔性机器人）。以协作机器人为代表的新一代机器人朝着更易操作、更高智能、更高精度的方向发展，市场需求在逐年攀升，在诸多领域正替代原本的工业机器人，成为智能制造装备的新支点。人机协作将成为工业生产的重要模式，未来前景可期。

（6）云边协同。边缘计算与云计算之间是各有所长、相依而生、协同运作、相互渗透的关系。制造业中边缘计算与云计算将共同发力，赋能价值行业，更好地与各种业务场景匹配，从而最大化边缘计算与云计算的应用价值，最终实现应用协同、服务协同、资源协同、数据协同、智能协同和安全协同等。

（7）时间敏感网络（time-sensitive network，TSN）和5G技术。在智能工厂中部署5G技术与TSN，可解决工业生产的主要需求，充分发挥5G的灵活性和TSN的极低延迟性。为制造业提供最优的解决方案，满足工业控制中点对点控制所需的无缝连接和高稳定性。TSN和5G技术将引领未来工业网络的发展。

三、绿色

先进制造业需要减少污染物排放和材料消耗，提高能源利用效率，实现可持续发展，"绿色"是推动先进制造业高质量发展的重要着力点。因此，绿色已成为先进制造业的重要特征[1]。按照国家碳达峰、碳中和的战略部署，未来先进制造业将加快构建绿色制造体系，推动绿色产品、绿色工厂、绿色园区和绿色供应链全面发展，推进资源高效循环利用。考虑产品从设计、制造、包装、运输、使用到回收利用、报废处理的整个产品生命周期的绿色化（图2-1），考虑绿色制造技术与工艺的不断升级与应用，考虑资源能源的持续利用，减少废料和污染物的生成及排放，提高生产和消费过程与环境的相容程度，最终实现经济效益和环境效益的最优。先进制造业的绿色发展趋势体现在以下五个方面。

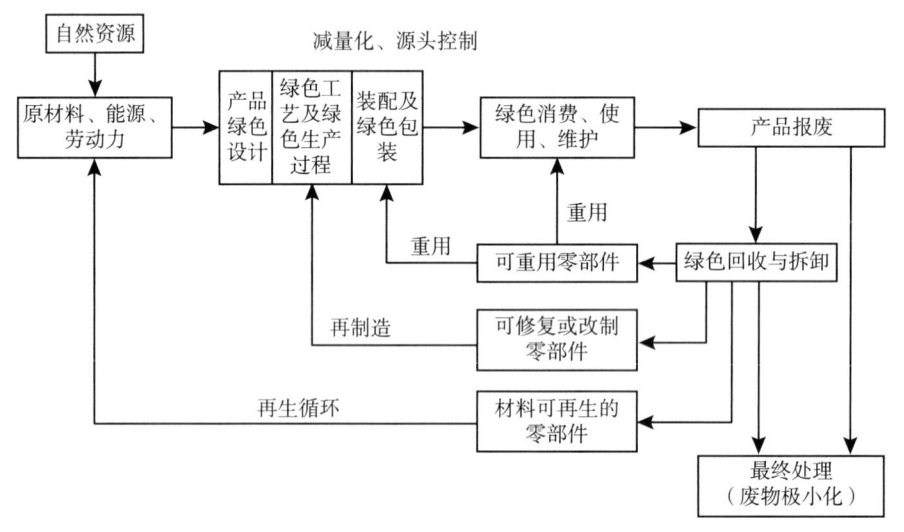

图2-1 产品生命周期的绿色化

（1）产品设计绿色化。充分考虑下游生产、使用、回收利用等环节对资源环境影响，通过产品绿色设计拉动绿色制造工艺技术一体化提升，提供产品绿色设计与制造一体化集成应用解决方案，实现产品全生命周期资源能源消耗和环境负荷最小的目标。按照产品全生命周期理念，产品设计时重点考虑绿色低碳材料的选择、产品轻量化、产品易拆卸以及可回收性设计、产品全生命周期评价。突破产品模块化、集成化、智能化等共性技术，建立基于互联网大数据与知识工程的绿色设计方法，以及面向产品全生命周期的绿色设计信息数据库。基于数据驱动方法，从工艺、材料、包装、回收等方面形成产品的绿色定制化设计，从设计阶段解决产品的滞销积压和难以回收利用带来的资源浪费。

（2）制造工艺、技术及装备绿色化。采用高效绿色制造工艺、技术及装备，推进传统制造流程改造实施，针对传统高污染、高耗能领域进行生产过程清洁化改造，通过发展绿色工艺、技术和装备来减少有毒有害污染排放。重点推广原料优化、能源梯级利用、可循环、流程再造等高效低碳系统优化工艺技术，大力发展节能高效机电产品，加强新型节能技术和高效节能装备的研发及推广应用，开发基于互联网与物联网的节能技术装备、储能与多能互补技术装备，加快应用先进节能低碳技术装备，提升能源利用效率，扩大新能源应用比例。加快应用绿色切削、增材制造、绿色铸造、绿色焊接、绿色热处理等绿色制造工艺，推动传统基础制造工艺绿色化、智能化发展。基于绿色设计理念的集成工艺与方法——增减材一体化制造工艺，使得产品在设计、制造过程中真正实现资源利用最大化、环境影响最低化。

（3）处理回收绿色化。大力发展以废旧零部件和产品为对象的再制造技术，突破再制造表面工程、疲劳检测与剩余寿命评估、增材制造等关键共性技术，发展高效拆解与绿色清洗技术、智能再制造成形技术和在役再制造关键技术，利用先进表面工程技术和再制造系列技术，提升废旧产品表面服役能力的恢复和提升，实现废旧材料、零部件和产品的再利用。围绕传统机电产品、高端装备、在役装备等重点领域，发展大型成套设备及关键零部件的再制造技术，在航空发动机、燃气轮机、机床、工程机械等领域广泛应用。加快再生资源的先进适用回收利用技术和装备推广应用，发展热固性高分子材料、汽车充电设备和光伏硅材料等回收与利用服务，完善再生资源回收利用体系，畅通汽车、纺织、家电等产品生产、消费、回收、处理、再利用全链条，推进资源高效循环利用，实现产品经济价值和社会价值最大化。

（4）制造工厂绿色化。制造工厂及生产车间向绿色、低碳升级，建设绿色工厂，实现用地集约化、原料无害化、生产洁净化、废物资源化、能源低碳化。推进产品生产绿色化、资源能源环境数字化、管控系统智能化，实现资源能源及污染物动态监控和管理，优化工厂用能结构，降低能源、物质和水资源消耗水平。构建涵盖采购、生产、营销、回收、物流等环节的绿色供应链，应用物联网、大数据和云计算等新一代信息技术提升供应链管理智能化水平，建立绿色供应链管理体系。促进企业、园区、行业间链接共生、原料互供、资源共享，发展绿色园区，统筹应用节能、节水、减排效果突出的绿色技术和设备，推行园区综合能源资源一体化解决方案，促进园区内企业之间废物资源的交换利用，提升园区资源能源利用效率。

（5）绿色制造评价与服务。从产品及其全生命周期过程进行绿色属性分析，制定全面、系统、科学的产品及其全生命周期绿色制造评价指标体系。根据评价对象合理确定绿色评价指标及其检测、统计或评价方法，建立系统的分行业绿色评价指标体系和评价标准，开发应用评价工具。健全绿色制造标准体系，加紧制定绿色评价基础和共性的国家标准或行业标准，加快能耗、水耗、碳排放、清洁生产等标准制修订。建立产品全生命周期基础数据库及重点行业绿色制造生产过程物质流和能量流数据库，开展第三方服务机构绿色制造咨询、认定、培训等服务，建立完善绿色制造标准、评价及创新服务等体系。发展绿色产业链服务，对产业链的各个环节进行绿色化转型升级，拓展低能耗环节、绿色能源替代、制造业服务化，完善产品化服务模式和评价服务，推动提高重点行业绿色化水平。

参考文献

[1] 中国机械工程学会. 中国机械工程技术路线图（2021版）[M]. 北京：机械工业出版社，2022.

第二节　需求分析

一、需求环境分析

（一）消费升级激发先进制造广阔市场拓展空间

从消费结构转型趋势看，先进制造产业的细分行业中，汽车制造业、计算机、通信和其他电子设备制造业以及医药制造业的最终消费量较大，且所占比重呈上涨趋势，说明这些行业的现阶段产品市场接受度相对较高。我国汽车销量已经连续14年蝉联全球第一，新能源汽车的产销量也连续8年保持全球首位。

从消费需求升级趋势看，随着人们生活水平的提高和消费观念的变化，消费者对高品质、高附加值、个性化产品的需求也越来越大，对个性化和定制化产品的需求越来越高，这也对制造企业提出了更高的要求。制造企业需要具备更为灵活的生产工艺、生产流程和物料控制等方面的能力，针对不同的消费者需求能快速响应；其次，制造企业需要依靠大数据分析和人工智能等技术手段，搜集并分析客户需求，进而进行产品设计和研发来满足消费者需求的多样性的。整体而言，消费者对个性化和定制化产品的需求推动了制造业向数字化智能化制造转型。

从制造业供应链的本土化与多元化发展趋势看，我国先进制造业正向高技术水平的产业链与价值链环节攀升。利用先进制造技术与装备、先进制造管理水平，改进生产效率、降低生产成本、提升产品质量，打造制造业的国际竞争新优势。

从拓展国外市场方面看，不断拓展"一带一路"沿线和区域全面经济伙伴关系协定（Regional Comprehensive Economic Partnership，RCEP）成员地区新兴市场。我国的高速铁路、电力装备、航空航天、电子通信、海洋工程、工程机械等走向"一带一路"沿线和 RCEP 地区具有较强的市场竞争力。2021 年，中国对"一带一路"沿线地区和国家机电产品出口 3.55 万亿元，同比增长 18.8%，约占当年对"一带一路"国家、共建国家及合作伙伴出口总值的 54%[1]。自 2022 年 1 月 1 日 RCEP 正式生效以来，区域内经贸联系日益紧密。据海关总署统计，2022 年，我国对 RCEP 其他 14 个成员国进出口 12.95 万亿元，增长 7.5%，占我国外贸进出口总值的 30.8%，其中机电产品出口增长 13.2%[2]。根据中国机械工业联合会数据，2022 年机械工业外贸进出口总额为 1.07 万亿美元，同比增长 3%，连续两年超过万亿美元。其中，出口总额 7400 亿美元，实现贸易顺差 4104 亿美元，创历史新高。从产品结构看，汽车、工程机械、发电设备、矿山设备等整机、主机对出口的带动作用持续增强。

综上，国内消费结构与消费需求的升级势必推动了先进制造业的发展。我国先进制造产业在积极拓展国际市场的同时，做好内外双循环，不断提高产品和服务的质量和竞争力。

（二）促进就业稳增扩容提质亟须发展先进制造

制造业是吸纳就业的重要载体，随着产品结构优化和质量提高，我国制造业发挥出较强的稳就业作用。我国制造业体量较大，在新冠疫情中复苏快，表现出很强的韧性和稳就业能力。近十年来，我国制造业企业年平均带动就业人数达到 4500 余万人，对于稳定就业发挥了重要作用。然而，据人社部、工信部发布的《制造业人才发展规划指南》显示，中国制造业十大重点领域 2022 年的人才缺口超过 1900 万人，2025 年将接近 3000 万人，缺口率高达 48%，而且随着企业先进制造技术的自动化程度不断提升，对相应人才的要求也越来越高。

当前，先进制造业正在持续释放新的促就业潜能，创造更多高质量、高回报的就业机会。数据表明，先进制造业的快速发展，释放出就业新潜能，一批高质量就业岗位蕴藏其中，智联招聘2022年发布的《高技术制造业人才需求与发展环境报告》显示，高技术制造业的招聘职位数同比增速达到了28.2%，远高于全行业的8.4%。尤其是以新能源汽车、半导体、生物医药等为代表的先进制造业迅速崛起，释放旺盛的就业需求，创造出一大批高质量就业岗位，助推稳就业提质扩容双向发力。

（三）应对国际制造业竞争，建设制造强国的需求

在新一轮科技革命和产业变革的重要时期，先进制造业发展正站在新的时代风口、面临新的重大机遇，世界各国制造业的比较优势发生改变，诸多因素推动全球制造业的产业格局显著调整，为我国先进制造业的发展提出了更新更高的要求。

国务院发布的《中华人民共和国国民经济和社会发展第十四个五年规划和2035年远景目标纲要》提出，深入实施制造强国战略，推动制造业高质量发展，实施产业基础再造工程、重大技术装备攻关工程、智能制造和绿色制造工程，培育先进制造业集群，推动集成电路、航空航天、船舶与海洋工程装备、机器人、先进轨道交通装备、先进电力装备、工程机械、高端数控机床、医药及医疗设备等产业创新发展。

党的二十大报告提出，"坚持把发展经济的着力点放在实体经济上，加快建设制造强国"。制造业是实体经济的"压舱石"，先进制造业则是制造业中创新最活跃、成果最丰富的领域。加快发展先进制造业，推动我国制造业向价值链中高端跃升，是推动制造业高质量发展的重要举措，也是实现中国制造向中国创造转变、中国速度向中国质量转变、制造大国向制造强国转变的必由之路。

（四）实现碳达峰、碳中和国际承诺的需求

我国承诺到2030年二氧化碳的排放量达到峰值后逐步降低，到2060年通过植物造树造林、节能减排等形式，抵消自身产生的二氧化碳排放量，实现二氧化碳"零排放"，达到碳中和的目标。2022年8月，工信部、国家发改委、生态环境部印发《工业领域碳达峰实施方案》，明确到2025年，我国规模以上工业单位增加值能耗较2020年下降13.5%；确保工业领域二氧化碳排放在2030年前达峰；提出六大重点任务，包括深度调整产业结构、深入推进节能降碳、积极推行绿色制造、大力发展循环经济、加快工业绿色低碳技术变革和主动推进工业领域数字化转型。

制造业是我国经济增长的重要引擎，同时也是我国能源消耗和碳排放的主要部门，其能耗和碳排放在第二产业中占到三分之二，在我国能耗总量以及碳排放总量中

亦占到三分之一。发展先进制造业，推动制造业绿色低碳发展，提高制造业资源综合利用效率，构建资源节约、环境友好的绿色生产体系。

二、技术瓶颈分析

（一）制造基础薄弱，亟待增强自主创新能力

与德国、美国、日本等国家相比，我国在先进制造业原创性创新成果方面依然存在较大差距，关键技术自主化程度不高，重点领域的关键核心技术、关键零部件均不同程度存在短板，自主可控水平较低，核心竞争力受到制约，原创性基础研究成果欠缺，限制了我国先进制造业向全球价值链高端攀升。

关键基础材料、核心基础零部件、产业基础技术、基础制造装备等一直是制约我国高端制造业发展和产品附加值提升的技术瓶颈。如我国研发设计类工业软件整体创新能力弱、成熟度低，难以发挥基础软件作用。再如，高端数控机床、高端传感器、机器人关键部件及高性能轴承、齿轮、液-气-密件等关键基础件亟须加强自主创新。目前，国产数控机床制造企业通过技术引进、国外采购等获得了一些先进数控技术，但在结构优化设计、精度、可靠性和人性化设计等基础理论和技术的研究较为薄弱。工业机器人仍以中低端产品为主，高端供给缺乏，高性能伺服电机、编码器、减速器等核心零部件仍依赖进口。我国的航空发动机、真空蒸镀机、研发设计类工业软件、高端轴承等领域的核心技术被国外垄断。再如光刻机、芯片、操作系统、高级传感器、高端材料等，都面临被"卡脖子"的局面，产业自主发展的创新能力不强，亟待增强自主创新能力[3]。

基础制造技术与工艺不能满足先进制造业，尤其是高端制造装备的制造需求。如，航空发动机叶片、整体叶盘、机匣等高精度、高可靠性要求的关键部件，在制造工艺方面和工业发达国家尚有明显差距，亟待先进的制造工艺方法，提升核心部件的自主制造能力。再如，复杂电子装备系统设计、电气互联工艺、电子封装测试及热设计与管理、光-机-电-液插拔、连接基础件等制造技术亟须提升。我国基础制造技术与工艺，尤其是成形制造、精密与超精密制造、微纳制造、增材制造、智能制造等共性基础技术，还需要得到更好的发展、布局和提升[3-4]。

成形制造是先进制造技术的重要组成部分，是实现轻量化、整体化、长寿命、高可靠性、低成本发展的基础关键技术，其发展与水平是一个国家航空、航天、汽车、高铁、核电等制造业水平的标志。我国成形制造技术工艺水平总体上已接近世界先进

水平，但关键工艺创新、成套装备研究与工程应用一体化的系统性成果不足，高性能构件精密成形和高端成形装备与国际领先水平相比，尚存在10年差距[5]。

精密与超精密制造具有高精度、高性能和高效率"三高"特征，随着我国航空发动机、强激光系统、X射线光源、光刻机、高超声速飞行器、核动力系统等领域极端工况使用要求的研制需求提出，亟须大力发展精密与超精密制造技术。我国精密与超精密制造技术取得了长足进步，有力支撑了重大工程任务实施，但在精密与超精密制造领域装备、软件、刀具和检测仪器等对进口的依赖性大于其他制造领域[5]。

增材制造是制造业有代表性的颠覆性技术，可以快速高效实现新产品、新零件制造，对传统的工艺流程、生产线、工厂模式、产业链组合产生深刻影响，是制造强国战略的发展重点。增材制造在相关基础技术、关键工艺、核心装备、工程应用方面还存在很多问题和难点。如增等减材复合制造受制于增材制造工艺特征，所使用材料种类仍有一定的局限性，如何扩展成形材料种类，开发适用于不同能量源和材料的增等减材复合制造方法与装备仍是热点与挑战[5]。

微纳制造是开展高水平微米纳米技术研究的基础，是制造微纳传感器、微执行器、微结构和功能微纳系统的基本手段和基础。微纳器件向宏观、介观、微观、纳观跨尺度方向发展，特征尺寸由常规向超常规或极端发展，器件机械性能从刚性向柔性发展，器件应用从可穿戴向可植入发展、从微纳芯片向微纳系统发展，应用领域覆盖消费电子、汽车、医疗、电信、航空航天、物联网等[5]。

（二）能源资源利用率偏低，亟待加快绿色发展步伐

制造业在创造社会财富的同时，也带来了不少生态环境问题。能源资源利用的过程是"耗能大户"也是"碳排放大户"，从制造业增加值与能源消耗情况图（图2-2）可以看出，我国制造业能源消耗量和制造业增加值整体上同步增长，可见，我国制造业的规模扩大、产值增加也带来能源消耗和碳排放量增加。制造业能源消耗量走势与工业能源消耗量、全国能源消耗总量走势基本一致。资源环境约束已经成为制约制造业绿色发展的主要瓶颈，资源能源利用效率已成为衡量国家制造业竞争力的重要因素。

随着我国绿色制造技术与装备的研究与应用不断深入，系统、管理手段并未同步发展；绿色系统管理对降低制造过程环境负面影响，提高资源利用率，保障技术手段发挥作用具有重要作用。但我国制造业绿色发展仍存在诸多问题，解决迫在眉睫，推进制造业绿色发展的步伐还需再加快。

我国工业在资源能源消耗和污染排放与国际先进水平仍存在较大差距，面临严重的资源环境压力，资源环境承载能力已近极限。我国工业能源消费总量从 2015 年的 292275 万吨标准煤增加到 2021 年的 348551 万吨标准煤，其中制造业能耗占比 84%（表 2-1）。我国一般工业固体废物产生量从 2015 年的 32.7 亿吨增加到 2021 年的 39.7 亿吨，但一般工业固体废物综合利用率[①]并没有提高，2015 年为 53%；2021 年为 50%。我国传统制造业单位能源利用效率仅相当于美国的 68%、日本的 50%、德国的 48%，资源综合利用率比发达国家低 10%，工业用水重复率比国外先进水平低 5%～20%。资源能源利用效率已经成为衡量国家制造业竞争力的重要因素。

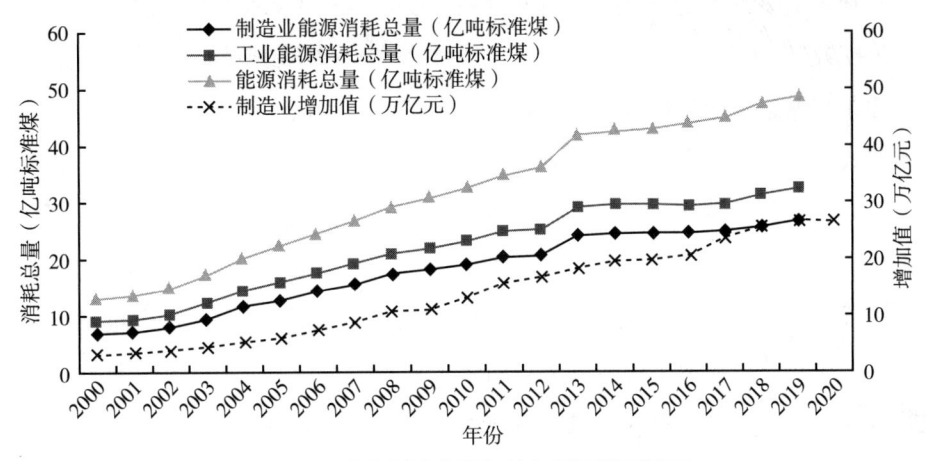

图 2-2 我国制造业增加值与能源消耗情况

表 2-1 我国制造业、机械制造业典型领域能源消耗情况（单位：万吨标准煤）

年份	工业能源消费总量	制造业	
		能源消费总量	占比（%）
2015	292275	244919	83.80
2016	290255	242514	83.55
2017	294488	245139	83.24
2018	311151	258604	83.11
2019	322503	268426	83.23
2020	332625	279651	84.07
2021	348551	293065	84.08

数据来源：《中国统计年鉴》（2016—2022）。

---

① 计算方法：一般工业固体废物综合利用率（%）= 一般工业固体废物综合利用量 ÷（当年一般工业固体废物产生量 + 综合利用往年贮存量）× 100%。

发达国家利用其在绿色制造标准体系上的先发优势，对我国设置绿色贸易壁垒。例如：发达国家建立了 ISO 14040 产品生命周期评价标准、ISO 50001 能源管理体系标准、ISO 14955 机床能效与生态设计标准、PAS 2050 产品碳足迹方法标准、ISO 14064 温室气体的排放量化及减排标准、ROHS 有毒有害物质限用指令、ErP 用能产品指令、WEEE 回收指令等。我国出口产品必须遵循发达国家的绿色标准与指令。受绿色贸易壁垒的影响，2017 年我国约有 3000 亿美元出口额被限制，未来这一数据仍将快速扩大。

我国虽然在传统制造工艺与装备的绿色化提升方面取得了重要进展，但尚未掌握自主可控的核心技术与工具。如在绿色设计工具、绿色制造使能技术和绿色产品的研发等方面与发达国家相比有较大差距；国外将新一代信息技术融入装备、制造系统的节能增效中，而我国尚处于起步阶段。我国已经建立了资源回收、拆解、再制造产业，与工业发达国家处于齐头并进的态势，但在部分工艺技术上存在差距，数字化、智能化不足。

随着新能源装备、新能源汽车等战略性新兴产业的快速发展，大批量的风电叶片、光伏电池、动力电池、智能装备等迎来了大规模退役潮，其资源化回收与再制造处理已迫在眉睫。以动力电池为例，按照 5～8 年的使用寿命计算，从 2020 年起，我国已逐步进入动力电池规模化退役阶段。2020—2022 年我国动力电池累计退役量将达到 90.5 吉瓦时。未来几年，这一数字还将呈指数级增长。

因此，为进一步构建制造业清洁、高效、低碳、循环的技术创新体系，为夺取我国制造业绿色发展的国际话语权，打破绿色贸易壁垒，迫切需要加快推进制造业绿色发展。

三、研发需求分析

研究团队根据调研成果，从先进制造产业的基础制造工艺与技术、新型制造单元技术、先进制造集成技术三个层次梳理其技术瓶颈，明确了先进制造产业的七类基础共性制造技术领域：先进设计、成形制造、精密与超精密制造、微纳制造、增材制造、智能制造、绿色制造，以及四类核心的基础共性产业领域——基础零部件、仪器仪表、高端数控机床和工业机器人，在技术方面存在的重大技术难点。先进制造产业技术瓶颈见表 2-2 所示。

表 2-2　先进制造产业技术研发需求

技术领域	技术瓶颈	薄弱环节与研发需求
先进设计	虚实映射的复杂机械系统高保真数字孪生模拟	复杂装备具有多物理场、多尺度的特征，且我国除航空航天、机器人等行业，其他行业数字化设计和仿真能力较低，实体监测数据利用不足，部分关键参数未知，高维参数和性能的数理建模难度大，模型更新滞后。突破以上数字孪生可信模拟技术难点可构建物理实体与虚拟模型实时交互的桥梁，实现全生命周期数字化设计
	基于知识工程与大数据导航的智能设计	我国先进制造业整体上仍缺乏核心设计技术，装备设计大多依靠以往经验，设计过程中数字化、智能化程度不足，导致装备技术附加值低，严重制约了制造装备产业的转型升级和结构调整。研究基于知识工程与大数据导航的智能设计技术，可充分发挥人与机的协同智能设计优势，提高产品从设计、制造、服役到维护的全过程智能化水平
	复杂机械系统跨尺度多学科性能的精益化设计	随着深空探测、载人航天等重大战略工程的发展，极寒、极高温和超高速等工况及系统多学科、多功能、多尺度特征需关注。而传统结构设计方法受制于设定的固定拓扑形式，长期独立于制造工艺条件，割裂设计与制造关联性。为此，发展跨尺度多学科性能的精益化设计技术，可突破传统制造业在复杂装备性能提升方面的极限
	复杂机械系统交互可视设计软件平台开发	交互可视设计软件平台是复杂机械系统虚拟设计与制造工艺分析的基础，是设计和制造过程虚拟化、智能化的重要保障。目前，我国先进制造业海量设计和工艺数据缺乏有效整理与存储，且应用于复杂机械系统全生命周期不同设计阶段的工业软件兼容性差，各要素数据难以有效传递。为此，我国工业软件与国际先进水平仍有较大差距
	复杂装备全寿命周期可靠性保质设计	现有可靠性研究在设计阶段难以将装备的维修性等各环节约束考虑在内，在服役阶段也难以根据故障信息对可靠性管理策略进行调整。充分融合状态监测与人工智能等手段，在设计阶段充分考虑可测试性、维修性和自愈性等属性，对实现面向全寿命周期的装备可靠性与系统保质设计具有重要意义
	基于大数据的复杂装备可靠性智能评估	随着信息传感技术的广泛应用，复杂装备的数据规模呈井喷式增长。机械大数据不仅具有大数据的共性，还具有大容量、低密度、多样性以及时效性的特点。传统装备可靠性计算与评估方法很难应对机械大数据带来的挑战，亟须在现有基础上做出学术思维转变、研究对象转变以及分析手段转变
	面向装备延寿与可靠性增长的故障预测与健康管理	机械产品的结构日趋复杂，服役环境与运行条件愈发严酷，用户对装备产品的工作性能和可靠性要求不断提高。装备故障预测与健康管理技术以实现装备故障的事先预测、主动预防、减少损失的目的，有望使装备先进物理性能以最佳模式持续发挥效能，对于装备延寿和可靠性、维修性增长具有重要的安全和经济意义
成形制造	特大尺寸薄壁件整体高性能近净成形	我国大尺寸坯料制备能力不足，被迫采用拼焊大尺寸坯料，带来了发生破裂的风险，使得整体成形难度非常大。因此，一方面需要冶金行业增加板坯幅宽，另一方面需要发展高品质焊接技术，提高焊接结构的变形能力

续表

技术领域	技术瓶颈	薄弱环节与研发需求
成形制造	复杂中空构件超高温热介质压力成形技术	面向新一代大推力航天发动机等复杂整体异形空心结构，需研发多轴加载超高压成形大型装备，满足构件直径2m；面向高温合金、高温钛合金等耐热材料，成形能力需求满足温度超过1000℃
成形制造	高强度铝合金超低温成形技术	目前成形装备能力为3m级，面向新一代重型运载火箭需求，大型构件超低温成形技术与装备，构件尺寸≥10m
成形制造	高精度惯性摩擦焊	惯性摩擦焊需实现10000kN级高精度惯性摩擦焊设备自主可控研制，满足典型叶盘类构件的批量生产
成形制造	整体叶盘线性摩擦焊关键制造工艺	需求实现高精度线性摩擦焊设备自主可控研制，尚需突破整体叶盘线性摩擦焊关键制造工艺，实现线性摩擦焊在装备制造领域普遍应用，与航空发动机整体叶盘等重要零件的装机修复
精密与超精密制造	超高精度元件和掠入射反射镜的宏微形貌融合测量理论和系统	针对现有测量方法精度为纳米级且微观斜率误差解析能力不足的问题，建立超高精度和掠入射光学元件宏微形貌的原子级精度融合测量理论，解析面向超高精度和斜率误差测量新特征的误差溯源与校准机制，探索超高精度综合信息与超高精度抛光元件性能的关联规律，实现超高精度和斜率误差制造目标的精准约束和制造性能的测量反馈
精密与超精密制造	表层原子的弹性域无损可控去除机理	瞄准原子层无损可控去除需求，开展多能场作用下催化剂、抛光介质等能量束与工件表面原子之间界面物化效应机理研究，揭示化学催化等多能场作用对皮米级、原子级表面宏微误差及缺陷影响机制、原子键能弱化机理，建立多能场作用下原子层材料弹性域剥离的数学模型，为超高精度和掠入射光学元件的原子层抛光工艺奠定理论基础
精密与超精密制造	超高精度和掠入射光学元件制造装备和形性一致调控工艺	针对超高精度和掠入射光学元件制造装备和工艺问题，开展基于多特殊能场辅助的原子抛光装备和工艺研究，通过工艺优化使化学催化等多能场辅助抛光方法满足弹性接触临界条件，实现原子精确调控和弹性域无损材料，研制多能场辅助抛光装备，满足原子尺度精度和无缺陷本征表面加工，为超高精度和掠入射光学元件的原子层抛光提供装备和工艺支撑
精密与超精密制造	基础部件核心精度面亚微米精度加工	高精度芯轴、高精度导轨面的超精密制造都需要磨削技术的支持，但传统轨迹控制法磨削基于"误差复印"原理在精度上遇到瓶颈。将磨削过程中单位时间内的材料去除量稳定控制并精确建模，控制磨削工具在工件表面不同区域的驻留时间，通过时空四维的联合控制，降低对设备运动精度的要求，实现高精高效的控时磨削
精密与超精密制造	机械零件面形轮廓亚微米高精度测量	对于超精密制造的工件，通常是利用三坐标测量机、波面干涉仪、轮廓仪和扫描探针显微镜等对零件的形状、尺寸、表面粗糙度等进行检测。波面干涉仪精度高，但只能检测达到光学级粗糙度的表面。三坐标测量技术可以适应不同的复杂形状，但传统的三坐标测量技术基本上停留在微米精度，还不能解决纳米精度测量问题。开展基于误差分离原理的测量技术研究，形成几何形貌高密度纳米精度测量方法

续表

技术领域	技术瓶颈	薄弱环节与研发需求
精密与超精密制造	高性能抛光头等制造工具	以光学抛光工具为例，传统抛光工具以脆性材料去除为主，抛光过程会引入亚表面缺陷、结构缺陷等加工缺陷，影响光学元件的服役性能。低缺陷、高表面质量等光学制造性能，新原理和新方法的抛光工具还将不断涌现，如激光抛光、剪切增稠抛光、弹性力抛光和振动抛光等，有助于实现超光滑无损表面。另一方面抛光工具将添加更多的传感器，感知加工过程压力、速度、流量、温度、黏度等物理量变化，并实现精确调控，提高加工的精度和性能。此外，多工具融合也是高性能制造工具的发展趋势，相比传统单一工艺方法可大大降低价格能耗、提高效率和性能
微纳制造	光刻加工的分辨率限制	在超衍射光刻方面，表面等离子体超衍射光刻需要着力解决基片平整度和光刻胶厚度、对准套刻等方面的问题；飞秒激光双光子直写技术则需进一步提升其加工效率和图形均匀性；多层微纳图形的制作需解决高精度对准套刻技术
	近原子尺度材料原理机制不明确	传统应用场景相比，许多材料中存在仅在近原子尺度制造时会表现出新奇的电学和量子化的性质，该变化及其影响机制尚不明确，增大了微纳加工的不确定性；对于微纳结构材料中的非均匀连续介质和离散体系进行多尺度计算模拟分析仍较为困难；此外，原子表征与操控都是原子级别材料制造的瓶颈，自由操控原子制造难以实现
	大规模微纳加工中的原位表征难以实现	大规模微纳加工中的原位表征可大幅提高加工的效率与成品率，但目前微纳材料的表征手段多要求真空环境，难以与微纳制备系统集成从而实现原位测量；而无真空要求的原子力显微镜（AFM）属于接触式测量，可能对微纳结构造成不可逆损伤且测量依靠于运动台
	大规模加工的效率难以满足工业级批量化生产的要求	在大尺寸大规模的高分辨率微纳米图形结构制造中，多数微纳米制造方法（例如电子束光刻、全息光刻、激光干涉光刻等）无论在技术层面（诸如在非平整易碎衬底表面制造大面积微纳米结构）还是在工艺和生产成本等方面都面临很多缺陷和不足，难以满足工业级批量化生产的要求。如纳米压印技术存在着如压印力不均一、易产生气泡缺陷、弯曲或翘曲表面大面积共形接触困难、脱模力增大等问题；电子束直写、聚焦粒子束等方法虽然可达到亚10nm的分辨力，但直写速度较慢，无法用于批量生产
	异质异构制造工艺可靠性低	当前的异质异构集成技术尽管有着集成度提高、体积明显减小、功耗显著降低等优势，但在微系统设计、热管理、测试及可靠性方面还面临着诸多挑战。微系统设计方面，需要解决三维布线、多域交互等问题，离不开电路、工艺、热设计等多专业领域的协同设计；热管理方面，微系统的多热耦合和三维堆叠的特点加大了热分析的难度；测试及可靠性方面，则包括了热、力学可靠性问题，多尺度、多场耦合问题，可靠性评价等问题
	超快激光光源核心器件自主性低	对于进一步减小热效应范围从而减少被加工材料的热损伤，提高材料兼容性仍然存在挑战；面向大面积高效加工的阵列式加工系统仍有待开发；利用非线性吸收，近场效应等原理的超衍射极限飞秒激光加工技术仍不成熟。对于开发更高光功率放大系数同时低损坏风险低激光器材料面临挑战。对于飞秒激光的关键器件（放大器件、光纤、布拉格光栅等）的自主可控率较低

续表

技术领域	技术瓶颈	薄弱环节与研发需求
微纳制造	微纳三维制造材料体系及组装方式不明确	当前的微纳加工技术（如电子束光刻、纳米压印、导向自组装等）虽可以达到纳米尺度的加工分辨率，但难以实现任意可设计的、复杂形状的三维微纳结构加工。以导向自组装方式为例，从二维材料到三维结构的构建其组装方式尚不明确；利用光与物质相互作用的双（多）光子吸收过程以及光聚合过程凝胶化的阈值效应（双光子聚合技术）可以实现高精度三维微纳结构制备，但该技术正处于研究阶段且对加工系统要求较高，尚未成熟
增材制造	金属增材制造	金属增材制造涉及复杂的载能束多物理场相互作用过程，目前普遍缺乏精准的形性控制手段，导致产品质量往往因设备操作人、场地差异而差异极大，严重影响金属增材制造技术在航空航天、能源动力、船舶海洋、交通运输等领域的高性能、低成本和规模化应用。明晰逐点/面/体制造过程中非均匀、多尺度、快速热物理/化学场-宏微观组织-应力/应变耦合机制，突破形性精准调控技术，提升金属增材制造技术及装备的可靠性和智能化水平
增材制造	连续纤维复合材料增材制造	先进复合材料结构是高端装备发展的技术保障。连续纤维增强复合材料增材制造技术仍处于技术发展期，面临着基于复合材料各向异性特性的复杂结构创新设计方法缺失、增材制造工艺装备成形效率与智能化程度低、缺少保障产品质量一致性的标准规范等技术瓶颈，应重点突破跨尺度复合材料结构设计与增材制造、工艺过程监控与闭环控制、面向应用需求的产品质量评价与标准化等关键技术难点
增材制造	无机非金属材料增材制造	特种陶瓷材料、高端增材制造装备及工艺、在线质量检测和性能调控等是推动陶瓷构件增材制造技术应用的关键。目前，我国尚未完全掌握低密度、高温抗氧化、低热膨胀系数、低蠕变的高性能特种陶瓷材料关键制备技术；缺乏大尺寸、高轻量化、结构-功能一体化复杂陶瓷构件的高端增材制造装备及成形质量自适应闭环控制系统与理论
增材制造	微电子电路增材制造	微电子电路增材制造是支撑新一代电子产品和三维芯片制造（三维封装）颠覆性新技术，目前我国在功能性电子打印材料体系基本处于空白；亟待开发大幅面阵列喷头高效微纳三维打印设备；探究异质曲面共形三维打印和多层电路互连新技术，研制高精度多材料五轴联动电子电路三维打印成套装备，实现三维结构和复杂曲面多层电路一体化制造
增材制造	固态电池增材制造	增材制造不但可实现固态电池的外形定制化，而且能大幅提高其能量密度。固态电池增材制造亟待突破油墨低成本和批量化生产工艺，研究多材料油墨的调制工艺；开发与固态电池增材制造匹配的多材料亚微米尺度高精度打印新技术和新装备，实现电极、固态电解质及其接触界面的精密定制；探索固态电池曲面共形打印新技术
增材制造	超材料增材制造	多材料一体增材制造将显著增加超材料的设计自由度，突破其性能设计的局限。一方面，适配增材制造工艺的功能打印材料体系开发是超材料成型的基础；另一方面，大尺寸多材料新型增材制造装备和工艺是打通超材料产业化应用"动脉梗阻"的关键。要突破超材料产业化应用瓶颈，亟待多材料一体成型增材制造装备和工艺研究的破局

续表

技术领域	技术瓶颈	薄弱环节与研发需求
增材制造	生物医疗增材制造	生物增材制造技术产业未来将向可降解/可再生植入物以及生物活性功能组织与类器官制造方向发展。需要理清复杂组织器官材料-结构-功能的作用关系，建立复杂组织器官的仿生设计方法，研制多材料、多尺度结构精确可控的生物制造工艺装备，形成复杂组织与类器官功能再生、性能评测、标准规范、质量监管的技术方法体系
智能制造	面向多源异构数据特性的人工智能引擎	由于复杂产品设计、制造、服务中存在大量声、光、电、热、力、磁等多维度传感数据以及程序代码、工艺图纸等半结构化/非结构化数据，需要进一步探索如何建设数据采集基础设施和设计具有高准确性、强鲁棒性与及时响应能力的人工智能技术以形成算法库，实现自感知、自比较、自预测和自适应
智能制造	新一代优化决策算法与引擎原型库	现有的优化决策引擎内核难以应对复杂约束下海量数据，无法即时、高效响应产品需求变化，亟须研究以人工智能算法、群智能优化算法为代表的智能优化算法在优化决策中的应用，且优化决策需求高度差异化，优化决策引擎开发难度大、周期长、成本高昂，需要构建、积累原型库、行业资源库，为快速建模打下基础
智能制造	面向复杂产品全生命周期的智能建模与仿真引擎	考虑复杂产品设计、制造、服务等多环节时，建模存在复杂与异构程度高、生命周期长、可信度极难评估等特点，且日益累积的海量数据、制造过程不同环节的专业知识分析对仿真计算资源与技术提出了更高要求，面向复杂制造过程全生命周期的智能建模与仿真方法设计以及与数字孪生技术结合等方面亟待进一步研究与完善
智能制造	云端数据共享与网络安全保障技术	目前我国工业数字化基础总体上较为薄弱，不同类型的企业基础数字化能力参差不齐，且工业软件生态构建不完备、网络信息安全保障能力不强，如何打破工业软件之间的跨类别、跨企业、跨领域"信息壁垒"，如何消除云平台产品在设备层、网络层、平台层存在诸多安全隐患是亟须解决的重点与难点
智能制造	多源异构制造大数据分析与融合技术	制造大数据的多来源、多尺度、多模态、高噪声特性使其难以直接用于运行过程的决策分析，且产品、工艺、设备、系统运行等制造数据相互影响使生产过程呈现复杂的运行特性，需要进一步探索有效的数据分析与融合技术以应对智能制造发展中飞速增长的半结构化/非结构化数据，揭示制造数据耦合机理与过程运行规律
智能制造	小样本异常工况预测技术	制造过程中异常工况较于正常工况为小概率事件，可收集样本数量较少，同时考虑交期变化、订单变更、机器故障等多扰动影响增加了寻求合适数据增强策略的困难程度，且生产环境中温度、湿度、负载等工况变化导致的数据分布特性改变影响了异常预测的准确性，尚需提出有效的模型和方法实现小样本下异常精准预测
智能制造	主动决策模型构建与领域知识挖掘技术	目前主动决策模型构建研究仅停留在概念层面，可/不可扰动事件共同影响、工艺规划-生产调度-物流配送多环节协同优化、生产性能多维评价等模型相关因素设计需完善，主动决策模型下的解空间地形、均布方式等领域知识也待进一步挖掘，才能在高度信息化场景下发挥制造新模式的最大优势

续表

技术领域	技术瓶颈	薄弱环节与研发需求
智能制造	"预测+调控"的自主决策与优化技术	制造过程中的生产要素频繁变化使决策逻辑与性能因果关系难以描述，且应对不同维度与影响程度的异常事件所需算力和考虑目标偏差较大，当前基于改进算法或预-反模式面临复杂度过高、适应性差等问题，需进一步研究系统化、标准化的自主决策与优化理论，以实现"预测+调控"的决策模式转变
	面向产品全生命周期数据的云边协同管控技术	随着制造数据呈现爆炸式增长态势，直接运用云端的大规模算力，容易在带宽、延时方面付出大量成本，需要进一步研究云边协同管控技术，在边缘端部署具有自主决策能力的计算节点，支撑具有极低时延需求的业务应用，在云端建设高性能的数据中心，提供公共算力资源，以实现云边计算资源协同、业务数据协同和服务协同管控
	人机物全要素安全互联的新型行业数据空间	产业链上下游制造企业之间存在大量的数据共享与交互需求，以支撑供应链管理、产品质量追溯等多业务场景应用，但各企业的数据类型和格式各异、来源广泛、难以统一管理和利用，企业数据安全性难以保障，需构建安全可信的行业数据空间，促进下游企业之间数据共享、数据交换和数据协同，实现产品全生命周期数据管理
	跨时空多粒度分布式计算资源优化调控技术	产品设计、生产、总装、试验测试、维保等各阶段会产生大量分散耦合且价值密度偏低的数据，传统的集中式计算资源优化难以快速高效地分配算力资源，需进一步研究分布式计算资源优化调控技术，自适应分配边缘设备与云中心的计算资源，满足不同业务场景对计算资源的差异化需求，以提供低延迟数据处理及分析的响应能力
	基于联邦学习的工业互联网服务体系	目前的工业互联网服务体系对隐私数据的安全保障能力不足，缺乏规范化的数据和模型组件，需要探索联邦学习等创新共享机制，提供更加灵活安全的数据存储、数据访问、算法学习、模型共享等手段，打造资源富集、跨层协作、持续演进的服务共享平台，培育多方联动、协同创新的工业互联网平台服务生态体系
绿色制造	面向绿色低碳设计的产品生命周期数据反馈技术	我国缺乏产品生命周期碳排放数据支持下的绿色低碳设计反馈机制，造成前端设计与末端数据脱节问题。完善产品生命周期碳排放动态数据反馈技术，在产品设计前期，通过识别低碳设计优化潜力，建立评价结果与设计建议的反馈机制，实时指导设计师低碳设计行为，增强反馈技术的有效性，提高企业对工程规范信息反馈程度
	产品绿色低碳设计知识通用表达与重用技术	我国对绿色低碳设计知识的研究仍停留在被动的知识重用层面上，忽视了设计者的主观需求，进而可能导致知识的重用效能降低。构建产品绿色低碳设计知识通用表达的数据模型，形成产品绿色低碳设计动态知识网络；构建产品绿色低碳设计的知识重用与推送技术体系，利用已有绿色设计知识向绿色设计状态转变
	产品绿色低碳设计平台的开发技术	国内缺乏符合中国国情的绿色低碳设计软件工具，难以兼顾不同型号、不同种类的产品绿色低碳设计开发。提升绿色低碳设计平台的普遍适用性，并分析研究现有主流产品设计软件，获取相应数据接口和系统调用技术，减少设计平台的搭建成本、降低使用难度、提升设计平台的普及率

续表

技术领域	技术瓶颈	薄弱环节与研发需求
绿色制造	电动汽车关键部件再资源化技术	我国电动汽车关键部件再资源化存在回收体系不完善、拆解回收技术落后以及缺少相应标准与规范等现况,造成资源转化率低的问题。建立完善的电动汽车再资源化回收体系,针对电动汽车的复杂结构和多种材料的组合提升拆解回收技术,形成电动汽车再资源化领域统一的标准和规范
	光伏电池再资源化技术	相比于国际先进技术,我国拆解及检测技术与设备在自动化与智能化方面存在落后,导致光伏电池再资源化存在一定难度。开发基于机器视觉、机器学习和自动控制等技术的自动化光伏电池片拆解系统,能对拆解后的组件进行分类和回收处理;研发高精度的光伏电池片性能检测设备和方法,能够对回收的电池片进行全面的性能测试
	热固性高分子材料回收技术	相比于国际先进技术,我国缺乏系统化的热固性高分子材料回收技术研究,回收效率差距较大。进一步研究热固性高分子材料回收技术,形成成熟的、高效的回收技术,尤其是在化学回收、能源回收等高附加值的技术方面,为提升热固性高分子材料回收效率奠定基础
基础零部件	基础零部件疲劳失效机理	工况-材料-结构是影响零件疲劳寿命的三大要素。目前,普遍缺乏符合服役工况的载荷谱,对高温/高寒/腐蚀/粉尘/辐射等极端环境工况要素,以及材料微观组织-内部缺陷-残余应力-硬化层-改性层耦合的材料要素影响的认识也不足,抗疲劳设计制造需进一步完善表面完整性及其变质层参数表征的疲劳失效理论
	高强韧材质开发与精密热处理技术	与国外先进水平相比,我国缺乏高强韧材料,热处理畸变与有害应力控制水平较低,严重影响了零件的寿命和可靠性。发展与抗疲劳制造相适应精密热处理技术及装备,掌握材料-成形-热处理的全流程工艺协同调控与质量均一性控制技术,实现对表层相变组织、残余应力场、轮廓尺寸的精密控制
	表层改性技术及工艺装备	表层改性是大幅度提高零件寿命和可靠性的有效方法,国内缺乏系统的表层改性技术研究,工艺装备研发差距更大。研究和发展激光冲击、超声滚压、多相射流、激光固态相变强化、激光表面熔凝处理、激光表面合金化、高能离子注入、表面气相沉积等抗疲劳制造表层改性技术及工艺装备,建立健全核心基础零部件抗疲劳制造工艺技术体系,开展表面改性技术及工艺装备的攻关与示范应用是快速提高基础零部件质量的重要途径
	抗疲劳制造质量检测技术	检测技术是基础零部件抗疲劳制造工艺技术体系中的关键环节。研究开发表面变质层微观组织结构、内生缺陷、残余应力、关键力学性能等的无损、在线检测技术,建立表面性态指标与抗疲劳性能的映射关系,形成可检测、可度量、可评价的抗疲劳制造质量检测评价方法,是深化抗疲劳制造技术研究与工艺技术的应用落地的基础
	疲劳性能试验与数据库建设	疲劳性能试验不充分和基础数据缺失是制约我国基础零部件质量提高的关键因素。一方面,进一步完善疲劳试验装备的多维度服役性能监测能力与方法,加强载荷谱拟实模拟能力,探索基础零部件疲劳损伤定量测试技术;另一方面,建立抗疲劳加工工艺、表面和次表面性能以及疲劳性能数据库,为形成以数据驱动的抗疲劳设计与制造奠定基础

续表

技术领域	技术瓶颈	薄弱环节与研发需求
基础零部件	抗疲劳制造标准体系建设	标准体系是抗疲劳制造技术推广应用的有效保障。抗疲劳制造技术需要充分整合上下游产业的优势资源与协同攻关，优选技术成熟、适用性强、效果佳的工艺技术方法，逐步形成涵盖基础材料–加工–热处理–强化/改性–检测评价为一体的抗疲劳制造标准体系
	高强韧材质开发与精密热处理技术	与国外先进水平相比，我国缺乏高强韧材料，热处理畸变与有害应力控制水平较低，严重影响了零件的寿命和可靠性。发展与抗疲劳制造相适应精密热处理技术及装备，掌握材料–成形–热处理的全流程工艺协同调控与质量均一性控制技术，实现对表层相变组织、残余应力场、轮廓尺寸的精密控制
高端数控机床	高端数控机床可靠性技术	高端数控机床具有故障模式多、故障样本少、工况变化大等特点，其可靠性设计受主观性、随机性和不确定性的影响，设计结果难以满足工程实际需求。发展基于模糊理论的可靠性分配、考虑不同工况的可靠性预计以及基于广义应力–强度/刚度干涉理论的可靠性概率设计，形成高端数控机床可靠性正向设计技术，提高固有可靠性基因
	高端数控机床精度保持性技术	现有机床精度保持研究中存在未将机床进给轴、回转轴的精度衰退机理前移至设计阶段的问题，缺乏揭示多轴驱动控制系统机电参数变化、大型铸件残余应力释放与装配螺栓组松动造成机床精度衰退的影响机理。须研究基于精度衰退机理与多源因素耦合影响机理前移的精度保持设计准则，形成机床精度保持设计理论与设计方法
工业机器人	高性能五轴加工单元设计及性能自持	五轴联动模块是机器人加工装备的核心执行单元，其精度、刚度、运动灵活性决定了装备的整体性能。串联机器人本体刚度低且刚度和精度变化范围大，难以应用于航空航天领域精度较高的铣削与制孔。设计轻量化、耦合调姿的五轴全并联机构，攻克几何误差、重力变形、动态误差解耦与补偿技术，是开发高性能机器人加工装备的关键
	多机器人原位智能协同制造技术	大型构件表面加工特征呈大跨度、多角度离散分布，涉及钻、铣、磨多种工序，多机系统在工艺规划灵活性上更适配此类应用场景，但多机系统的复杂性导致其在并行作业和实时调控方面还存在技术瓶颈。发挥并联模块小型化特点，与新一代信息通信技术交叉融合，构建阵列式、镜像式等多机智能协同加工系统，是实现大型复杂构件高效加工的理想解决途径
	测量–加工一体化智能柔性制造技术	机器人与大型构件之间的快速坐标系配准是实现高精加工的前提。针对大型复杂构件待加工特征的分布特点及精度要求、加工装备作业范围，研制兼顾"全局大范围与局部小特征"的激光视觉多模融合测量系统，攻克大场景、复杂视线遮挡条件下"全局测量场构建–机器人高精度动态引导"技术瓶颈，是实现智能柔性工艺以及推进机器人加工技术落地应用的基础

参考文献

［1］中华人民共和国商务部公共商务信息服务 WTO/FTA 咨询网. 2021 年中国与"一带一路"沿线国家货物贸易额达 1.8 万亿美元　创 9 年来新高［EB/OL］.（2022-11-10）.http://chinawto.mofcom.gov.cn/article/e/r/202211/20221103366410.shtml.

［2］中华人民共和国商务部公共商务信息服务 WTO/FTA 咨询网. 2022 年中国对 RCEP 其他 14 个成员国进出口 12.95 万亿元［EB/OL］.（2023-01-16）.http://chinawto.mofcom.gov.cn/article/e/s/202301/20230103379488.shtml.

［3］中国机械工程学会. 装备制造关键核心技术发展路线图：高端数控机床专题研究［R］. 2021.

［4］中国机械工程学会. 湖南加快打造国家重要先进制造业高地的战略研究［R］. 2022.

［5］中国机械工程学会. 中国机械工程技术路线图（2021 版）［M］. 北京：机械工业出版社，2022.

编撰组

组　长：田利芳

成　员：韩清华　张荷芳　刘艳秋
　　　　刘培基　于宏丽　袁俊瑞

第三章

先进制造产业技术路线图分析

第一节 路线图制定的主要思路

一、路线图制定的背景和目的

为积极贯彻党的二十大精神，落实"十四五"国家科技创新规划和基础研究十年规划有关部署，中国机械工程学会申报并承担了中国科协学科发展引领工程-产业技术路线图研究项目的其中一项课题"先进制造产业技术路线图"。先进制造产业技术路线图制定的目的在于：重点关注先进制造业及其关键技术，研究国内外先进制造业发展趋势和关键技术演进变革趋势；瞄准国家先进制造"十四五"重大专项、重大规划、重大工程，以及国家中长期发展规划纲要，服务国家先进制造发展战略，提出支撑我国先进制造业发展需求的关键技术，并制定发展路线图；探索关键技术的突破路径和解决机制；提出发展建议，为中央和各级政府制定先进制造业科技发展战略、规划提供依据，为强化先进制造关键技术攻关与创新提供有力支撑，为行业和企业技术发展和产品开发以及投资决策提供信息服务。

二、路线图制定的方法和原则

（一）研究范畴界定

先进制造业的覆盖面较广，根据国家统计局《新产业新业态新商业模式统计分类（2018）》，先进制造业包括14大类，113小类，包含了新一代信息技术设备制造、高端装备制造、先进材料制造（钢铁、有色金属、石化化工、无机非金属、高性能纤维和复合材料、前沿新材料）、生物制造（生物产品、生物质燃料、生物制造相关设备）、新能源（汽车及相关设备、新能源设备）、节能环保设备和产品制造。

先进制造产业技术路线图的研究范畴定位于"支撑先进制造产业发展的关键技术"。聚焦面向未来5~10年我国先进制造业高端化、智能化、绿色化发展的重点领域，梳理重大技术装备攻关工程、"卡脖子"和重大短板装备，以及推动装备制造业数字化转型、绿色低碳发展的共性问题和支撑我国先进制造业高端化智能化绿色化发展的共性基础技术，如成形制造技术、精密与超精密制造技术、微纳制造技术、增材制造技术、智能制造技术、高能束加工技术、先进设计技术、数字孪生技术、低碳绿色制造技术、产品可靠性技术等，提出支撑我国先进制造产业发展的若干项共性、基础和关键技术，并绘制技术路线图。

（二）路线图制定的方法及流程

1. 路线图制定的方法概述

产业技术路线图是一种能够满足学者、企业家和政府决策者战略高度的顶层设计的规划方法，它是一种逻辑化、程序化、规范化的方法和工具，能够帮助研究者在复杂多变的形势下高瞻远瞩、统筹安排、科学规划，在保障不迷失方向和错失发展机遇的前提下形成科学的战略发展路径[1]。

产业技术路线图是在产业技术规划的基础上发展起来的，作为产业战略集成规划方法已经在美国、日本、德国等许多发达国家和地区得到广泛应用，是一个行之有效的科技创新管理工具[2]。

2. 路线图制定的工作流程

产业技术路线图制定的基本流程包括三大阶段的工作，即准备阶段、开发阶段、修正阶段，先进制造产业技术路线图制定的工作流程如图3-1所示。准备阶段包括项目前期调研、建立研究团队和组织机构、召开路线图启动会、确定研究范围与边界；开发阶段是路线图制定的核心部分，包括分析判断路线图主要维度、遴选影响每个维度的关键要素、绘制路线图；修正阶段是技术路线图的后续修订和制定实施计划阶段，以及对研究成果进行评估和修正，也是技术路线图不断完善的过程。

（三）路线图制定的原则

1. 先进制造产业发展重点领域的遴选原则

（1）基础支撑领域、产业链供应链关键环节的产业领域。

（2）装备制造业战略必争的产业领域。

（3）具有发展优势的产业领域。

确保先进制造业高端化智能化绿色化发展的基础共性的产业领域。

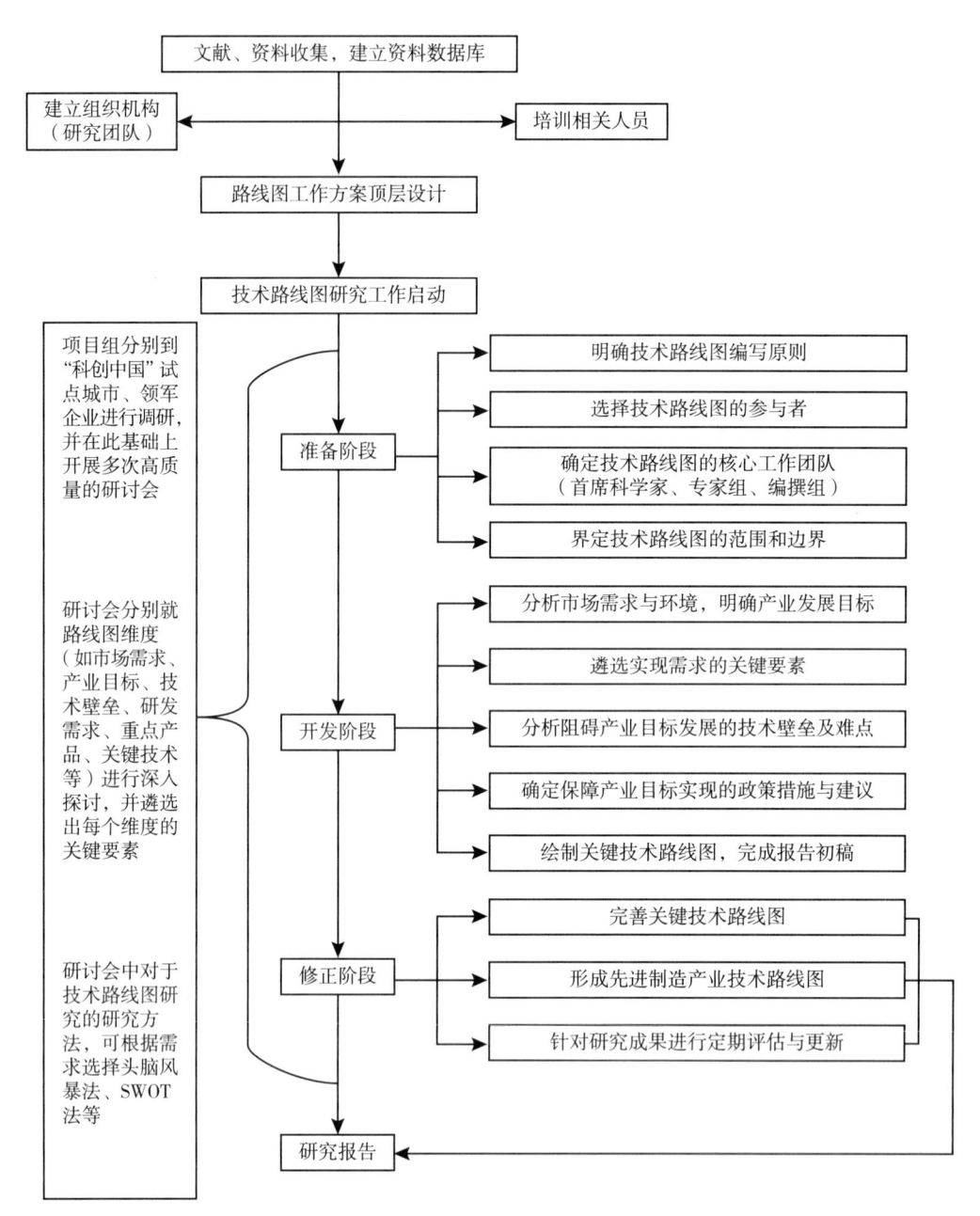

图 3-1　先进制造产业技术路线图制定的工作流程图

2. 关键技术的特征[3]

（1）关键性——该项技术如果不及时攻克，将制约先进制造业，尤其是装备制造业的高质量发展，对我国国民经济发展，甚至是国家安全产生深刻影响等。

（2）带动性——该项技术具有基础性强、覆盖面广的特点，其发展能带动一批技术的突破或解决一部分产业面临的基础共性问题。

（3）可行性——该项技术在国内具有一定的发展基础，基础理论研究较为成熟，国内短期或中期能够攻克的。

（4）战略性——该技术的攻克和推广应用将有效提升我国先进制造业重点领域的国际竞争力。

3. 关键技术遴选原则[3]

（1）既要站在战略的高度，瞄准国家先进制造"十四五"重大专项、重大规划、重大工程，以及国家中长期发展规划纲要，考虑宏观发展的总体目标要求；战术上又要注重务实，考虑技术的具体实施基础条件和运作可行性。

（2）既要从我国国情出发，针对我国国民经济和社会发展的迫切需要，关注热点和难点问题，强调"需求导向"的原则；同时，又要适度考虑世界科技发展的大趋势和先进水平，体现"技术推动"的原则。

（3）既要遵循事物发展"循序渐进"的客观规律，又要考虑技术跨越式发展的可能性（包括跳跃和突破）。

（4）具有一定的先进性和前瞻性，能够提升产业基础和创新能力、满足产业急需的关键技术。

重点考虑：

（1）提升基础制造能力的关键技术。

（2）提升高端装备制造能力的关键技术。

（3）提升数字化制造能力的关键技术。

（4）提升绿色制造能力的关键技术。

（5）提升特种（或高端专用装备）制造能力的关键技术。

4. 路线图绘制的时间跨度

技术路线图研究时间跨度为2023—2035年，按照2023年—2026年—2030年—2035年，共4个时间点，短期、中期和长期3个发展阶段进行绘制。

参考文献

[1] 中国机械工程学会. 中国机械工程技术路线图（2021版）[M]. 北京：机械工业出版社，2022.

[2] 李兴华. 产业技术路线图：广东科技管理创新实践[M]. 广州：广东科技出版社，2008.

[3] 机械科学研究院. 先进制造领域技术预测与技术选择[R]. 1999.

第二节　先进制造产业与技术发展的愿景目标

一、发展愿景

深入实施制造业高质量发展战略。推动先进制造产业的自主可控、安全高效，推进产业基础高级化、产业链现代化，保持制造业比重基本稳定，增强制造业竞争优势，尤其是先进制造产业的竞争优势。通过技术创新、产业协同等手段来提升产业竞争力和创新能力；着力培育具备国际竞争力的产业生态；推动先进制造产业的绿色可持续发展。

二、总体目标

重点围绕基础共性产业领域、战略必争产业领域、优势产业领域等三大领域的12类产业的制造需求，攻克基础制造技术与装备的"卡脖子"问题，提升先进制造技术与装备的自主能力，重点发展包括高端数控机床、高性能材料制造、精密制造技术、智能制造技术、绿色制造技术等；补齐共性制造技术、基础零部件、高端仪器仪表、研发设计类工业软件的短板，提升先进制造产业整体水平；推动先进制造产业向能源消费低碳化、资源利用循环化、生产过程清洁化、产品供给绿色化、生产方式数字化转型。壮大满足先进制造产业发展的专业人才队伍。形成一批具有国际竞争力的先进制造业企业和产品品牌。

（一）短期目标定位

到2026年，重点解决高端数控机床、工业机器人、高端材料制造、基础零部件、高端仪器仪表、工业软件等产业领域短板问题，产业基础的自主可控初见成效，形成一批自主可控、安全高效的装备与产品，进一步缩短与国际先进水平的差距。初步形成具有较强国际竞争力的跨国公司和产业集群，在全球产业分工和价值链中的地位明显提升。

在机器人方面，我国成为全球机器人技术创新策源地、高端制造集聚地和集成应用新高地。机器人产业营业收入年均增速超过20%，形成一批具有国际竞争力的领军企业及一大批创新能力强、成长性好的专精特新"小巨人"企业，建成3~5个有国际影响力的产业集群。

在新能源汽车方面，我国新能源汽车市场竞争力明显增强，动力电池、驱动电机、车用操作系统等关键技术取得重大突破，安全水平全面提升，新能源汽车核心技术达到国际先进水平，质量品牌具备较强国际竞争力。纯电动汽车成为新销售车辆的主流，公共领域用车全面电动化，燃料电池汽车实现商业化应用，高度自动驾驶汽车实现规模化应用，充换电服务网络便捷高效，氢燃料供给体系建设稳步推进，有效促进节能减排水平和社会运行效率的提升。

在设计与工业软件方面，实现复杂机械系统多物理场可视设计，将多学科性能仿真分析数据在虚拟环境虚实叠加环境中进行集成分析，指导产品设计与制造。

在新一代信息技术方面，采用国产CPU的品牌服务器国内市场占有率预计达30%以上，在操作系统与工业软件方面，自主工业软件市场占有率超过50%。"互联网+"智慧工业云在重点行业的应用普及率超过60%。国产智能制造核心信息设备在国内市场占据主导地位，国内市场的占有率达到60%。

在高端数控机床方面，与国际先进水平差距明显减小。机床装备平均无故障时间（MTBF）超过2500h，精度保持性达到10年。我国高档数控系统与核心功能部件短板得到基本改善，部分前瞻及原创性装备实现突破。

在绿色制造方面，广泛应用清洁高效铸造、锻压、焊接、表面处理、切削等加工工艺，规模以上工业单位增加值能耗降低13.5%。大宗工业固废综合利用率达到57%，主要再生资源回收利用量达到4.8亿吨，系统推进先进制造业向产业结构高端化、能源消费低碳化、资源利用循环化、生产过程清洁化、产品供给绿色化、生产方式数字化转型。

（二）中期目标定位

到2030年，先进制造业整体水平迈上新台阶，产业基础的自主可控有了很大提高，基本具备自主、安全、稳定、高效、弹性的产业链，优势产业领域的规模不断扩大，成为支撑我国制造业高质量发展的重要引擎。

在机器人方面，中国人形机器人市场在全球总市场中的份额占比约为20%。

在新能源汽车方面，我国新增新能源、清洁能源动力的交通工具要达到40%，约为1000万辆。

在设计与工业软件方面，实现集数字孪生模拟、智能设计、精细化设计于一体的先进制造产业知识型工业软件开发，实现复杂系统多领域设计参数、设计约束与设计知识的精确建模与求解，为复杂工况下复杂机械系统的精确设计提供新的技术手段，复杂机械系统跨尺度多学科性能的精益化设计技术。

在高端数控机床方面，机床动力学设计、精度设计和可靠性设计技术达到世界先进水平，分析软件、监测、控制、编译系统软件实现自主可控，基本解决关键高档数控系统与核心功能部件的短板问题，制造工艺、精度保持性和可靠性接近世界先进水平。

在绿色制造方面，碳排放强度持续下降，单位工业增加值二氧化碳排放降低18%，全面推广绿色制造技术的相关成果，形成资源循环再利用产业。初步研发高性能、轻量化绿色新材料和绿色生物工艺、绿色生物制品。

（三）长期目标定位

到2035年，先进制造产业创新能力大幅提升，重点领域发展取得重大突破，整体竞争力明显增强，达到世界制造强国阵营中等水平。

在机器人方面，我国机器人产业综合实力达到国际领先水平，机器人成为经济发展、人民生活、社会治理的重要组成部分。

在新能源汽车方面，纯电动汽车成为新销售车辆的主流，公共领域用车全面电动化，燃料电池汽车实现商业化应用，高度自动驾驶汽车实现规模化应用，有效促进节能减排水平和社会运行效率的提升。

在设计与工业软件方面，实现虚实映射的数字孪生设计，并可根据全寿命周期数据进行动态调整、持续改善和优化。复杂机械系统跨尺度多学科性能的精益化设计技术，实现专用工业软件在交通运载、航空航天、制造装备等先进制造业的落地应用，实现具有视觉、触觉真实感的虚拟现实交互可视设计工具开发。

在新一代电子信息技术方面，工业互联网重点领域实现国际领先，综合实力进入世界前列。智慧工厂规模以上制造业企业全面普及数字化。重点行业骨干企业基本实现智能化。

在高端数控机床方面，国产高端数控机床为主体的成套成组装备成为我国重大装备制造领域的主力军，保障我国制造业高质量目标的实现。

绿色制造方面，我国基于产品生命周期的绿色制造产业链和价值链基本形成，以产品生产者延伸责任制为基础的产品全生命周期绿色制造新模式形成。重点行业主要污染物排放强度下降50%，资源循环利用率达到85%，先进制造业绿色发展和主要产品单耗达到世界前列。

第三节 先进制造产业未来发展的重点领域及关键技术

一、重点产业领域

推进新型工业化，就要适应时代要求和形势变化，突出重点、抓住关键，着力提升产业链供应链韧性和安全水平，加快提升产业创新能力，持续推动产业结构优化升级，大力推动数字技术与实体经济深度融合，全面推动工业绿色发展。我国先进制造产业既面临制造基础薄弱，自主创新能力不强等问题，又顺应科技革命和产业变革所带来的新发展需求，重点需要攻克"卡脖子"问题，补齐基础制造技术与装备的短板。面向 2035 年，重点放在基础共性产业领域、战略必争产业领域、具备发展优势产业领域等三大领域的 12 类重点产业领域上，见表 3-1。

表 3-1 先进制造产业未来发展的重点领域

类别		代表性重点领域
基础共性的产业领域	1	高端数控机床
	2	工业机器人
	3	基础零部件
	4	仪器仪表
战略必争的产业领域	5	新一代信息技术产业
	6	航空航天装备
	7	先进轨道交通装备
	8	高性能材料制造
	9	高性能医疗器械
具备发展优势的产业领域	10	电力装备
	11	海洋工程装备及高技术船舶
	12	节能与新能源汽车

在基础共性的产业领域，高端数控机床、工业机器人与国际先进水平相比仍存在较大差距；基础零部件的国际竞争力大幅提升，但仍存在着中低端产品产能过剩、高

端产品仍依赖进口等情况；仪器仪表处于快速发展阶段，在可靠性和工程应用能力、智能化、集成水平等方面与国际水平存在较大差距，尤其是高端仪器技术水平落后，国外产品占据绝对的领先优势。

在战略必争的产业领域，新一代信息技术产业发展迅速不断缩小与世界先进水平的差距，其中通信设备处于世界领先水平，集成电路及专用设备、操作系统与工业软件与国际先进水平相比存在巨大差距；航空航天装备处于世界先进水平，飞机和航空发动机与国际先进水平相比存在巨大差距；先进轨道交通装备处于世界领先水平，新材料在产业规模、技术水平等方面与国际先进水平相比仍存在较大差距，高性能医疗器械产业与制造强国相比存在巨大差距。

在具备发展优势的产业领域，电力装备产业处于世界领先水平，海洋工程装备及高技术船舶、新能源汽车产业处于世界先进水平，节能汽车与国际先进水平相比仍存在较大差距[1]。各重点产业领域的关键装备和核心功能部件发展情况、重点产品和关键技术见表3-2。

表3-2　12类重点产业领域整体水平、需求装备与产品、关键技术

产业领域	整体水平	自主情况	需求装备与产品	关键技术
高端数控机床	与国际先进水平相比存在较大差距	国产高端数控系统占比达到31.9%；部分高端产品依赖进口，电主轴、直线电机、主轴轴承、高性能丝杠、导轨和高精密光栅等核心功能部件仍依赖进口	超精密切削机床、超精密抛光机床、超精密电加工机床、精密卧式加工中心及坐标镗床、多轴联动加工中心、精密数控磨床、大型重型机床、高精密齿轮机床；高精度导轨、主轴等高性能功能部件	基于动力学与精度优化分析的机床正向设计技术、高端数控机床可靠性技术、高端数控机床精度保持性技术、基础零部件核心精度面加工技术、高性能抛光头技术、高性能回转与直线驱动控制技术、高端数控系统、智能化技术、绿色制造技术等
工业机器人	与国际先进水平相比存在较大差距	工业机器人的性能不断提高，但仍以中低端产品为主，高端供给缺乏。高性能伺服电机、编码器、减速器等仍依赖进口	移动式串联加工机器人、移动式混联加工机器人、龙门桁架式加工机器人、协作机器人、复合机器人、高性能工业机器人、智能机器人；高功率密度线性致动器、轻量化五轴并联加工功能模块、大范围高精度测量系统等核心零部件	面向紧密人机协作的高负载自重比/轻量化机器人本体技术、并联机器人型-性-度交互设计技术、机器人性能保障技术、机器人性能自检与自修复技术、大场景下高精度测量技术、多机器人原位智能协同制造技术、"测量-加工"一体化智能柔性制造技术、机器人云-边-端技术等

续表

产业领域	整体水平	自主情况	需求装备与产品	关键技术
基础零部件	基础零部件的制造水平与国际先进水平差距巨大	中低端产品产能过剩、高端产品研发和制造能力不足，关键核心技术对外依存度高，高端轴承、液压泵、控制阀等高端产品大量依赖进口	航空航天装备、先进轨道交通装备、海洋工程装备及高技术船舶等装备用核心基础零部件。如高压大排量液压泵、中高压比例与伺服阀、超高真空磁性液体密封、航空发动机主轴轴承、高性能医疗器械轴承、汽车自动变速器、大型能源装备齿轮装置、高性能刀具等	核心基础零部件疲劳失效机理、高强韧材质开发与精密热处理技术、抗疲劳制造质量检测技术、高可靠长寿命流体传动与控制技术、智能化流体传动与控制技术、密封设计与测试技术、轴承精密加工技术、轴承寿命评估技术、齿轮关键制造技术、齿轮试验与运维技术、模具材料与热处理及表面处理技术、刀具材料制备技术、表面涂层技术、应用服务技术等
仪器仪表	电工仪器仪表、工业测量和科学测试仪器仪表领域具备一定的竞争优势	传感器进口占比80%，传感器芯片进口占比达到90%	温度、气体、位移、速度、光电、生化等高端传感器，新型MEMS传感器和智能传感器，微型化、智能化的电声器件，精密光学检测设备、先进声学检测设备、在线分析仪、精密自动化装备等	新型传感器技术、芯片设计技术、先进制造封装技术、工业无线通信网络技术、功能安全技术及安全仪表、精密加工技术和特殊工艺技术、分析仪器功能部件及应用技术、微纳传感器应用工程化技术、在线精密测试技术、智能化技术、系统集成和应用技术等
新一代信息技术产业	通信设备处于世界领先水平；集成电路及专用设备差距巨大	操作系统与工业软件、高端芯片依赖进口	高性能、多功能、高密度混合集成电路，曲面共形电路、三维立体电路、三维结构电子、柔性混合电子等先进电子电路，大尺寸高效柔性混合电子三维打印装备等。高端制造业嵌入式操作系统、复杂曲面数控加工编程与仿真软件、生产制造执行全流程数字化管理软件，分布式供应链管理软件，智能车间/工厂一体化管控软件，"工业互联网+安全生产"应用平台等	集成电路的设计、制造、封装相关技术，如芯片设计、先进制造封装技术；超高精度光学元件加工和检测、掺入射反射镜加工检测；高精度多材料增材制造技术；无线移动通信、新一代网络、卫星通信技术等；"端到端"的工业软件安全技术、工业基础资源库与标准化技术、操作系统微内核技术、设备端智能化技术、工业大数据管理与分析技术、数据与知识融合驱动的制造过程感知-分析-决策一体化技术；云边协同的工业互联网技术等

续表

产业领域	整体水平	自主情况	需求装备与产品	关键技术
航空航天装备	飞机和航空发动机差距较大	航空发动机、机载电子设备、关键材料和配套件大量进口	国产大飞机，高超音速飞行器，航空发动机及燃气轮机，重型运载火箭；卫星导航、分布式液压系统、新型机载显示组件、智能蒙皮微机电系统等航空机载设备与系统；大型复杂异型结构制造设备、先进功能性复合材料制造设备、超大型运载火箭贮箱搅拌摩擦焊装备、航天增材制造装备、高精度航天机器人等制造装备和智能制造成套装备等	绿色环保飞行器、电动飞机能源和推进系统、超声速民机的综合设计与验证技术；飞行器复合材料典型主体结构设计、制造与验证技术、大型轻量化整体及高金属结构制造技术；综合模块化航电系统技术、综合飞行控制技术、飞机电推进系统技术等；大推力火箭发动机及重型运载火箭技术、载人航天关键技术、深空探测关键技术；近净成形制造技术、高品质摩擦焊技术、高效精密加工技术、增减材整体制造技术等
先进轨道交通装备	先进轨道交通装备处于世界领先水平	高铁装备所需轴承、制动系统、轮对、高强度螺栓等核心零部件严重依赖进口	时速400km级高速轮轨客运列车系统、自导向城轨交通列车、时速600km以上高速磁浮运输工程化系统、3万吨级重载列车、高速货运列车、新一代地铁列车、混合动力机车；新一代高速柴油机、重载高速车轮车轴、轨道交通车辆用氢燃料电池、高可靠性联轴器、超大型高参数齿轮及传动装置、减震器等关键零部件	列车绿色节能技术、高效能牵引传动技术、智能化关键技术、自动驾驶技术、自适应转向架关键技术、磁悬浮交通系统关键技术、设计节能与环境友好技术、安全保障技术、复杂机械系统高保真数字孪生模拟、基于知识工程与大数据的智能设计、大型曲面薄壁整体结构多场复合成形技术、复杂中空构件超高温热介质压力成形技术、增减材一体化制造技术等
高性能新材料制造	新材料与国际先进水平差距较大，主要在高性能新材料	大批核心关键材料需依赖进口，关键基础材料52%依赖进口	先进制造基础零部件用钢、高强韧性厚钢板、能源用钢、高性能轻合金材料、新型高分子材料、高性能纸基材料、生物基纤维材料，先进变形、粉末、单晶高温合金，特种铝、镁、钛合金，碳纤维及其复合材料，锂离子电池材料，大尺寸硅半导体材料、天然高分子生物基材料、高温超导材料、资源利用智能仿生材料、石墨烯碳纤维材料等	先进钢铁材料、先进有色金属材料、先进石化材料、先进轻工材料、先进纺织材料等先进基础材料关键技术，高端装备用特种合金、高性能纤维及其复合材料、新型能源材料、先进半导体材料、芯片制造和封装材料、稀土功能材料、电子陶瓷材料和人工晶体、高性能分离膜材料、新一代生物医用材料、生物基材料等关键战略材料制备技术，三维打印材料、超导材料、智能仿生材料、石墨烯材料等前沿新材料关键技术

续表

产业领域	整体水平	自主情况	需求装备与产品	关键技术
高性能医疗器械	与国际先进水平差距巨大	高端医疗设备严重依赖进口，高端医学影像、高值耗材进口占比均高达80%以上，大部分核心零部件、原材料仍依赖进口	基于光子技术的能谱CT、静态CT系统、智能微创手术机器人、实时影像引导手术机器人、心脑血管早期诊断装置、全集成基因检测系统、高精度功能干预经颅神经磁刺激设备、离子束放射治疗设备，智能假肢、智能可穿戴康复设备、人工心脏、人工晶状体等	大数据及人工智能技术、多物理场耦合仿真技术、人工智能辅助设计与制造技术，医学影像、手术室与急救、临床检测及生理检测、先进治疗，智能关节、多模态康复评估技术、多模态综合干预技术、智能感知及柔性传感技术、高集成度微机电技术、三维打印技术等
电力装备	电力装备处于世界领先水平	输变电设备是我国装备走向世界的优势领域之一	清洁高效煤电成套装备、燃气轮机发电装备、先进核电成套装备、大型先进水电成套装备、可再生能源发电装备、氢能发电装备、储能装备；专用机加工装备，专用挤压、焊接、热处理装备，智能制造装备等。并联电抗器、发电机保护断路器等特高压输变电成套设备；交直流混合微电网设备及直流配网设备、超导输变电设备、支持云端远程运维的智能电力设备等智能输变电成套设备；智能电网用户端设备等	清洁高效煤电技术、清洁高效燃气技术、核电共性技术、燃气轮机技术、大型先进水电装备技术、可再生能源发电技术、全寿命周期绿色制造技术、储能设备技术、智能制造技术等；输变电的智能化、可靠性、数字仿真、标准和试验检测、高效配电变压器等相关技术；电力电子技术、大规模高效储能技术、无线传感器网络化技术、电力物联网技术、新型配电网络中的储能应用技术等
海洋工程装备及高技术船舶	海洋工程装备及高技术船舶处于世界先进水平	船舶动力系统及装置、电子电气设备、舱室设备、通信导航与自动化系统等依赖进口	海洋油气资源开发装备、深海矿产资源开发装备、海洋可再生能源开发装备、海上岛礁利用和安全保障装备、深海探测与作业装备、超级生态环保船舶、极地运输船舶、破冰船及海洋工程装备、远洋渔业船舶、大型LNG燃料动力船，船用大功率低/中速环保发动机、深海锚泊及动力控制系统、船舶信息与智能系统等关键零部件	大型货物运输船目标型规范体系、高性能能源及储能技术、深远海信息传输技术、水下安装技术、安全与可靠性技术、船舶与海洋结构物水动力性能、船舶优化节能技术、船舶推进装置设计技术、减振降噪与舒适性技术、复杂装备可靠性工程与全寿命保质设计技术、船舶智能设计制造技术、极地船舶与海洋工程装备关键技术等

续表

产业领域	整体水平	自主情况	需求装备与产品	关键技术
节能与新能源汽车	新能源汽车处于世界先进水平	节能汽车差距大，70%的汽车制造关键设备依赖进口	节能内燃动力乘用车、混合动力乘用车、节能柴油商用车、混合动力商用车、替代燃料汽车，高效内燃机及关键部件、混合动力电机/电池/专用发电机等关键零部件。插电式混合动力汽车、纯电动汽车、燃料电池汽车，驱动电机、电机控制器、动力电池系统、高压总成、整车控制器、增程式发动机、轻量化车身等关键零部件	节能汽车：整车集成技术、动力技术、传动技术、轻量化技术、低阻力技术，动力系统制造技术、车身制造技术、轻量化零部件制造技术，生产管控技术、大数据技术、虚拟现实技术等。新能源汽车：整车集成技术、电驱动系统技术、能量存储系统技术、燃料电池系统技术、高压电气系统技术，生产制造控制及管理系统一体化技术、动力电池及关键材料的制造技术等

二、支撑我国先进制造业发展的若干项关键技术

（一）关键技术遴选

研究团队通过对先进制造产业12类重点产业领域及其关键技术进行分析和梳理，并开展了支撑我国先进制造业发展的关键技术清单征集工作，依据关键技术遴选的指导思想和遴选原则，通过多次征求专家意见，反复梳理、凝练和整合关键技术，提出5类18项支撑我国先进制造业发展的重大产业关键技术。18项关键技术清单见表3-3所示，18项关键技术系统框图如图3-2所示。

表3-3 支撑我国先进制造业发展的18项关键技术清单

类别	序号	关键技术名称
先进设计	1	复杂机械系统高性能模拟、设计与工业软件
	2	复杂装备可靠性工程与全寿命保质设计
先进制造技术与工艺	3	大型复杂薄壁结构整体近净成形技术
	4	耐热合金整体叶盘类构件高品质摩擦焊技术
	5	超高精度光学元件加工检测、掠入射反射镜加工检测技术
	6	在线精密测试技术与设备
	7	大型构件高效增减材整体制造技术
	8	多材料功能构件增材制造技术

续表

类别	序号	关键技术名称
智能制造	9	面向复杂产品设计、制造、服务软件的智能化技术
	10	数据与知识融合驱动的制造过程自决策技术
	11	云边协同的工业互联网技术
绿色制造	12	废旧产品再资源化制造关键技术
	13	绿色低碳设计技术及系统集成
基础共性产业领域	14	核心基础零部件抗疲劳制造技术
	15	高性能微纳传感器批量产品化关键技术
	16	高端数控机床可靠性与精度保持性技术
	17	超精密主轴、导轨和抛光功能头等关键零部件
	18	工业机器人高性能加工技术

（二）支撑我国先进制造业发展的 18 项关键技术概述

1. 复杂机械系统高性能模拟、设计与工业软件

复杂机械系统将向复杂化、智能化、精细化方向发展，高端装备使役性能和服役条件挑战技术极限，先进制造行业也更加注重智能制造实现和数字化转型，基于数字孪生、知识工程、大数据等的高性能模拟、设计和工业软件研究，可实现机械产品从设计、制造到运营的全生命周期数字化和智能化管理。复杂机械系统高性能模拟、设计与工业软件开发是先进制造领域中的重要研究方向之一，也是机械产品加工制造的起点与先导，更决定着产品的功能品质、制造成本及服务价值，并已成为先进制造企业竞争力的核心和关键。

面向国家重大需求和学术前沿问题，将人工智能、大数据、云边协同计算等高新技术与数值模拟、优化设计方法深度融合，围绕飞机、汽车、数控机床、工业机器人等复杂机械系统发展高保真数字孪生模拟与智能化精益化设计理论方法及工具，为交通载运、智能制造、航空航天等行业的产品设计、制造与运维提供全数字化依据，促进装备的高精度、智能化、信息化发展。主要研究内容：虚实映射的复杂机械系统高保真数字孪生模拟技术；基于知识工程与大数据导航的智能设计技术；复杂机械系统跨尺度多学科性能的精益化设计技术；基于虚拟现实的复杂机械系统交互可视设计平台。

052　先进制造产业技术路线图

战略性新兴产业领域
- 航空航天装备
- 新一代信息技术产业
- 先进轨道交通装备
- 高性能材料制造
- 生物医疗装备
- 电力装备
- 海洋工程装备及高技术船舶
- 节能与新能源汽车

其他传统产业领域
- 农业装备
- 轻工
- 纺织
- 石油化工
- ……

应用产业领域

先进制造技术与工艺

先进设计
- 复杂机械系统高性能模拟、设计与工业软件
- 复杂装备可靠性工程与全寿命质保设计

智能制造
- 面向复杂件的智能化技术
- 软件与知识融合驱动的制造服务
- 数据自决策技术
- 云边协同的工业互联网技术

绿色制造
- 废旧产品再资源化制造关键技术
- 绿色低碳设计技术及系统集成

◇ 成形制造
- 大型复杂薄壁成形技术
- 整体合金整体构件叶盘类构件高品质
- 耐热合金整体构件
- 摩擦焊技术

◇ 精密与超精密制造
- 超高精度光学元件加工和检测、掺人射反射镜加工检测

◇ 微纳制造
- 在线精密测试技术与设备

◇ 增材制造
- 大型构件高效增减材整体制造技术
- 多材料功能构件材料制造技术

基础共性制造技术领域

基础共性产业领域

基础零部件
- 核心基础零部件抗疲劳制造技术

仪器仪表
- 高性能微纳传感器批量产品化关键技术

高端数控机床
- 高端数控机床可靠性保持性技术
- 超高精密主轴、导轨和地光功能头等关键零部件

工业机器人
- 工业机器人高性能加工技术

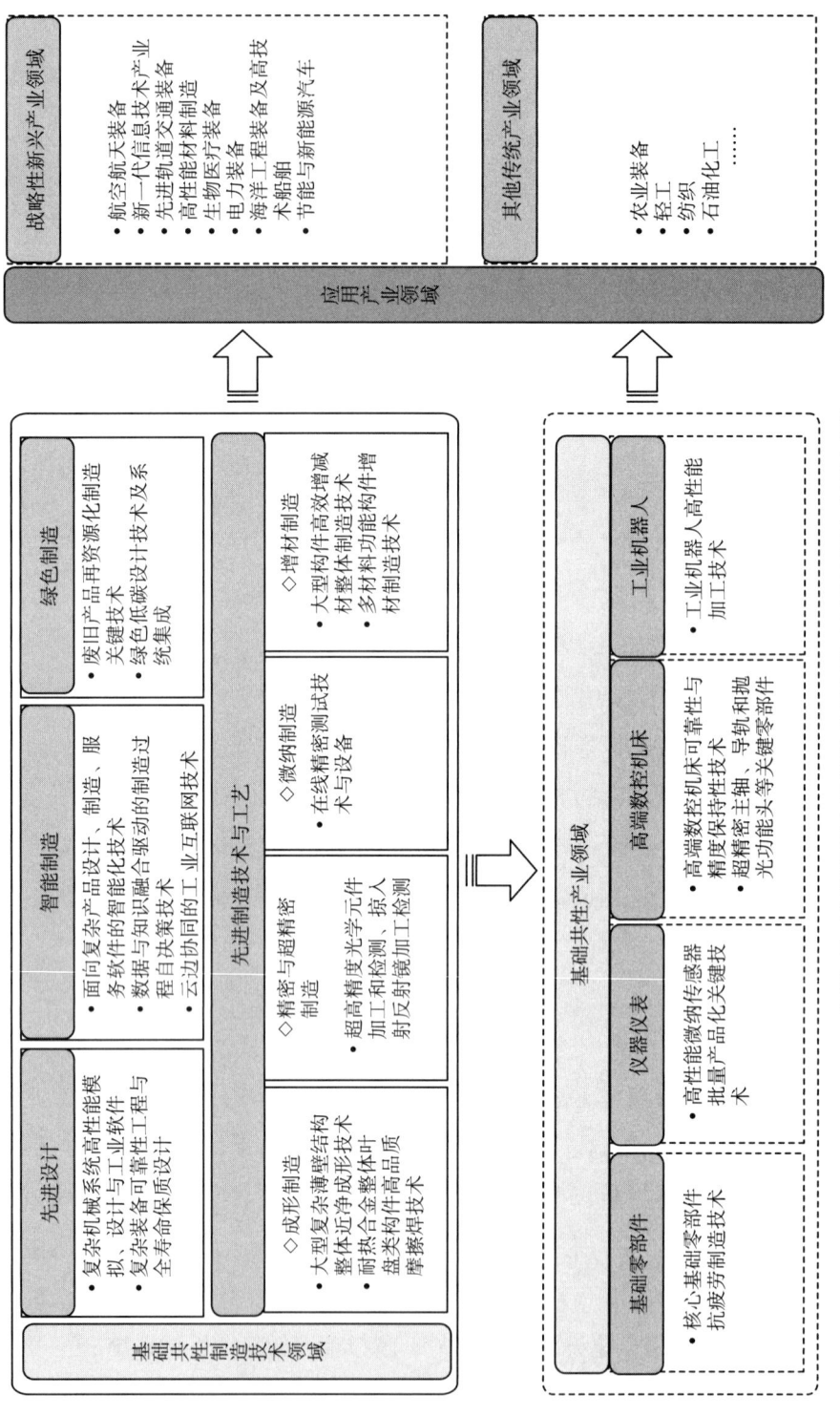

图3-2　支撑我国先进制造业发展的18项关键技术系统架构

2. 复杂装备可靠性工程与全寿命保质设计

复杂装备可靠性工程与全寿命保质设计技术是为了达到装备产品或系统可靠性与质量要求而进行的有关设计、管理、试验和生产一系列工作的技术统称，它贯穿于产品或系统的设计、制造、装配、测试、服役、维修、回收等整个寿命周期内的各个环节。大力发展复杂装备可靠性工程与全寿命保质设计，提升重大、高端、核心装备的可靠性，对提升我国机械制造业的国际竞争力、推动中国制造向中国创造转变、推动我国从制造大国向制造强国转变、实现创新驱动跨越发展具有重大意义。

高端复杂装备的可靠性是我国制造业行业发展的战略要点之一，通过"全系统、全寿命可靠性"思想、智能制造新技术重新规划构建价值链流程、创新业务模式，可大幅度提升装备行业的整体效率和费效比。主要研究内容：复杂装备全寿命周期可靠性保质设计；基于大数据的复杂装备可靠性智能评估；面向装备延寿与可靠性增长的故障预测与健康管理。

3. 大型复杂薄壁结构整体近净成形技术

新一代运载火箭、大型宽体飞机、超大型舰船、磁浮高铁、磁约束聚变堆等新一代高端装备的快速发展，迫切需求发展大承载、长寿命、高可靠和高性能构件的先进制造技术。复杂曲面薄壁构件是高端装备直接关系到服役性能的一大类关键构件，新一代高端装备的发展需求为复杂曲面薄壁构件提出了全新的特征和挑战：尺寸极端化、形状复杂化、结构整体化，需要突破变形理论、工艺和装备三维一体创新。大型复杂薄壁结构整体成形技术是新一代高端装备制造的关键核心技术，是我国制造业发展的重要方向。

大型复杂薄壁结构整体近净成形技术将突破特大尺寸薄壁件整体高性能近净成形工艺及装备、复杂中空构件超高温热介质压力成形等关键技术，实现近净成形、数字化与智能化深度融合，取得基础变形理论、工艺创新和装备应用系统性成果，支撑我国先进制造业航空航天、舰船、高铁和核电等重点领域发展。主要研究内容：大型曲面薄壁整体结构多场复合成形技术；复杂异形中空整体结构柔性介质成形技术。

4. 耐热合金整体叶盘类构件高品质摩擦焊技术

高推比航空发动机、燃气轮机是我国"两机"专项布局的先进制造重点领域，叶盘类零件是核心零件，服役过程中面临动载、高温与高压等严苛的服役环境，对构件强度、疲劳与组织稳定性要求极高。耐热合金叶盘类构件高品质摩擦焊技术是支撑我国两机专项先进制造领域航空发动机、燃气轮机等高端装备的关键技术。

惯性摩擦焊接工艺稳定，接头可靠性高，主要用于回转体类结构焊接，工艺适应性强，可焊材料广，对异种材料连接具有独特的技术优势，是未来整体叶盘级间焊接最为可靠的连接技术之一。线性摩擦焊接可以实现非规则截面、结构的有效连续，工艺适应性强，可焊材料广，对异种材料连接具有独特的技术优势，是未来整体叶盘结构制造最为可靠的焊接技术之一，也是飞机、航天、兵器等一体化结构高效、低成本的制造方法。主要研究内容：惯性摩擦焊技术；线性摩擦焊技术。

5. 超高精度光学元件加工检测、掠入射反射镜加工检测技术

超高精度元件、掠入射反射镜等关键光学元件的超精密制造水平代表国家制造业的核心竞争力，是先进光源装置和极紫外光刻机自主制造、芯片产业发展和国家安全的重要基石。大力发展超高精度元件和掠入射反射镜制造的自主创新能力，在制造装备基础部件、关键工具、高端元件核心工艺和自主检测仪器方面持续深耕，构建完善的国家超高精度元件和掠入射反射镜的制造体系和能力，提升我国重大装备、工程和科学装置的制造水平。

超高精度光学元件加工和检测、掠入射反射镜加工检测将突破基于多特殊能场辅助光学表面原子可控去除新机理，形成基于多特殊能场辅助的超高精度和掠入射元件抛光装备与工艺，实现超高精度光学元件和掠入射反射镜加工。建立超高精度光学元件和掠入射反射镜的宏微形貌融合测量理论和系统，最终形成超高精度光学元件和掠入射反射镜自主制造，支撑我国极紫外光刻物镜反射镜、先进光源等重大专项工程和重大科学装置光学元件自主供应。主要研究内容：纳弧度–皮米精度宏微形貌表征与测量方法；基于多能场辅助的表面原子级可控去除机理与方法；纳弧度–皮米精度制造装备和工艺。

6. 在线精密测试技术与设备

在线精密测试技术与设备是制造领域必不可少的环节，是制造产业价值提升的重要手段，超精密零部件加工、汽车制造、集成电路与半导体制造、新能源行业、石油化工、医药等多种先进制造领域对在线精密测试技术与装备具有迫切需求。面向先进制造产业的在线精密测试技术与设备，突破相关基础环节的瓶颈技术，形成国内自主可控的供应链体系，以及规模化的精密测试设备制造能力和若干标杆企业，助力我国先进制造产业达到国际前沿，形成万亿级的产业。

在线精密测试技术与设备将重点发展光传感模块、光学成像模块和感光器件及处

理模块等光学检测模组，声振技术、超声自动化等声学自动化模块，在线分析仪器，温度压力传感器件，精密直线导轨和旋转机构、直线光栅尺、圆盘光栅尺等精密运动模组。主要研究内容：精密光学检测技术与设备；先进声学检测技术与设备；高性能编码器；在线分析仪器。

7. 大型构件高效增减材整体制造技术

大型化、复合化和高效化是增材制造技术的重要发展趋势，也是实现重大装备结构整体化、高质量和低成本制造的关键基础。大型构件高效增减材整体制造技术的发展有望改变重大装备的设计和制造模式，并跨越性地提升其性能和效率。大型构件增材制造技术在金属材料、复合材料和陶瓷材料中都是支撑先进制造产业发展所需的重要技术。

金属增材制造是先进制造业所需的关键核心技术，支撑运载火箭、大型飞机、潜艇、海洋平台等重大装备，航空航天发动机、模具和换热器等复杂精密装备的整体设计与制造，以及小型复杂精密结构的大批量制造。复合材料向高性能材料体系、大型化高集成装备、先进结构设计方法发展，连续纤维三维打印技术是航空航天行业所需要的轻量高强制造技术，实现复杂结构和复合材料的低成本、一体化快速制造。大尺寸、高轻量化、结构–功能一体化的复杂陶瓷构件是实现宇航器、卫星、光学系统等大型结构的关键技术。主要研究内容：金属定向能量沉积技术；金属粉末床熔融技术；连续纤维增强树脂基复合材料增材制造；无机非金属材料增材制造。

8. 多材料功能构件增材制造技术

增材制造技术的逐层成形优势，可以实现多材料、功能化器件整体制造，展示了在微电子、储能电池、超材料、生物医疗等领域巨大的发展潜力，将成为新产业变革发展的创新技术。

航空航天、国防军事、汽车、消费电子等诸多行业对于新一代先进电子电路的需求越来越广泛（诸如曲面共形电路、三维立体电路、三维结构电子、柔性混合电子等），基于多材料三维打印增材制造印刷电路板（printed circuit board，PCB）正在颠覆传统PCB生产模式。借助三维打印高设计自由度、低成本和高可控性的优势，从生产工艺、能量密度和应用场景等方面革新新能源产业，实现高能固态动力电池、微型固态电池和共形固态电池的智能制造。超材料提供了全新的设计理念，形成多材料、多结构、多功能超材料功能器件增材制造的材料体系、关键装备和工艺，推动其在汽车、航空、航天、电子领域的落地应用。工程化活性组织与器官替代物的临床需求巨大，需要开发新的多材料体系、多成形工艺耦合的多尺度一体化打印平台，构建宏微尺度仿生的功能性复杂组织器官，推动医疗器械产业的发展。主要研究内容：微电子电路增材制造；固态电池增材制造；超材料增材制造；生物医疗器件增材制造。

9. 面向复杂产品设计、制造、服务软件的智能化技术

工业软件是复杂产品设计、制造、服务的基础和核心，不仅涉及各个工业垂直领域，同时涉及产品生产的各个流程环节。随着工业制造越发精密，工业知识日益复杂，需要处理的工业数据呈爆炸性增长，大型企业的制造资源众多，业务线复杂，对于工业软件的要求越来越高。传统工业软件亟须智能化技术进行赋能，云化、数字化和智能化成为其发展方向，与工业数据、工业知识、工业技术、工业场景等深度融合，催生了人工智能学习引擎、优化决策引擎、建模仿真引擎、云化和微服务化等新的支撑技术需求。

智能化技术在复杂产品设计、制造、服务软件中可以提高产品的质量，降低生产成本，缩短生产周期，为用户提供更好的产品和服务体验。面向复杂产品设计、制造、服务软件的智能化技术将重点发展人工智能引擎、决策优化引擎、智能建模与仿真引擎、云平台、工业软件微服务平台等技术和平台。主要研究内容：人工智能学习引擎；优化决策引擎；建模仿真引擎；云化和微服务化。

10. 数据与知识融合驱动的制造过程自决策技术

随着资源短缺、成本上涨、产品交期缩短、市场需求波动增大等问题出现，生产模式正朝着"多品种、小批量、柔性化"的方向发展。目前，制造过程决策主要为被动决策模式，无法适应制造系统越来越复杂的发展需求。亟待探索制造过程自决策技术，变"被动决策"为"主动调控"，学习与挖掘制造过程的复杂演化规律、知识经验，精确预测生产中的不确定异常扰动并主动规避，使制造系统具有自学习、自优化、自调控能力，实现真正的智能制造。

数据与知识融合驱动的制造过程自决策技术将重点突破制造过程大数据感知分析与异常工况预测、问题建模与知识发现、自主决策与优化等关键技术，推动生产方式向柔性、智能化、精细化转变，实现产品制造过程各环节性能优化，提升产品质量和生产效率、降低生产成本。主要研究内容：大数据感知分析与异常工况预测；问题建模与知识发现；自主决策与优化。

11. 云边协同的工业互联网技术

随着工业互联网的不断发展，传感器、底层设备接入的数量越来越多，各类型的数据呈现爆炸式增长，导致难以实时处理大量的数据。为提高数据处理的效率和灵活性，亟须发展云边协同的工业互联网技术，利用云计算提供大规模数据存储和处理能力，利用边缘计算将计算能力从云端转移到离数据源更近的本地设备，通过云端和边缘计算之间的高效协同，实现对整个生产过程的实时监控、分析与决策，推动工业数字化、网络化、智能化发展。

云边协同的工业互联网技术是支撑智能制造的关键综合信息基础设施。将人、机、料、法、环等生产要素全面互联，实现工业环境中的数据闭环，促进数据端到端的流通和集成，构建覆盖产品全生命周期的数据管理和服务能力。主要研究内容：云边协同技术；安全可信的行业数据空间；分布式计算资源优化；工业互联网服务体系。

12. 废旧产品再资源化制造关键技术

再资源化通过环境友好、高效的工艺技术，最大限度地回收废旧产品可再利用的零部件和材料，或转化为其他可再利用物质与能源，是缓解资源短缺、降低碳排放以及环境负荷的关键举措，被作为国家可持续发展的战略目标之一。未来十五年是电动汽车逐步代替传统燃油汽车的关键时期，其数量将呈现爆发性增长，对电动汽车关键部件进行资源化处理，具有显著的经济效益、社会效益和环境效益。光伏发电设备在未来十五年将逐渐进入报废期，大量的光伏发电设备亟待回收，对废旧光伏电池及其生产废弃物的资源化，成为光伏发电行业可持续发展的重要支撑。橡胶、热固性塑料、热固性纤维增强复合材料等热固性高分子材料的年消费量超过两千万吨，还在逐年递增，必须着手解决其废弃物的回收与再利用问题，以保障热固性高分子材料行业持续健康发展。

废旧产品再资源化制造关键技术将重点发展高纯材料、复合材料、热固性塑料等难回收材料以及电动汽车、光伏发电设备等复杂产品的可产业化应用的再资源化技术与装备。主要研究内容：电动汽车关键部件再资源化技术；光伏电池再资源化技术；热固性高分子材料回收技术。

13. 绿色低碳设计技术及系统集成

绿色低碳设计的内涵和技术体系经过不断延拓，发展成为一种综合考虑环境影响和资源能源效率的设计模式，通过绿色低碳设计，使产品从设计中减少资源环境负荷，同时使经济效益和社会效益得到协调优化。绿色低碳设计在成本、节能、节材、减排等方面优势明显，高度契合了国家绿色发展战略和制造强国战略，是我国实现"双碳"目标的最佳技术手段之一。

绿色低碳设计技术及系统集成将通过建立多维属性的中国机械产品绿色设计数据库，保证基础数据的精确化和时效性；完善产品生命周期绿色设计数据动态反馈技术，构建产品绿色低碳设计知识通用表达的数据模型，形成产品绿色低碳设计动态知识网络；构建机械产品绿色设计的知识重用技术体系，实现产品绿色设计知识的系统化多次利用；开发具有我国自主知识产权的基于大数据与知识工程的机械产品绿色设计集成服务平台。主要研究内容：中国机械产品绿色设计基础数据库构建；面向绿色设计的产品生命周期数据反馈技术；机械产品绿色设计知识通用表达与重用技术；基于大数据与知识工程的机械产品绿色设计集成平台的开发技术。

14. 核心基础零部件抗疲劳制造技术

抗疲劳制造技术是材料、设计、制造三位一体的集成技术，是进一步推动核心基础零部件向着高端化方向发展的新一代制造技术，能够大幅提高关键构件及其装备的使用寿命和可靠性，显著提高装备的功率密度和转矩密度。加快高端装备核心基础零部件抗疲劳制造技术的研发与推广应用，推进技术与质量标准体系建设，促进核心基础零部件产业的高质量发展，为我国装备制造业转型升级提供坚实保障。

我国装备制造业的高质量发展与转型升级亟须突破高速重载齿轮、高端精密轴承、高承载精密导轨丝杆、高可靠性密封件、高效长寿命液压件、高适应性连接件、高端紧固件等核心基础零部件的抗疲劳制造关键技术，解决国产核心基础零部件寿命短、可靠性差和结构重"三大问题"，快速形成适用于我国工艺技术水平的核心基础零部件抗疲劳制造发展格局，支撑核心基础零部件产业的转型升级与高质量发展。主要研究内容：核心基础零部件疲劳失效机理；高强韧材质开发与精密热处理技术；表层改性技术及工艺装备；抗疲劳制造质量检测技术及质量评价方法；疲劳性能试验与数据库；抗疲劳制造标准体系。

15. 高性能微纳传感器批量产品化关键技术

随着传感器集成化与微小化制造技术的发展，高性能微纳传感器在航天国防、环境资源、健康医药、物联网乃至智慧地球等众多领域都有着广泛的重大需求。我国80%以上中高端传感器和90%以上中高端传感器芯片需要进口，对于国防安全、关键工业，以及工业4.0的发展具有极大的影响，对于高性能微纳传感器的研制需求迫在眉睫。

高性能微纳传感器代表了未来传感器的发展方向，其批量产品化的过程复杂，需要考虑先进设计、材料选择、工艺流程、封装技术、测试标准和认证等多个因素。优化材料的特性可以提高传感器的灵敏度、响应时间和稳定性。改进和优化工艺技术是实现微纳传感器批量生产的重要手段，封装技术是保护微纳传感器免受外部环境干扰的重要手段，建立规范化的测试标准和认证流程是实现微纳传感器批量生产的关键。主要研究内容：三维集成技术；芯片及电路设计技术；制造封测工艺技术。

16. 高端数控机床可靠性与精度保持性技术

高端数控机床作为"工业母机"，是实现先进制造技术和装备现代化的基石，航空、航天、航发、舰船、核电等国防战略领域对高端数控机床提出新的迫切需求。国产高端数控机床在功能性能方面已经接近国外同类产品，但在可靠性和精度保持性方面还有较大差距，可靠性与精度保持性的痛点已成为高端数控机床技术攻关的"卡脖子"问题，提升高端数控机床的可靠性和精度保持性是数控机床行业面对的共性难题，也是数控机床向智能化、高端化发展的必由之路。

高端数控机床可靠性与精度保持性技术从设计、制造、试验、服役全生命周期的层面，重点突破高可靠性设计与制造、高可靠性试验与服役、机床设计-制造-装配-服役全生命周期闭合的精度保持等关键技术，通过数控机床全生命周期可靠性和精度保持性技术的不断完善和反复迭代，缩小与国际先进水平的差距，提升高端数控机床的核心竞争力。主要研究内容：高端数控机床可靠性技术；高端数控机床精度保持性技术。

17. 超精密主轴、导轨和抛光功能头等关键零部件

自由电子激光光源、引力波探测、激光聚变系统、空间对地观测、微电子制造、高超声速飞行器等方面的发展，对精密与超精密制造设备及其基础零部件提出了迫切的需求。手机、导引头、无人飞机和大型科学装置等对精密和超精密零件的需求呈现大批量的趋势，传统通用超精密装备正面临向专用超精密装备转变，在提高效率、降低成本保证质量方面具有明显的优势。

超精密主轴、导轨和抛光功能头等关键零部件将重点突破超精密主轴、超精密转台、液体静压导轨等基础零部件，磁流变、离子束、电子束等高性能光学抛光头等产品，大力开发精密级、超精密级加工中心和专用机床，基本替代进口；逐步建立我国

纳米级超精密机床和专用设备的研究、开发与产业化基地，形成产业化能力和商品化系列。主要研究内容：基础零部件核心精度面加工技术；机械零件面形轮廓测量技术；高性能抛光头技术。

18. 工业机器人高性能加工技术

航天器舱体、飞机梁肋零件、舰船部件、风电叶片等大型复杂构件是国家战略装备的核心零部件，具有尺寸超大、型面复杂、加工精度要求高等特点，对现有加工工艺和装备提出了严峻挑战。亟须探索变革性的机器人加工技术，攻克机器人设计、精度保证、智能柔性工艺等关键技术，突破核心功能部件瓶颈，研制新型高性能加工机器人装备，实现大型复杂构件的高效高质量加工，缩短加工周期、提高加工质量、降低生产成本，推动加工制造向智能化和自动化方向发展。

工业机器人高性能加工技术将重点建立以机器人化、小型化、便携式为主要特征的机器人原位一体化智能制造模式，研制高功率密度线性致动器、轻量化五轴并联加工单元等核心功能部件，攻克大型构件加工机器人行为顺应性与高刚度设计、加工过程力交互与精度自主调控、测量-加工一体化智能柔性工艺等关键技术，形成以小型机器人为加工核心的移动式串联、混联加工机器人、龙门桁架式加工机器人等系列化高性能加工装备，满足航空航天能源等领域多品类大型复杂构件的打磨、铣削加工工艺需求。主要研究内容：机器人化、小型化、便携式加工机器人装备；多机器人原位智能协同制造；测量-加工一体化智能柔性制造。

参考文献

[1] 国家制造强国建设战略咨询委员会，中国工程院战略咨询中心. 中国制造业重点领域技术创新绿皮书——技术路线图（2019）[M]. 北京：电子工业出版社，2020.

第四节　先进制造产业与技术发展总体路线图

从先进制造产业的需求与环境、重点产业、关键技术几个方面考虑，绘制了先进制造产业与技术发展总体路线图，如图3-3所示。

第三章 先进制造产业技术路线图分析

项目			2023年——2026年——————2030年——————————2035年		
需求与环境	国家需求		深入实施制造业高质量发展战略，实施产业基础再造工程、重大技术装备攻关工程、智能制造工程、绿色制造工程。培育先进制造产业集群。深入推进绿色制造，大力发展循环经济，加快工业绿色低碳技术变革		
	市场需求		消费者的个性化定制化需求推动制造业向数字化智能化转型；先进制造产业向高水平的产业链、价值链攀升。满足国内国际双循环市场的需求，提升我国先进制造产业国际竞争力。先进制造产业持续释放促进就业潜能，助推稳就业提质扩容双向发力		
	技术瓶颈研发需求		亟须提升关键核心技术、关键零部件自主化程度；加强原创性基础研究成果的产生；重点产业领域高端装备受制约得到缓解；发展先进制造技术与工艺满足高端装备制造需求		
目 标			产业基础的自主可控初见成效，初步形成具有较强国际竞争力的跨国公司和产业	基本具备自主安全稳定高效的产业链，优势产业领域的规模不断扩大，成为支撑我国制造业高质量发展	先进制造产业创新能力大幅提升，重点领域发展取得重大突破，整体竞争力明显增强，达到世界制造强国阵营中等水平
重点产业领域	基础共性产业领域	工业机器人	相关产业营业收入年均增速超过20%，建成3~5个有国际影响力的产业集群	我国人形机器人市场占全球市场约20%	机器人产业综合实力达到国际领先水平，机器人成为各行业装备需求的重要组成部分
		高端数控机床	机床装备平均无故障时间（MTBF）超过2500h，精度保持性达到10年。我国高档数控系统与核心功能部件短板得到基本改善，部分前瞻及原创性装备实现突破	相关技术具有世界先进水平。系统软件实现自主可控。基本解决关键高档数控系统与核心功能部件的短板问题	我国步入工作母机装备先进国家行列。以国产高端数控机床为主体的成套成组装备，支撑智能工厂建设，形成行业级解决方案
	战略必争产业领域	设计与工业软件	围绕软件的自主化需求，实现复杂机械系统多物理场可视设计，指导产品设计与制造	围绕软件的自主化需求，实现集数字孪生、智能设计等于一体的先进制造产业知识型工业软件开发。实现精确建模与求解	围绕软件的自主化需求，实现专用工业软件在先进制造产业重点领域的落地应用。实现虚拟现实交互可视设计工具开发
		新一代信息技术产业	采用国产CPU市场占有率预计达30%以上，在操作系统与工业软件方面，自主工业软件市场占有率超过50%。国产智能制造核心信息设备国内市场占有率达到60%		工业互联网重点领域实现国际领先，综合实力进入世界前列。智慧工厂规模以上制造业企业普及数字化，重点产业领域骨干企业基本实现智能化
	优势产业领域	新能源汽车	市场竞争力增强，动力电池、驱动电机、车用操作系统等关键技术取得重大突破，安全水平全面提升，核心技术达到国际先进水平		纯电动汽车成为销售的主流，燃料电池汽车实现商业化应用，高度自动驾驶汽车实现规模化应用
	绿色制造		广泛应用清洁高效铸造、锻压、焊接、表面处理、切削等加工工艺，主要再生资源回收利用量达到4.8亿吨	单位工业增加值二氧化碳排放降低18%，初步研发高性能、轻量化绿色新材料和绿色生物工艺、绿色生物制品	我国基于产品生命周期的绿色制造产业链和价值链基本形成，以产品生产者延伸责任制为基础的产品全生命周期绿色制造新模式形成

图 3-3 先进制造产业与技术发展总体路线图

062　先进制造产业技术路线图

项目		2023年 ———— 2026年 ————————— 2030年 ———————————— 2035年
18项关键技术	复杂机械系统高性能模拟、设计与工业软件	全寿命周期多领域设计知识融合、大数据挖掘、一体化跨尺度精益设计、数字孪生模拟与设计平台开发 ｜ 几何-物理-行为等相结合的数字孪生建模、系统层级结构与决策的统一设计 ｜ 融合传感数据与计算反求技术的数字孪生可信模拟、控形-控性多维关联优化设计
		复杂机械系统智能化精确与动态设计，高性能模拟、智能化、精细化设计集成的虚拟现实交互可视设计工具开发
		智能检测装备、核心零部件专用设计数据库构建及工业设计软件开发
	复杂装备可靠性工程与全寿命保质设计	复杂装备可靠性设计，材料-工艺-结构-功能一体化保质设计技术体系
		装备可靠性试验向虚实交互模式发展，实现可靠性设计、制造、运维等全生命保质设计智能一体化
		可靠性管理规范化，在部分重点领域形成较为完备的可靠性管理体系
	大型复杂薄壁结构整体近净成形技术	高强度和高强钛合金热冲压成形、铝锂合金壁板蒙皮结构超低温整体成形 ｜ 特大尺寸薄壁件整体高性能近净成形工艺及装备技术
		突破大径厚比高强材料中空构件低载荷成形技术，高强材料构件整体成形技术 ｜ 高温钛合金高精高效成形及热冲压成形智能化技术与装备
		超高温热介质压力成形、钛合金双层喷管精确成形技术 ｜ 复杂中空构件超高温热介质压力成形技术
	耐热合金整体叶盘类构件高品质摩擦焊技术	民用发动机涡轮盘盘间焊接工艺与优化、整体叶盘线性摩擦焊关键制造工艺 ｜ 高温合金盘轴一体化结构与焊接接头质量控制技术
		整体叶盘结构修复方法、局部热处理与变形控制技术，空心整体叶盘线性摩擦焊高精度设备与自适应加工技术
		500t高精度惯性摩擦焊设备国产化 ｜ 1000t高精度惯性摩擦焊设备国产化、整体叶盘修复装机验证
	超高精度光学元件加工检测、掠入射反射镜加工检测技术	突破超高精度测量机理 ｜ 建立超高精度测量系统和方法
		突破多能场辅助抛光机理 ｜ 突破表面原子层可控去除机理
		研制原子抛光制造装备 ｜ 突破形性一致调控工艺
	在线精密测试技术与设备	突破光测关键技术、自制核心零部件 ｜ 迭代镜头和光源技术，布局感光芯片和图像处理器 ｜ 应用场景下频繁迭代
		建立仿真平台、突破声振技术 ｜ 突破高性能多通道数据分析技术，超声耦合环境构造，实现超声自动化
		长光栅制备，读数头测试，原型样机开发 ｜ 高精度标校，与运动台联合调试
		小型化在线质谱分析仪 ｜ 漏液/气成分标定 ｜ 应用反馈建库

续图 3-3　先进制造产业与技术发展总体路线图

第三章　先进制造产业技术路线图分析

项目		2023年 ------- 2026年 --------------- 2030年 ------------------- 2035年		
18项关键技术	大型构件高效增减材整体制造技术	研制多轴联动大尺寸智能增减材复合制造技术与装备、多激光粉末床增材制造技术与装备，研发成形材料、工艺与装备	超大规模多弧并行增材制造技术与装备、多电子束粉末床增材制造技术与装备、超大型结构太空3D打印	
			激光/电弧等多能场复合增材制造技术、无支撑粉末床增材制造技术与装备	增材/变形/减材复合制造、粉末床增材-减材复合制造技术与装备
			先进结构设计方法	智能复合材料结构
		服役极端复杂环境特种陶瓷材料制备方法，大尺寸、高轻量化、结构-功能一体化增材制造	增材制造高性能陶瓷多材料系统、大尺寸陶瓷构建增材制造形性调控	在线质量监测、服役性能预测与可靠性，面向外星球基底建设空间增材制造技术
			材料组分-工艺-微结构-性能一体化设计方法，真空和微重力下增材制造机理、工艺和装备	
	多材料功能构件增材制造技术	建立电子电路增材制造新型功能材料体系；柔性混合电子、多层柔性电路板的增材制造新技术	高精度硬质多层印刷电路板增材制造、多层曲面共形电路3D打印装备、可降解导电材料和基体材料、多材料一体化制造新工艺	
		固态电池用打印油墨的批量制备	固态电池电极、电解质的可控打印和界面适配	
		吸波功能结构、力-热-电磁多功能耦合超材料	共形天线、航天器多功能防护蒙皮	
		生理信号和因子快速检测、人造软组织大规模应用	仿生生理、病理模型体外重建，复杂功能内脏器官制造	
	面向复杂产品设计、制造、服务软件的智能化技术	智能传感、智能检测与智能监控，产品全生命周期优化决策引擎	自然语言处理、自然语言生成、全景视觉、三维物体识别，工业微服务	多智能体强化学习、自适应对话生成、情感识别，数字孪生和云计算
		智能建模研究方法和技术、多物理模型关联技术	引擎原型库，制造模型库、决策资源库	
		加强数据安全和隐私保护技术的研究和应用	大数据技术、深度学习技术、全生命周期的数字孪生技术、5G通信技术、机器学习技术	云平台技术，实时建模与仿真技术、融合数字线程和数字孪生技术，全行业的数据共享复用标准协议
		完善硬件资源与云基础设施，由精英化向大众化转变	WebAssembly云化，端对端数据互通，产品与设备数据交互，生产过程监控	前后端、设计和全生产、数据和行业标准、设计流程均一体化
	数据与知识融合驱动的制造过程自决策技术	研究制造数据的耦合作用机理，构建制造数据关联模型	探索数据增强策略，分析制造数据分布特性变化影响规律	新一代人工智能技术的收敛性、泛化性及可解释性，构建轻量化网络
		建立制造数据网络关系模型，融合制造过程多生产要素	研究解空间地形特征，设计高效邻域结构，探索解空间可裁剪区域	新一代信息技术在生产制造中的应用，挖掘复杂工况下主动决策模型的特征
		主动调度规制生成与选择机制	分析异常事件的影响规律，建立工艺、生产、物流协同优化机制	云边端协同的制造全流程自主决策与优化框架

续图 3-3　先进制造产业与技术发展总体路线图

项目	2023年 —— 2026年 —————— 2030年 —————— 2035年			
18项关键技术	云边协同的工业互联网技术	基于异构GPU硬件的云边协同架构	集机器视觉、听觉、嗅觉、触觉于一体的边缘智能传感器、多模态数据跨域融合感知与分析	生产过程云边协同管控体系
		行业数据空间体系架构，层次化、分布式的边缘分析节点	跨企业多类型产品全生命周期追溯，跨时空多粒度计算资源优化调控技术	行业数据空间的协同安全交互，融合云边资源的数据分析软件
		工业互联业务语义建模、多模态本征模型度量、构件动态组合与数据关联等技术	纵向联邦迁移学习算法框架、跨企业AI联合建模、无监督联邦学习、多源异构数据可信共享与安全服务	数据与知识混合驱动的工业互联网服务模式
	废旧产品再资源化制造关键技术	建立电动汽车关键部件回收利用技术的标准	研发新型动力电池及其材料	
		开发智能化、柔性化汽车动力电池拆解设备	建立统一的再资源化处理标准和流程	
		废旧电池片再利用标准，自动拆解装备的原理样机	建立可产业化的光代电池板自动拆解、检测装备	
		废旧热固性塑料回收标准体系，研究新型可降解热固性高分子材料	光伏电池板回收的工程示范，可连续回收复合材料的技术及设备，橡胶、酚醛塑料、热固性聚氨酯回收的工程示范	
	绿色低碳设计技术及系统集成	构建中国机械产品绿色低碳设计数据库			
		面向绿色低碳设计的产品生命周期数据反馈技术			
		产品绿色低碳设计知识通用表达与重用技术			
		产品绿色低碳设计平台的开发技术			
	核心基础零部件抗疲劳制造技术	核心基础零部件的疲劳失效机理及寿命预测模型			
		新一代齿轮轴承钢与热处理技术国产化研发应用、表面改性技术及工艺装备的开发与应用	建立高性能、长寿命核心基础零部件材料-热处理表层硬化技术体系和高能复合改性技术体系	
		表面变质层性态指标无损、在线检测技术	表面性态指标与抗疲劳性能映射关系、抗疲劳制造质量检测与评价技术	
		开发高模拟能力的疲劳试验装备与方法、疲劳损伤定量检测技术	基础数据测试、载荷谱采集与数据库，数据驱动的抗疲劳设计与制造技术	
		建立覆盖各品类核心基础零部件、涵盖基础材料-热处理-加工-强化/改性-检测评价等为一体的抗疲劳制造标准体系，以及典型零件抗疲劳制造指南规范			
	高性能微纳传感器批量产品化关键技术	突破硅通孔填充材料、填充技术，解决仿真测试硅通孔填充率、热应力、填充设备问题，达到世界领先水平			
		推动骨干企业芯片设计能力进入3nm	利用仿真技术实现虚拟测试、早期验证，降低传感器制造的整体成本	利用现场可编程门阵列等高端信号处理模块实现检测、处理一体化，提高传感器效率
		建设12in先进制造工艺生产线和特色工艺产线	建立规划化的测试标准和认证流程	发展晶圆级封装、2.5D/3D封装、柔性基板封装、系统封装等先进封装技术

续图 3-3　先进制造产业与技术发展总体路线图

项目	2023年 ------- 2026年 --------------- 2030年 -------------------- 2035年
18项关键技术 — 高端数控机床可靠性与精度保持性技术	高可靠性设计与制造技术 / 高可靠性试验与服役技术
	机床设计-制造-装配多层面加工与装配技术 / 高端数控机床服役阶段精度保持与检测及评价体系
18项关键技术 — 超精密主轴、导轨和抛光功能头等关键零部件	圆柱轮廓高密度大数据量高精度建模、形位公差统一模型与建模、离子源放电/光学系统模型建立 / 平面轮廓在位高精度比对检测、金属平面计算机控制光学表面研磨修形技术
	圆度及主轴回转运动误差在位测量
	多传感器数据融合及误差分离技术、误差收敛与离子束抛光工具及工艺条件的映射模型
	典型超精密部件集成，典型高性能抛光头集成 / 高性能专用超精密装备批量产业化技术
18项关键技术 — 工业机器人高性能加工技术	并联机器人型-性-度交互设计方法，机器人高刚度质量比优化设计 / 驱动单元与加工模块多传感器融合，精度主动调控，性能自检与自恢复 / 机器人行为顺应性设计，系统集成与型号产品加工示范应用
	可覆盖打磨、铣削、制孔等工艺的系列化移动式串联、混联加工装备研制 / 多机器人多工艺工序自主规划、多机智能协同、多机自律控制
	多模式测量系统融合、多源异构数据融合技术 / 加工单元动态引导跟踪、测量数据驱动的全闭环高精度控制
保障措施	加强对先进制造领域的关键技术预测研究
	加强先进制造重点产业领域和关键技术领域的战略谋划和前瞻部署
	布局具有国际领先水平的先进制造国家实验室
	设立先进制造产业技术系列专项，加强科技计划专项之间的组织实施与衔接合作
	制定《先进制造业基础科学研究规划》，设立先进制造业基础科学专项
	发挥地区资源优势，推动先进制造产业集群进一步发展，形成先进制造发展新格局
	实施青少年制造业基础素质培养行动计划、院校制造业创新能力培养行动计划、先进制造产业人才科学素质提升行动计划等，壮大先进制造业人才队伍

续图 3-3　先进制造产业与技术发展总体路线图

编撰组

组　长：田利芳

成　员：刘艳秋　陈　妮　韩清华　刘　杰

　　　　郑凯伦　关朝亮　李星辉　李涤尘

　　　　王长路　张　雷　张　洁　陈传海

　　　　刘辛军

第四章

关键技术路线图

第一节 复杂机械系统高性能模拟、设计与工业软件

一、发展愿景

复杂机械系统高性能模拟、设计与工业软件开发是先进制造领域中的重要研究方向，是装备制造的起点与先导，更决定着产品的功能品质、制造成本及服务价值，成为先进制造企业竞争力的核心和关键。其本质是将高精度计算模型、设计方法、数据集和软件工具等集成应用于交通运载、航空航天、能源动力等先进制造业重点领域，使装备设计和制造的行为规律、物理作用机理、工艺及加工过程控制、性能预测与优化、产品的运维等研究建立在科学计算的基础上。

物联网、工业大数据、虚拟现实等新一代信息化技术正向设计与制造领域加速渗透[1]，制造业日趋呈现软件定义、数据驱动、平台支撑、服务增值、智能主导的特征，智能化、精细化、高性能需求逐渐成为飞机、船舶等装备设计和制造的目标，这将引发复杂机械系统数值模拟技术、设计方法和软件工具的变革[2]。为推动数值模拟由辅助性分析向主导性设计转变，高性能模拟技术应具备高精度建模和快速分析功能，并随着产品设计、加工、工艺、装配、测试、服役、维护、报废和回收等全寿命周期内多源异构信息数据的收集和分析成为可能，其有望进一步发展为虚实映射的数字孪生模拟，构建机械产品设计和制造过程数字化形式的镜像，为信息共享、技术开发、产品优化和维护等提供具有通用型的基础模型和信息。基于此，先进设计技术也将从单尺度-单功能几何结构设计向全寿命周期智能设计和材料-结构-功能-控制一体化精益设计等方向发展，实现机械产品从设计、制造到运营的全寿命周期数字化、智能化管理，为产品设计提供更全面、准确的信息支持和决策依据。这些技术的扩散

融合又将改变现有制造产业的要素组合、生产工艺、组织模式，促进数控机床、海洋工程装备、航天装备等新科技驱动的战略性新兴产业发展，推动先进、前沿技术的工程化转化和规模化生产，提升企业系统集成能力、工业软件和智能装备开发能力，打造制造业的国际竞争新优势。

二、未来发展需求

在以信息物理系统为标志的工业4.0驱动下，全球制造业的竞争日益激烈，未来市场将呈现个性化、经济化和多样化等特点，交通运载、能源动力及航空航天等高端装备制造产业对高效率和高性能的设计、生产需求更加迫切。然而，由于机械装备具有结构复杂、机电液多系统强耦合、功能多样、使役性能和服役条件挑战技术极限、零部件表面完整性或精度要求极高、制造难度极大等特征，传统基于经验/串行递归范式的设计方法和大批量/单件的生产方式将面临造不出、造不好（性能不稳定）、废品率高、研发周期长等挑战[3]，难以适应未来市场及国家的发展需求。由此可见，基础核心技术缺失、设计引领的集成创新能力薄弱仍是制约我国制造业由大变强的主要瓶颈。因此，作为产品生产的起点和先导，复杂机械系统高性能模拟方法、智能化与精益化设计技术及软件协同设计方法正逐步成为先进制造产业的重要发展前沿和研究热点。其发展需求包括：

（一）未来市场发展需求分析

未来交通、能源、海洋工程、制造装备等行业更加注重智能制造的实施和数字化转型，迫切需要培育离散型智能制造、流程型智能制造、网络化协同制造、大规模个性化定制、远程运维服务等智能制造新模式，以实现从提供单一产品向提供"设计+制造+运维"转变。为此，为实现传统制造产业提质增效的赋能，需持续推动人工智能在先进制造业方面的渗透，加强建模理论、虚拟仿真、个性化定制设计、多学科多领域一体化精益设计等先进技术和基础工业软件在产品研发设计和制造中的应用，解决企业面临的产品开发效率低、成本高、个性化程度不足、运维服务不到位等难题。

（二）未来国家发展需求分析

《"十四五"智能制造发展规划》提出紧扣智能特征，构建虚实融合、知识驱动、动态优化、安全高效、绿色低碳的智能制造系统。先进制造业是强国之基，高性能模拟和智能设计技术是制造业创新发展的主要抓手，发展复杂机械系统高性能模拟、先进设计和软件协同设计理论方法，对全面提升我国重大装备的自主设计能力和国际竞争力,推动中国制造向中国创造的转变具有重大意义。例如,核电、航空航天、深空探测等装备的研发关系到太空资源、国家安全等重大问题,此类装备的服役工况日趋恶劣,功能和性能要求更趋苛刻,复杂环境下多学科模拟与精细化设计则成为必由之路。

(三)未来研发发展需求分析

以大数据、智能化和虚拟现实等信息技术为基础的高性能模拟和先进设计理论与方法是机械产品研发和智能制造的共性基础技术,可为产品创新和发展提供重要理论基础,也可使机械设计和制造向更高层次的以信息为主的设计迈进。先进制造业领域的多个学科门类(机器人与机构学、生物仿生制造、微纳机械系统等)均与高性能模拟和计算机辅助设计技术多元交叉,其前沿基础理论研究也必将为机械设计、制造的科学发展注入不竭源泉。此外,高性能模拟、设计技术与工业软件可为国产大飞机、新能源与智能网联汽车、高精密数控机床、工业机器人、激光制造装备等研发提供原创性基础研究成果,以获得重大应用技术创新,从而保障高端装备的品质。

三、该技术研发水平现状及与国际比较分析

复杂机械系统高性能模拟、设计与工业软件是先进智能制造的关键共性技术之一,为制造业高端化和智能化发展提供重要手段。高超音速飞行器、航空发动机等航空航天领域的重大装备结构日趋复杂,服役工况更极端,且性能改善与经济效益关联更加密切,提质增效与精益求精成为产品设计的永恒追求,这对机械系统建模和模拟精度、设计质量和效率提出了更高的要求。为此,需深度挖掘装备各系统各学科的承载潜力,充分释放设计自由度,模拟技术应由侧重于单学科的仿真分析向多领域多场耦合统一建模和高精度快速分析模拟技术转变,设计技术应从以计算机辅助设计为代表的数字化设计时代迈向以数字孪生和人工智能为代表的数字化、智能化、精益化设计时代[4],同时应突破软件业和制造业融合程度不高的难题。

高保真建模与高性能模拟技术作为复杂机械系统拟实工况下安全性分析和设计的重要手段,在高端装备自主研发及工业产品的智能制造中发挥着越来越重要的作用。在20世纪90年代,美国将数值模拟技术作为科技战略的关键推动力,彰显了数值建模与模拟技术的重要性。在此背景下,针对复杂机械系统关键参数未知和模

型复杂引起的模拟精度和效率不高的问题,韩旭教授提出了一套集正则化方法、传感器布局、载荷识别等为一体的复杂装备高精度反求建模框架,成功将其应用于运载火箭、汽车、航空发动机等先进制造产业装备的高性能模拟、设计与制造中[5]。随着大数据时代的来临,虚拟模型逐渐具备了替代物理部件的能力,迅速受到国内外研究学者的关注。如航空航天制造商洛克希德马丁公司将数字孪生列为领先发展的顶尖技术,并应用于 F-35 战斗机的制造中,大幅缩减了制造周期。通过新一代信息技术、传统机械性能分析与预测技术的深度融合,机理与数据融合建模、模型降阶快速分析、虚实融合的多保真关联、模型的确认和修正等基础技术也得以快速发展。可以看出,基于计算反求的高精度建模方法和数字孪生技术在未来制造业领域具有深厚的发展潜力和广阔的应用前景,可将其从航空航天扩展到制造装备、交通运载、医疗等领域。

数字化、智能化、精细化设计作为提升复杂机电系统的设计质量与设计效率的关键技术,对突破产品性能极限具有重要意义[6]。在智能设计领域,国内外学者和研究机构纷纷围绕设计知识的表达与挖掘、设计信息的传递与转化、设计模型的数字化定义等方面展开研究[7],通过多领域设计知识和产品全寿命周期功能解决复杂产品设计方案的智能生成和分析,实现人机融合的复杂产品设计。此外,以波音、空客为代表的飞机整机制造商,以 GE、罗罗、普惠等为代表的先进航空发动机制造商都在智能设计和数字化工厂方面取得了成功的应用。在精益化设计领域,国内外研究人员主要采用多学科交叉融合的理念构建复杂机械系统多层次优化模型,在考虑材料、加工条件和成本以及控制策略等方面的同时,合理匹配和协调大规模变量以及多性能之间的冲突,实现机电系统的最优设计。在机械系统的不同尺度和不同层次,传统构件层级的优化设计为简单结构和单一材料的一体化设计,忽视了结构、性能与制造工艺的耦合性,无法发挥复合材料的性能优势[8],程耿东院士带领团队在多材料多尺度拓扑优化设计方面做出系列创新成果[9]。系统层级的协同优化设计概念源于 20 世纪 90 年代美国航空航天学会,并随着相关理论方法或算法的深入研究,钟掘院士率先提出复杂机电系统耦合设计理论与方法[10],段宝岩院士提出了面向机电产品的多场多学科耦合设计理论,开辟了我国电子装备多学科精益设计的新领域[11]。

为满足高性能模拟、智能设计和精细设计需求,支撑复杂机械产品全寿命周期虚拟设计的工具和软件平台必不可少[12]。目前,先进制造业自主创新、研发设计、生产制造等各环节的数字化实现主要依赖于计算机辅助设计技术、计算机辅助制造技术和计算机辅助工程技术等[13]。但在 CAD 软件的应用过程中，计算机辅助设计和制造技术长期处于单独发展和使用状态，且对设计师的操作有一定的依赖性，难以实现大规模模型和设计的交互可视化。而国外的可视化技术已较为成熟，美国国家航空航天局艾姆斯（Ames）研究中心采用超级计算机进行飞行器流体力学模拟，可将分布式虚拟环境用于观察流体动态[14]。德国弗劳恩霍夫（Fraunhofer）工业工程研究所开发了首个虚拟复杂产品装配规划系统，虚拟人体可以在虚拟场景中进行各种装配仿真操作。此外，安西斯（ANSYS）、微软（Microsoft）、国际商业机器公司（IBM）等国外著名工业或软件企业紧跟数字孪生模拟和智能设计潮流，分别通过不同方式探索数字孪生概念与应用场景，构建了 Twin Builder、Azure Digital Twins 等数字孪生平台，以使产品进一步向灵活、安全和智能化方向发展。

尽管我国智能制造装备和工业软件技术水平、市场竞争力显著提升，但整体而言，我国高性能模拟、设计和工业软件开发等技术起步相对较晚，装备制造业的创新能力偏弱。这是由于缺乏模拟和设计相关的核心技术，装备设计数字化、智能化程度不足，大多依靠以往经验，聚焦于面向几何形貌、形态的模拟与设计，导致装备技术附加值低，严重制约了制造产业的转型升级和结构调整。另外，高性能制造底层建模与应用软件或平台的缺乏，也是我国工业企业发展的短板。因此，随着外部环境日趋复杂，亟须开展复杂机械系统高性能模拟、智能化精细化设计和软件协同设计等前沿理论方法的系统研究，大力推动国产工业软件应用，形成稳健可持续发展的工业软件生态。

四、发展的制约因素分析

复杂机械系统数值模拟、设计和工业软件等相关技术已有一定的研究和发展，且基于计算反求的高精度建模技术和基于快速分析的工程优化设计技术已在航空航天、汽车等先进制造业领域形成了典型应用。然而，随着多领域知识与新一代信息化技术的融合，机械系统复杂性和性能要求不断提升，面向智能制造的高精度建模、高性能模拟、智能化精细化设计等核心技术发展与应用仍面临一系列挑战性难题。具体体现在如下方面：

（1）机械系统复杂程度高，不同领域知识分散。现代机械系统的结构、工艺、工况复杂，往往涉及机、电、液、控多学科或热、流、固、光等多物理场领域知识，且全寿命周期知识维度广。而我国传统制造企业在航空航天、汽车、数控机床等装备研发过程中部门交互性弱，各学科模拟和设计知识分散，难以实现复杂机械系统多领域全寿命广义知识的集成。不同领域信息之间缺乏共享，更无法保证各子系统的建模质量及学科耦合后的产品整体性能，使设计、制造、装配、服役、维护等全寿命周期的性能指标演变规律难以预测。

（2）设计与制造割裂，设计自由度广。我国传统基于串行递归范式的设计与制造方式是以尺寸精度为主线，性能导向性不强，缺乏对系统误差能量传递、表/界面效应、动态行为与性能演化规律的认识。而系统性能并不单单依赖于几何结构设计，是由材料、结构、工艺、控制等不同层级的设计综合决定。由此也充分释放了产品设计的自由度，导致设计与制造过程中存在大量宏微观多尺度的变量群，模拟和设计效率低下，从而制约了复杂机械系统设计方法的发展。

（3）海量设计和工艺数据缺乏，不同软件兼容性弱。我国制造业发展过程中积累了海量的工业知识数据，但这些数据散落于各个企业、技术人员，缺乏有效整理和存储，随着企业退出市场、技术人员流动逐渐耗散、流失，难以集成应用于工业软件开发。此外，国内工业软件市场的实施标准大多由国际工业软件巨头主导，由于巨头企业标准不一，不同厂商程序兼容性存在较大问题，使得不同阶段各要素数据缺乏有效传递，难以实现物理模型与虚拟模型的一致性虚实融合，从而鲜见贯穿复杂机械系统全寿命周期的综合性集成应用软件。

五、重点发展方向

面向国家重大需求和学术前沿问题，将人工智能、云边协同计算等高新技术与数值模拟、优化设计方法深度融合，围绕大飞机、工业机器人等复杂机械系统发展高保真建模、数字孪生模拟与智能化精益化设计理论方法及工具，为交通载运、航空航天等先进制造行业的产品设计、制造与运维提供全数字化依据。为此，研究大规模变量和多目标下基于计算反求的高效高精度建模方法，以及基于数字孪生的多领域统一建模技术，实现虚实融合的产品全寿命周期高可信度模拟；研究基于知识标准-知识服务-云计算的知识自动化技术，实现复杂产品数字化智能化设计；研究超高维变量下多材料多尺度多层级的一体化优化设计方法，实现产品功能更强大、性能更优异的精益设计；开发虚拟现实的复杂产品交互可视设计平台，实现交通运载、航空航天及海洋工程等领域的示范应用，支撑先进制造业的智能化转型与升级。

六、阶段性研究内容与预计实现时间

（一）虚实映射的复杂机械系统高保真数字孪生模拟

1. 面向性能的复杂机械系统多保真度建模

复杂机械系统通常包括大量零部件与子系统，并具有多学科和多物理场耦合的特点，根据其性能指标要求，利用敏感性分析方法降低变量的规模，针对不同重要度的模型，融合最优传感器布置、计算反求、混沌多项式等方法区分建立不同零部件的高、低保真度模型，并通过多个模型接口将不同的模型组合成可建模、可求解的多保真度和系统级模型，实现交通、核电、航空航天等高端装备性能的快速和高精度分析。

2. 面向全寿命周期的复杂机械系统多领域设计知识融合

考虑大飞机、汽车等装备各子系统的复杂性，充分利用机械系统的统计、机理等多类型模型和几何、测量等多种数据，研究融合深度学习、神经网络等方法将各领域中的数据进行自动化关联、提取与融合，实现设计知识的深层次理解，以构建汽车、工业机器人、飞机等多领域耦合设计知识图谱，为其全寿命周期的模拟、设计、制造、维护等提供支持。

3. 虚实融合的复杂机械系统数字孪生建模与可信仿真

综合多因素作用，研究几何-物理-行为-工况结合的复杂机电系统数字孪生技术，构建复杂机电系统全寿命周期的数字孪生模型。进而融合传感器数据和计算反求方法分步识别数字孪生模型中难以直接确定的多领域参数，实现极端工况下数字孪生模型仿真的校核、验证与确认，以及信息物理空间中实体装备状态参数和数字样机状态参数的实时映射与迭代更新，提高数字孪生系统仿真的置信度。

预计到 2026 年，完善复杂机械系统单个学科的高效高精度建模工具，形成面向性能的复杂机械系统多保真度建模方法，实现系统性能的快速分析；预计到 2030 年，构建多领域设计知识图谱模型，实现多学科间的耦合集成与数据交换；预计到 2035 年，获取多领域模型未知参量，构建虚实融合的复杂机械系统数字孪生模型，实现高可信度的数字孪生模型仿真与求解。

（二）基于知识工程与大数据导航的智能设计技术

1. 全寿命周期设计大数据挖掘与客户偏好设计任务分析

考虑复杂机械系统设计、制造、服役、维护等全寿命周期各个阶段的相互关联性，研究复杂机械系统全寿命周期设计大数据学习技术，综合挖掘各阶段历史数据，快速获取产品的变形参数、市场需求、客户偏好等有价值的设计知识和规则，对动态、模糊、隐形的设计需求实现设计知识实体的自动映射和转化，提高复杂机电系统数字化智能化设计的质量，提升产品竞争力。

2. 复杂机械系统结构域-功能域-性能域耦合的精确设计

传统航空航天、能源动力等复杂装备设计过程中主要关注尺寸精度指标，较少在设计阶段考虑结构、精度对系统性能和零部件制造的影响。考虑应力、动力学、流场、温度场等多物理场属性，研究基于物理耦合和多异域协同的精确设计与求解方法，通过功能与性能关联模型将设计与制造有机协同，避免"设计出造不出、造出的不如设计的"等现象，破解公差分配逐级严苛难题，实现面向设计制造与面向制造设计的有机融合。

3. 数字孪生驱动的复杂机械系统全寿命周期性能优化设计

为避免复杂产品设计与制造阶段的数据断层造成的设计方案反复迭代、交付周期延长、成本增加等，研究基于数字孪生的产品智能设计方法，借助要素间的虚实同步，实现产品从设计、制造、服役到维护的全过程数字化镜像。根据产品全寿命周期性能实际需求对初期所设计的产品进行测试和虚拟验证，利用人工智能、高保真模型仿真持续优化产品设计，消除物理世界中重复验证和修改过程，实现数字、实体装备与设计人员的交互与共融。

预计到 2026 年，实现海量运行数据及客户定制需求的挖掘与规范化建模，进行个性化的设计需求分析；预计到 2030 年，实现复杂系统多领域设计参数、设计约束与设计知识的精确建模与求解，为复杂工况下复杂机械系统的精确设计提供新的技术手段；预计到 2035 年，实现虚实映射的数字孪生设计，并可根据全寿命周期数据进行动态调整、持续改善和优化。

（三）复杂机械系统跨尺度多学科性能的精益化设计技术

1. 构件层级跨尺度功能-构型-材料的映射机理分析

在材料、结构和工艺等多重因素的耦合影响下，综合考虑复杂机械系统的功能-构型-材料相互作用，采集构件层级不同来源与不同格式的数据，构建不同形式的高维数据集，研究基于高维映射模型、变保真数据驱动模型、神经网络等方法的功能构型-材料的映射机理模型构建，揭示材料组织演化与结构变形、性能的交互作用机制，实现复杂机械系统构件性能的精确调控。

2. 系统层级多学科数据流与信息流互联互融机理分析

复杂机械系统是将机械工程、材料工程、电气工程、控制工程、信息技术等通过能量、物质及信息流的形式进行传递、交互与转换，使其按复杂规律运行。为探索这些学科之间数据流与信息流互联互融机理，结合人工智能对高精度的实验与仿真分析数据进行分类和预测，使用机理模型对数据进行关联和交互分析，揭示结构与控制全因素之间的强耦合作用规律与协同机制。

3. 复杂机械系统控形控性多维关联优化设计方法

将极端服役环境下核电、工业机器人等复杂机械系统结构状态数据与多学科耦合理论相融合，研究机械结构及环境因素与装备形性指标之间的定量化分析与设计，建立复杂机械系统服役状态感知和性能演化模型，揭示结构形面和性能功能的多维关联机制，提出面向复杂机械系统综合性能的机电热耦合优化设计方法，实现产品综合性能的最优配置及服役周期内产品的精细化设计。

预计到2026年，实现高度复杂的材料−结构−工艺−功能的一体化跨尺度精益设计，突破多维结构设计的尺度壁垒；预计到2030年，实现复杂机械系统的最优结构与最优决策的统一设计；预计到2035年，获得大规模设计变量与机械系统关键性能、形态映射关系，实现材料−结构−工艺−性能−控制协同优化设计。

（四）基于虚拟现实的复杂机械系统交互可视设计平台

虚拟设计与制造可视化环境的建立是虚拟设计与制造系统分析的基础，是制造过程虚拟化的重要保证。研究真实感图形的实时绘制技术、多细节层次模型生成和绘制、可视化环境的建模和绘制、虚拟环境的实时控制技术等，实现复杂机械系统运动学、动力学等曲线数据和应力场、应变场、温度场等云图数据的实时绘制。在知识性专业软件平台方面，研制专业行业知识型工业软件，尤其是关键性能模拟和预测，以及协同优化设计软件，旨在为从根本上改变相关领域工业软件主要依赖国外的局面奠定理论与技术基础。

预计到2026年，实现复杂机械系统多物理场可视设计，将多学科性能仿真分析数据在虚拟环境虚实叠加环境中进行集成分析，指导产品设计与制造；预计到2030年，实现集数字孪生模拟、智能设计、精细化设计于一体的先进制造行业知识型工业软件开发；预计到2035年，实现专用工业软件在交通运载、航空航天、制造装备等先进制造业的落地应用，实现具有视觉、触觉真实感的虚拟现实交互可视设计工具开发。

七、技术路线图

复杂机械系统高性能模拟、设计与工业软件技术路线图见图 4-1。

项目	2023年 ———— 2026年 —————————— 2030年 ———————————— 2035年
需求与环境	复杂机械系统将向复杂化、智能化、精细化方向发展，高端装备使役性能和服役条件挑战技术极限，先进制造行业也更加注重智能制造实现和数字化转型，基于计算反求、数字孪生、知识工程、大数据等的高性能模拟、设计和工业软件研究，可实现机械产品全寿命周期数字化和智能化管理
重点产业	交通载运、能源动力、航空航天、海洋工程等先进制造业，对高性能模拟、智能化设计及基础工业设计软件提出了更高要求
复杂机械系统高保真数字孪生模拟	目标1：复杂系统性能快速分析 / 目标2：多领域设计知识图谱 / 目标3：虚实融合的复杂机械系统数字孪生高保真模拟 途径1：面向性能的系统多保真建模 / 途径2：全寿命周期多领域设计知识融合 / 途径3：融合传感器数据与计算反求的数字孪生建模与仿真
基于知识工程与大数据导航的智能设计	目标1：需求识别与转换的工业设计 / 目标2：复杂机械系统智能化精确与动态设计 途径1：客户偏好设计任务分析 / 途径2：结构域-功能域-性能域耦合设计 / 途径3：数字孪生驱动的复杂机械系统全寿命周期性能优化设计
跨尺度多学科性能的精益化设计	目标1：构件层级精益设计 / 目标2：系统层级统一设计 / 目标3：复杂机械系统材料-结构-工艺-性能-控制协同优化设计 途径1：跨尺度的映射机理分析 / 途径2：数据与信息流互联互融机理分析 / 途径3：面向设计和制造的控形控性多维关联优化设计
虚拟现实的复杂机械系统交互可视设计平台	目标1：多物理场可视设计与制造行业知识型工业软件 / 目标2：多领域装备示范应用及虚拟现实交互可视设计平台 途径1：数字孪生模拟与设计平台开发 / 途径2：高性能模拟、智能化精细化设计方法集成虚拟现实交互可视设计工业软件开发 途径3：智能检测装备、核心零部件专用设计数据库构建及工业设计软件开发

图 4-1 复杂机械系统高性能模拟、设计与工业软件技术路线图

参考文献

[1] 钟志华，臧冀原，延建林，等. 智能制造推动我国制造业全面创新升级 [J]. 中国工程科学，2020，22（6）：136-142.

[2] 谭建荣，刘振宇，徐敬华. 新一代人工智能引领下的智能产品与装备 [J]. 中国工程科学，2018，20（4）：43-51.

[3] 郭东明. 高性能制造 [J]. 机械工程学报，2022，58（21）：225-242.

［4］Liu S，Bao J，Zheng P. A review of digital twin-driven machining：From digitization to intellectualization［J］. Journal of Manufacturing Systems，2023（67）：361-378.

［5］Han X，Liu J. Numerical simulation-based design theory and methods［M］. Berlin：Springer，2020.

［6］周济. 智能制造——"中国制造2025"的主攻方向［J］. 中国机械工程，2015，26（17）：2273-2284.

［7］路甬祥. 论创新设计［M］. 北京：中国科学技术出版社，2017.

［8］Wu J，Sigmund O，Groen J. Topology optimization of multi-scale structures：a review［J］. Structural and Multidisciplinary Optimization，2021（63）：1455-1480.

［9］Yan J，Cheng G. Multiscale Optimization and Materials Design［M］. Beijing：World Scientific，2021.

［10］钟掘. 复杂机电系统耦合设计理论与方法［M］. 北京：机械工业出版社，2007.

［11］段宝岩. 电子装备机电耦合理论、方法及应用［M］. 北京：科学出版社，2011.

［12］高亮，李培根，黄培，等. 数字化设计类工业软件发展策略研究［J］. 中国工程科学，2023，25（2）：254-262.

［13］Nieto D，Sánchez D. Design for additive manufacturing：Tool review and a case study［J］. Applied Sciences，2021，11（4）：1571.

［14］Helou B，Slagmolen B，Mcclelland D，et al. LISA pathfinder appreciably constrains collapse models［J］. Physical Review D，2017，95（8）：084054.

编撰组

组　长：韩　旭

成　员：刘　杰　刘振宇　牛　斌　李宝童　曹立雄

第二节　复杂装备可靠性工程与全寿命保质设计

一、发展愿景

复杂装备可靠性工程与全寿命保质设计技术是为了达到装备产品或系统可靠性与质量要求而进行的有关设计、管理、试验和生产一系列工作的技术统称，它贯穿于产品或系统的设计、制造、装配、测试、服役、维修、回收等整个寿命周期内的各个环节[1-2]。其中，设计阶段决定机械产品的可靠性水平，制造与装配等过程实现并最终确定产品可靠性，即固有可靠性；服役及维修等其他过程将决定固有可靠性的发挥程度，称为使用可靠性。因此，可靠性被认为是机械产品全寿命周期中一系列技术与管理活动的集成，是保证产品功能和性能稳定的关键质量指标[3]。

高可靠性是保障复杂装备作业与作战效能的先决基础。尤其面向未来极端环境、极端工况、极端功能等极端条件，对复杂装备的高可靠性要求提出了严峻挑战。同时，作为依赖于材料、器件、工艺、信息、计算等先进技术，机、电、热、光、磁等多学科系统高度集成的综合机械产品，相关技术与学科的发展也将对复杂装备可靠性工程与全寿命保质设计技术提出新的需求，甚至由此引发新的科学与技术变革[4]。如，新型材料和新型元器件的发展与应用，微型装备、微型部件和组件的发展，将引发各种新的失效模式和失效机理；人工智能技术的进一步发展，将不断克服该技术存在有限时态知识和空间知识表达、执行常识性推理和识别自身能力等的局限性，从而促进复杂装备可靠性设计与制造智能化和后勤保障智能化的快速发展；随着信息与自动化技术的不断发展，可靠性管理和可靠性信息处理的自动化将大大提高复杂装备的可靠性管理效率和信息处理速度和精度，进一步提高装备的可靠性水平。综合而言，未来复杂装备可靠性工程与全寿命保质设计将伴随如功能材料、增材制造、人工智能、数字孪生等技术的发展，向设计与制造智能化、可靠性评估多阶段多学科综合化、数据信息管理和分析处理自动化、运维保障可视化和信息化等场景进一步深化发展。

二、未来发展需求

复杂装备被广泛应用于核电、航空航天、交通运输等重要领域，其设计与制造水平是国家整体科技水平与实力的重要体现。当前，我国制造业正由要素驱动向创新驱动转变，部分领域重大装备工程系统的集成创新设计能力不断提升，在载人航天、高速轨道交通、载人深潜等领域取得突破性技术进展。新一轮科技革命和产业变革正在迅速兴起，互联网、大数据、云计算、人工智能等为代表的新一代信息技术正在加速与工业技术相融合[5]，装备的设计和制造正面临设计制造全过程正向化、结构材料与功能一体化、服役环境与工况极端化、市场响应快速敏捷化、装备质量精度高品质化、运行决策与控制自主化、装备制造与服役绿色化等新的挑战和科学难题，这给复杂装备可靠性工程与全寿命保质设计理论与方法提出了更高的要求。

（一）市场需求分析

近年来，技术、安全、品种的不断革新使得复杂装备的应用场景得到跨越式发展，装备行业市场热度持续高涨，航空装备、海洋装备、核电装备、轨道交通装备、智能制造装备等复杂装备呈井喷式发展。然而，在取得巨大成就的同时，我国复杂装备制造业发展也凸显出该领域相关产业在多方面的不足和差距。我国是制造业的创新能力、核心设计技术、高端产业占比、产品质量和可靠性等各方面，都与世界先进水平还有较大差距。从具体复杂装备产品来看，大部分产品的功能性常规参数能够基本满足要求，但可靠性、质量稳定性和使用效率等方面还有待提升。以高端数控机床和基础制造装备为例，通过"高端数控机床与基础制造装备"科技重大专项的实施，我国已实现45种主机产品达到或接近国际先进水平，但高端数控系统的国内市场占有率只有7%；特别是电主轴、高精度轴承、滚珠丝杠等功能部件，高端产品大部分依赖进口。在可靠性方面，依托专项支持，我国数控机床的主机平均故障间隔时间（mean time between failure，MTBF）从500h提高至1600h，而国际先进水平达2000h以上；数控系统可靠性水平可达25000h，国际先进水平达60000h以上；滚动功能部件可靠性水平可达8000h，国际先进水平达15000h；滚动功能部件精度保持性可达3000h，国际先进水平达4000h。在核电领域，根据《中国核电厂设备可靠性数据报告》（2022版），我国核电厂设备可靠性数据与其他国家数据相比，设备可靠性水平总体相当，但在部分重要度较高设备类的失效次数及可靠性参数等方面，与国外还存在一定的差距。例如，我国控制棒及驱动机构的失效率为7.49×10^{-5}，而法国EPS900&1300数据报告中失效率仅为1.47×10^{-5}，美国NUREG/CR-6928数据报告中失效率仅为1.32×10^{-5}；各传感器/变送器的失效率也高于美国或法国数据。在航空装备方面，美国F-35战斗机在进行航发可靠性设计时的预计寿命是8000h，F-35B达到了16000h以上，而F-35A的寿命更是达到了24000h，而我国的歼-20发动机设计寿命仅3600h。因此，提升复杂装备的可靠性不仅将决定国产复杂装备的市场占有率和"中国制造"的国际声誉，还关乎国家安全、科技进步和经济发展。

（二）国家需求分析

复杂装备作为国家高端制造的代表，其生产研制的自主可控能力在一定程度上代表着国家综合实力。机械结构或系统的可靠性与全寿命保质设计研究是保障重要装备安全可靠的前提。在制造强国战略中指出要加强可靠性设计、试验与验证技术的研究与应用，推广先进的在线故障预测与诊断技术及后勤系统，国产关键产品可靠性指标达到国际先进水平[6]；2023年国务院印发的《质量强国建设纲要》要求加快质量技术创新应用，推进质量设计、试验检测、可靠性工程等先进质量技术的研发应用，加强应用基础研究和前沿技术研发，强化复杂系统的功能、性能及可靠性一体化设计，提升重大技术装备制造能力和质量水平。这些战略规划中围绕"质量为先"的基本方针，明确将装备制造的质量和可靠性作为制造强国的重要保障。

（三）研发需求分析

虚拟现实、大数据、云计算、5G等高新技术的出现大大促进了复杂装备数字化、信息化、智能化的发展进程，不同学科之间相互融合，信息、能源、材料、生物、人工智能向先进制造领域加速融合。这些都将会引发复杂装备工程的深刻变革，对于复杂装备的可靠性及全寿命保质设计也将提出新的要求和更大挑战。将大数据、人工智能、数字孪生等新一代信息技术与复杂装备系统全寿命周期设计深度融合，实现数字装备、实体装备与设计人员的交互与共融，使得装备在设计、生产、管理及服务等环节都具有自感知、自决策、自执行、自适应、自学习等特征，能够提高制造业质量、效益和核心竞争力。我国正在积极探索数字化智能化设计的研究和应用[7]，但是现阶段从整体上来看，我国装备制造业的设计能力仍然偏弱，由于缺乏核心技术与知识产权，装备设计大多依靠以往经验，设计过程中数字化、智能化程度不足，严重制约了制造装备产业的转型升级和结构调整。另外，智能制造装备及系统可靠性设计过程中缺乏统一、完整、成体系的可靠性方法和标准，导致行业可靠性要求缺失、产品可靠性水平不高，制约了智能制造核心装备产业的发展。为此，有必要对装备可靠性设计及其基础理论与方法进行持续研究和发展，通过智能化可靠性设计理论与方法，将多领域数据转化为高层次的设计信息和设计知识，从而促进先进制造业不断技术创新和智能化发展。

三、该技术研发水平现状及与国际比较分析

高端复杂装备的可靠性是我国制造业行业发展的战略要点之一。对于复杂装备而言，通过"全系统、全寿命可靠性"思想、智能制造新技术重新规划构建价值链流程、创新业务模式等新技术和新方法，可大幅度提升装备行业的整体效率和费效比。目前，德国、日本、美国在装备可靠性方面取得了较为明显的技术优势，尤其对

于复杂高端装备的可靠性,目前仍是我国机械制造业发展的瓶颈问题。提升重大、高端、核心装备的可靠性,对提升我国机械制造业的国际竞争力、推动中国制造向中国创造转变、推动我国从制造大国向制造强国转变、实现创新驱动跨越发展具有重大意义[8]。围绕复杂装备可靠性工程与全寿命保质设计技术中的关键理论方法与技术途径,分别进行研发水平现状分析与国际比较分析。

(一)结构可靠性

结构可靠性是指其在规定的条件和规定的时间内,完成规定功能的能力。现代可靠性工程技术已经建立了较为完整的可靠性参数体系,可靠性标准体系也日臻完善。我国制定了一系列关于可靠性的基础规定和标准,涌现出了一批具有开拓性的研究成果。在不确定性度量方面,发展出了一系列随机不确定性和认知不确定性度量方法[9],且随机和认知两种不确定性同时存在下的结构可靠性理论近年来也得到深入研究。在基于故障物理的可靠性研究中,国外针对基于故障物理的可靠性技术及其仿真方法开展了大量的研究,积累了大量的试验数据,相应的研究成果已经软件化、商用化。国内针对典型故障机理的研究已经全面开展,在很多产品上得到了验证和应用,但由于起步较晚,在快速获取试验数据、快速开展试验验证以及真实试验设备和仿真试验平台的搭建和应用上,相比于国外还存在明显差距。在可靠性指标体系建立方面,国内外均已建立了可靠性统计类指标、可靠性寿命类指标、可靠性效能类指标以及可靠性经济类指标等;但我国在该领域的研究还存在系统可靠性指标体系的检测、试验和评估机制缺乏,可靠性指标体系管控人才缺失,企业对可靠性定量指标体系的重视程度不足等问题。在可靠性评估研究中,国外装备可靠性评估方法已经广泛应用于航天、土木、交通等众多领域,建立了较为完善的可靠性评估体系,且注重可靠性理论的更新和可靠性试验数据的积累;而国内对于装备系统的可靠性评估研究尚处于起步阶段,各方面技术发展还欠成熟,存在理论性研究偏多,工程实践运用过少等问题。

(二)系统可靠性

系统可靠性主要区别于一般的元器件、零部件和组件模块的可靠性,其研究对象是针对整个系统。复杂装备系统的可靠性建模是由若干零部件按照一定顺序组合而成,其可靠性模型不仅受到零部件可靠性的影响,还取决于零部件之间的组合方式[10]。因此,系统可靠性建模常在零部件可靠性模型的基础上,用逻辑图描述系统和组成单元之间的故障逻辑关系,还常常需要考虑系统的动态可靠性建模以及多态可靠性建模。在系统可靠性建模方面，与国外研究进行比较，我国主要存在机械零部件的可靠性建模、动态系统可靠性建模及多态系统可靠性建模尚未完善，对具有时变特性的工程变量研究不足，人-机-环境以及系统软硬件之间的相互作用及多态性特征等方面的考虑不够全面等问题。常用于装备系统可靠性分析的方法主要有故障树分析方法，如佩特里（Petri）网、贝叶斯网、故障模式、影响和危害分析等，这些方法能够对装备在静态、动态失效行为下进行系统可靠性分析，也能考虑不确定条件下的多态系统可靠性。国外的故障树分析方法研究由于起步早、有积淀、原创性多，相关研究更为系统、全面，引领了故障树的研究方向。我国与国外在理论研究方面差距不大，主要问题局限在应用领域，就某一具体产品、结果或功能的可靠性分析展开研究与应用还存在计算分析与预测等方面的可信性不足。

（三）可靠性设计

装备的可靠性设计是保证装备运行可靠的重要技术环节，能够实现装备的零部件与系统的"优生"。零部件的可靠性设计通常是针对失效模式进行，如静强度可靠性设计、疲劳强度可靠性设计、磨损可靠性设计等；装备系统的可靠性设计中备受关注的主要是系统可靠性设计优化方法[11]，该方法通过在设计中协调系统性能和有限资源分配策略可提高系统整体可靠性，主要有增加组成部件的冗余设计、优化系统部件的组成结构、提高组成部件的性能和可靠性等方法。发达国家长期重视机械装备可靠性研究，使装备可靠性设计有了较为完善的理论基础。国内对于机械装备的可靠性研究起步相对较晚，在各种类型复杂系统的可靠性设计优化建模[12]、可靠性设计的联合优化、探索新的优化算法方面都存在不足，有待进一步探索和发展。另外，相关科研院所侧重于装备可靠性设计理论方面的研究，在实际工程中的应用实践较少。可靠性设计理论与技术、可靠性管理体系等在工业领域的普及和推广较为缓慢，尤其在数据采集方面与发达国家相比差距甚远，诸多成果尚不能完整、成熟地应用于现代装备系统中。

（四）可靠性试验

可靠性试验贯穿于装备的整个寿命周期，从装备的研制、设计定型、生产到使用阶段都要进行可靠性增长、鉴定、筛选、验收、测定等试验。由于装备的实际使用工况复杂、失效机理多变、失效模式存在相关性，导致可靠性试验设计及实施困难、可靠性试验理论与方法的研究进展较为缓慢。现有较为常见的可靠性试验方法有综合应力加速寿命试验方法、加速退化试验方法、可靠性强化试验方法以及可靠性虚拟试验技术。目前，美国、德国等发达国家已将加速试验技术广泛应用于航空航天、交通运输等领域。国内在可靠性试验技术方面的研究与应用相对较晚，经过近三十年的研究发展，在可靠性试验理论方面的研究进展与国外差距不大，某些方向已达到国际先进水平；但由于装备产品的寿命分布类型复杂和失效模式多样，建立相应的加速模型和进行试验难度都很大，相关理论和技术还很欠缺。国内在可靠性试验技术研究成熟度上与应用广度上均与国外差距明显；尤其是在加速试验技术和虚拟试验技术方面，还没有成熟的建模、实验验证与评价技术方法体系，相关验证辅助工具与平台成果还较少。

（五）故障预测与健康管理

故障预测与健康管理（prognostics health management，PHM）是装备设备管理和维修管理的重要基础，主要由数据获取、数据处理、状态监测、故障诊断、寿命预测、健康管理等部分构成。PHM可根据装备的健康状态，在需要的时候对其进行维护保养，最大化装备运行时间，避免产品处于"欠维修"与"过维修"的状态[13]。国外PHM已经有很多工程应用实例，美国国家航空航天局提出了飞行器健康管理以提高航天飞行的可靠性和安全性，波音针对民航领域研发了飞机状态管理系统，美国机动车工程师学会和美国电子电气工程师协会积极开展了PHM技术标准化研究工作。国内在PHM方面也开展了较为广泛的研究工作，研究对象主要是航空航天、船舶等复杂装备，研究主体以高校和研究所居多；但由于缺乏良好的研究管理机制与统一高效的协调机制，研究体系分散，造成了理论与应用脱节、基础研究缺乏背景支撑和试验验证等。

四、发展的制约因素分析

（一）科研机构和团队、技术人才不足

复杂装备可靠性工程与全寿命保质设计研究在技术上涉及多学科交叉、时间上贯穿产品全寿命周期、空间上涉及多部门协同，是一项复杂的系统工程。对于特定复杂装备而言，其可靠性工程与全寿命保质设计技术研究的工作周期长、耗资大，需要科研团队产学研合作长期持续地工作才可能取得成效。相比于美国、欧洲等发达国家，目前我国在复杂装备可靠性工程与全寿命保质设计研究的科技投入力度仍然不足，专门从事该领域研究的科研机构和研究团队仍需进一步增

加，同时在该技术领域的产学研合作有待进一步加强。我国缺少可靠性技术人才，主要是高等教育很少设置可靠性工程专业，仅有北京航空航天大学依托系统工程学科设置了全国唯一的"质量与可靠性工程"本科专业。可靠性工程是一门交叉学科，仅靠短期培训难以补充可靠性技术人才。

（二）基础可靠性数据积累薄弱，数据共享不充分

复杂装备的可靠性数据不仅包括故障数据，还包括维修数据和载荷谱数据等。国外在可靠性基础数据方面，积累了大量数据，建立了装备设计分析评估、使用剖面、环境剖面、载荷谱数据等方面的数据库，形成了较为全面的可靠性基础平台，为复杂装备的设计分析试验评估提供了强有力支撑。而我国可靠性基础薄弱、数据分散，没有形成相应的数据库，相关标准、规范较少，迫切需要建设可靠性基础平台。尽管目前我国在数控机床、航空航天装备、核电装备等复杂装备故障和维修数据方面已有一定积累，但是从满足各类装备的可靠性保质设计角度，数据积累仍不够充分，尤其是分解到子系统和功能部件的数据就更为不足。

（三）装备研制周期受限，产品性能与可靠性设计难以协同

相比于强度、功能、性能等指标，装备的可靠性评估与校核通常所涉及的学科范围更广、研制周期更长。受制于研制周期、费用等因素，目前我国许多复杂装备仍以填补国内空白、应急发展为主，注重强度、功能、性能及可靠性基本指标的实现，没有很好地将可靠性工程纳入到装备研制过程中，以实现产品设计与可靠性一体化协同设计，与世界先进国家的研制模式仍存在较大差距。在许多型号项目研制过程中，可靠性设计与型号研制得不到很好地结合，"两张皮"现象依然严重，将满足强度和性能基本要求的设计方案作为试验样机方案的现象屡见不鲜，此时尽管可靠性研究工作仍在继续开展，但因研制周期等因素已难以反馈至产品主体设计，导致所谓的可靠性设计最终仅限于局部优化调整，未能实现设计初期的性能与可靠性协同设计。

（四）可靠性行业标准缺乏，制约装备自主研制与更新换代

目前，可以检索出与可靠性相关的国家标准主要集中于具体机器设备的可靠性试验、评定考核方法。与基础理论方法相关的标准基本上都过于老旧，难以满足各类装备快速更新换代的设计与研制需求。如核电、航空等行业领域，长期采用国外可靠性标准体系，严重制约国产装备产品的研发与可靠性提升。近年来，核电等领域相关可靠性标准体系得以初步建立，填补了我国核电可靠性标准体系的空白，但

仍需根据标准体系执行情况加快后续修订与完善工作；而在航空领域，相关重大航空装备如国产民用飞机等，由于在全寿命周期可靠性管理方面仍处于起步阶段，目前仅试图针对由欧美共同制定的相关国际规范进行翻译和初步研究，尚未基于有效的标准规范形成完善的可靠性标准体系。

（五）装备设计与研发人员意识欠缺，可靠性管理难以实质推行

分析行业技术政策状况可以看出：从领导到管理干部、从集团公司各机关到企事业单位，重视生产过程的管理，忽视研制过程的可靠性工程管理；重视质量管理教育，忽视可靠性工程管理和可靠性技术的专业培训；重视产品研制计划和性能指标的考核、奖惩，忽视产品可靠性工作计划和可靠性指标体系的考核和奖惩等现象非常普遍，这种技术政策促成了对可靠性工程的态度为"说起来重要、做起来次要、忙起来不要"。例如在许多型号装备研制过程中，都强调可靠性的重要性，但是在实际设计开展过程中，可靠性的管理职能很弱，有些项目甚至几乎没有话语权。

五、重点发展方向

（一）复杂装备全寿命周期可靠性保质设计

可靠性贯穿于装备设计、制造、装配、测试、服役、维修、回收等全寿命周期。现有可靠性研究在设计阶段难以将装备的维修性等各环节约束考虑在内，在服役阶段难以根据故障信息对可靠性管理策略进行调整。传感和状态监测技术的快速发展为辨识和预知复杂装备的故障提供了重要条件，从而为复杂装备的全寿命周期可靠性保质设计奠定了必要基础。如何充分融合状态监测与人工智能等手段，在设计阶段充分考虑可测试性、维修性和自愈性等属性，对实现面向全寿命周期的装备可靠性与系统保质设计具有重要意义。

（二）基于大数据的复杂装备可靠性智能评估

随着信息传感技术的广泛应用，复杂装备的数据规模呈井喷式增长，每台装备上有成千上万的传感器实时采集着振动、压力、温度、速度等信息。机械大数据不仅具有大数据的共性，还具有大容量、低密度、多样性以及时效性的特点。手段单一的传统装备可靠性计算与评估方法很难应对机械大数据带来的挑战，亟须在现有基础上做出学术思维转变、研究对象转变以及分析手段转变。在研究思维方面，重点转向以机理为基础、数据为中心、计算为手段、智能数据解析与决策为需求；在研究对象方面，重点针对各零部件的相互作用、多系统相互耦合的整机装备或复杂系统的多层次

监测评估；在分析手段方面，基于大数据处理、深度学习等相关技术研究多工况交替变换、多因素复合影响下装备可靠性的智能评估方法。

（三）面向装备延寿与可靠性增长的故障预测与健康管理

随着航空、航天、核电等行业的发展，机械产品的结构日趋复杂，服役环境与运行条件愈发严酷，用户对装备产品的工作性能和可靠性要求不断提高。装备故障预测与健康管理技术有望使装备先进物理性能以最佳模式持续发挥效能，对于装备延寿和可靠性、维修性增长具有重要的安全和经济意义。通过多学科综合健康管理手段与技术，实现预测性维护策略、系统完好性评估、故障安全调控，从而达到对装备故障的事先预测、主动预防、减少损失的目的。

六、阶段性研究内容与预计实现时间

预计到 2026 年，整体水平距离世界先进仍有差距；在相关行业领域，技术水平实现引领。将充分利用先进的人工智能、信息传感和虚拟设计等技术，转变传统基于数据信息或失效物理的独立式分离式可靠性设计思维，实现信息–物理融合驱动的复杂装备可靠性分析、评估、设计与运维技术的突破。

预计到 2030 年，整体水平基本达到世界先进；在多个行业领域，技术水平实现引领；在部分多学科高度集成技术领域，距离世界先进水平仍存在差距。可靠性指标体系、可靠性分析、可靠性评估等关键理论研究水平达到世界先进，在相关装备研制过程中得到分散式验证与测试；形成材料–工艺–结构–功能一体化保质设计技术体系，为复杂装备性能与可靠性协同设计奠定坚实理论基础；在核电、航空航天等重大装备研制领域，将初步形成符合我国装备研制和服役运维需求的可靠性标准体系，基本实现装备可靠性管理规范化。

预计到 2035 年，整体水平基本达到世界先进，并在基础数据、信息物理、软件技术等相关支撑技术领域形成了明显优势，为冲击世界领先水平创造了有利条件。将与人工智能、数字孪生等先进技术深度融合，实现可靠性设计、制造、运维等全寿命周期保质设计智能一体化；基于信息物理融合技术，装备可靠性试验实现向虚实交互模式发展，极大缩短复杂装备可靠性试验周期；面向核电、航空航天等国家战略发展领域将形成较为系统和完备的可靠性基础数据、可靠性规范和标准体系、可靠性设计软件平台和可靠性技术人才梯队等，为我国重大装备研制和运维提供充分技术支撑。

七、技术路线图

复杂装备可靠性工程与全寿命保质设计技术路线图见图 4-2。

项目	2023年 —————— 2026年 —————— 2030年 —————— 2035年
需求与环境	作为依赖于材料、器件、工艺、信息、计算等先进技术，高度集成多学科系统的综合机械产品，相关技术与学科的发展也将对复杂装备可靠性工程与全寿命保质设计技术提出新的需求和挑战
重点产业	核电装备、航空航天装备、武器装备、深海装备、深空探测装备
可靠性设计	目标1：实现信息物理融合驱动的复杂装备可靠性设计 途径1：充分利用先进的人工智能、信息传感和虚拟设计等技术，转变传统基于数据信息或失效物理的独立式分离式可靠性设计思维 目标2：实现可靠性设计、制造、运维等全寿命周期保质设计智能一体化 途径2：将装备可靠性设计技术与人工智能、数字孪生等先进技术深度融合
可靠性评估	目标1：完善现有可靠性评估技术，研究水平实现世界领先 途径1：现有技术在相关装备研制过程中进行分散式验证与测试 目标2：极大缩短复杂装备可靠性试验周期 途径2：基于信息物理融合技术，装备可靠性试验实现向虚实交互模式发展
可靠性管理	目标1：在部分领域基本实现装备可靠性管理规范化 途径1：在核电、航空航天、兵器等重大装备研制领域，初步形成符合我国装备研制和服役运维需求的可靠性标准体系 目标2：在部分重点领域形成较为完备的可靠性管理体系 途径2：面向核电、航空航天等国家战略发展领域，建立较为系统的可靠性基础数据、可靠性规范和标准体系、可靠性设计软件平台和可靠性技术人才梯队

图 4-2　复杂装备可靠性工程与全寿命保质设计技术路线图

参考文献

［1］张义民，孙志礼. 机械产品的可靠性大纲［J］. 机械工程学报，2014，50（14）：14-20.

［2］Han X，Liu J. Numerical simulation-based design theory and methods［M］. Berlin：Springer，2020.

［3］国家自然科学基金委员会工程与材料学部. 机械工程学科发展战略报告（2021—2035）［M］. 北京：科学出版社，2021.

［4］中国机械工程学会. 中国机械工程技术路线图（2021 版）［M］. 北京：机械工业出版社，

2021.
[5] 谭建荣. 5G 工业互联网与智能制造关键技术与发展趋势 [J]. 数字经济, 2021 (Z2): 44-47.
[6] 国家制造强国建设战略咨询委员会. 中国制造 2025 蓝皮书 (2018) [M]. 北京: 电子工业出版社, 2018.
[7] 周济, 李培根, 周艳红, 等. 走向新一代智能制造 [J]. Engineering, 2018, 4 (1): 28-47.
[8] 陈循, 陈文华, 谢立阳, 等. 机械可靠性理论与应用: 现状与发展 [M]. 北京: 国防工业出版社, 2022.
[9] Jiang C, Han X, Xie H. Nonlinear interval optimization for uncertain problems [M]. Berlin: Springer, 2021.
[10] McPherson J. Reliability physics and engineering: time-to-failure modeling [M]. New York: Springer, 2010.
[11] Peiravi A, Ardakan M, Zio E. A new Markov-based model for reliability optimization problems with mixed redundancy strategy [J]. Reliability Engineering&System Safety, 2020 (201): 106987.
[12] Huang H, Huang C, Peng Z, et al. Fatigue life prediction of fan blade using nominal stress method and cumulative fatigue damage theory [J]. International Journal of Turbo&Jet-Engines, 2020, 37 (2): 135-139.
[13] Deodatis G, Ellingwood B, Frangopol D. Safety, reliability, risk and life-cycle performance of structures and infrastructures [M]. London: CRC Press, 2014.

编撰组

组　长：韩　旭
成　员：姜　潮　刘　杰　刘　宇
　　　　倪冰雨　张德权

第三节　大型复杂薄壁结构整体近净成形技术

一、发展愿景

航空航天、舰船、高铁和核电等高端装备制造是我国先进制造业行业布局的重点领域，新一代载人火箭、大型宽体客机、超大型舰船、磁浮高铁、磁约束聚变堆等高端装备的创新发展，迫切需求发展大承载、长寿命、高可靠、高性能构件的先进制造技术[1]。复杂曲面薄壁构件是高端装备中直接影响到服役性能的一大类关键构件，不仅关键，而且量大面广，其在汽车中的数量占比达50%以上，在运载火箭及飞行器中数量占比高达80%。面向新一代高端装备的发展需求，复杂曲面薄壁构件出现了全新的特征和挑战：①尺寸极端化，构件直径或特征尺寸超过5m以上，相对壁厚（壁厚与当量直径之比）< 2‰，"大而薄"结构超过传统技术失稳起皱极限；②形状复杂化，具有局部小特征、曲率突变、异形截面的复杂特征，飞机发动机3.5m级唇口蒙皮具有内外变曲率与台阶特征，需求净成形不加工满足高精度（轮廓度1mm）；③结构整体化，传统分块成形再焊接[2]导致变形大、可靠性差和寿命低等问题，无法满足新一代装备对大承载、高可靠的需求，新型隐形战机要求大块整体蒙皮代替小块拼接蒙皮，以最大限度降低接缝曲率阶差（小于0.25mm）对隐形性能的影响，运载火箭燃料贮箱要求用整体结构代替6~8块拼焊结构，以提高承压能力。面向这些新特征和挑战，需要对变形理论、关键工艺和成形装备进行三维一体创新，才能取得重大突破。因此，大型复杂薄壁结构整体成形技术是新一代高端装备制造的关键核心技术，是我国制造业发展的重要方向[3-4]。

二、未来发展需求

成形制造是先进制造领域的重要组成部分，是支撑我国航空航天、高铁、汽车等高端装备发展的基础性制造工艺技术[5]。重型运载火箭是实施航天强国的国家重大科技工程，将从根本上提升我国进入空间的运载能力，是满足载人登月、深空探测、空间开发和利用等航天重大工程的坚实保证[6]。运载火箭芯级主体直径10m级，其核心部件贮箱的研制需要高强铝合金、铝锂合金整体箱底、连接环和级间段等复杂薄壁构件；大型宽体客机和重型运输机的研制需要长度达30m的高强铝合金（7000系）机翼带高筋整体壁板，其配置的国产自主研制大涵道比发动机唇口蒙皮特征直径尺寸达3.5m，是典型的复杂双曲率异形铝合金薄壁整体结构，位于大涵道比发动机进气道结构的高承载区，其外形轮廓影响气动阻力性能；D型托卡马克环壳是惯性磁约束聚变堆真空的主体结构，环壳直径为22m，壁厚40mm，其成形精度与性能影响超大真空室磁导率和磁场分布。

根据结构几何特征，高端装备金属薄壁构件分为两大类：大型曲面薄壁整体结构、复杂异形中空整体结构。大型曲面薄壁整体结构包括重型运载火箭箱底、飞机气动蒙皮、大型舰船壳体等。由于构件材料强度（高强铝合金 600MPa、高强钛合金 1000MPa、高强钢 2000MPa）的提高，高性能材料整体结构成形难度不断增加，传统单一能场成形技术无法成形制造高性能复杂整体构件。要求全面掌握微观组织与形变交互作用机理，发展热-电-力多能场复合成形新技术，实现尺寸精度与构件性能一体化协同控制。复杂异形中空整体结构包括战机进气道、航空发动机喷管、燃料环形贮箱、汽车空心异形截面底盘件等。新一代装备中使用该类构件直径尺寸超过 1m，需要突破拼焊坯料非均质变形控制难题，发展基于卷焊筒坯的流体柔性介质整体成形技术，实现复杂异形中空构件整体成形。

三、该技术研发水平现状及与国际比较分析

欧美发达国家在高强材料复杂构件精密成形方面取得重要进展。美国突破直径 5m 火箭整体箱底旋压技术，成功用于运载火箭发射[8]；国际主流汽车 1500MPa 级高强钢热冲压成形构件占比已达 20% 以上，德国舒勒（Schuler）研发 1200MPa 高强钢管热气胀生产线，并已将高强铝合金、钛合金、高强钢热成形技术用于火箭、飞机和汽车构件，批产规模与自动化程度领先。此外，欧美在成形工艺仿真与优化集成技术软件平台（法国 ESI PAMSTAMP、美国 Lys-dyna）方面仍保持垄断地位。

近年来，我国在大型复杂薄壁结构整体近净成形技术取得了突出进展[7]。基础理论方面，在薄壳变形应力场调控理论方面取得显著成果，提出了流体面域加载与坯料构型关联作用的应力场调控原理，实现复杂变形的调控。工程应用方面，采用产品近等厚的薄板实现 3m 级火箭铝合金整体箱底构件液压成形，改变美国国家航空航天局（National Aeronautics and Space Administration，NASA）采用厚板经旋压制坯再加工至薄壁的技术路线，打破了欧美对我国火箭结构制造核心技术的封锁；复杂异形中空薄壁结构成形已经由室温液压发展至高温难变形合金热介质压力成形，成功研制钛合金整体进气道、大推力双层钛合金喷管、新一代运载火箭上面级 3m 级钛合金整体环壳等一系列产品。新一代节能汽车高强铝合金整体纵梁长度达 5m[7]、高铁蒙皮件长度 10m 以上，满足 350km/h 以上高速运行对轻量化、降低风阻及提高气动性能的要求。

经过近二十年发展，我国金属薄壁件成形技术工艺水平总体上已接近世界先进水平，但是在变形理论、工艺创新和装备应用一体化方面的系统性和原创性成果还有不足，与国际领先水平尚存一定差距。另外，目前我国的成形制造技术与装备产业还属于生产过程能耗高、环境污染较为严重的行业。

四、发展的制约因素分析

目前我国大型薄壁构件近净成形工艺与装备水平已接近世界先进水平,未来发展的制约因素主要体现在:大尺寸坯料制备、成形仿真软件、工艺和装备智能化等方面。

大尺寸坯料制备方面,对于直径5m的大型火箭整体箱底,其展开坯料直径约8m,而我国现有铝合金板坯幅宽最大4.5m,被迫采用拼焊大尺寸坯料,带来了发生破裂的风险,使得整体成形难度非常大。因此,一方面需要冶金行业增加板坯幅宽,另一方面需要发展高品质焊接技术,提高焊接结构的变形能力。

在工艺仿真软件方面,大型复杂薄壁构件整体成形具有薄壳复杂应力变形、强各向异性与硬化的特点,高精度材料模型是精确仿真指导工艺的前提,需要考虑复杂应力场、强各向异性的塑性变形力学新模型与高效、高精度计算方法;需建立与国际对接的材料塑性变形力学模型参数的实验标定方法与完善规范标准;进一步在数值仿真软件中集成先进的各向异性材料本构模型,提升整体成形全流程宏微观多尺度数值仿真功能和仿真精度。针对难变形材料(高强铝合金、铝锂合金和高温钛合金等),其复杂构件需超低温、高温、超高温等环境下电-热-力多场多工艺复合成形,成形道次多、边界条件复杂。为实现精确仿真,需开发材料模型考虑材料的组织性能遗传性、组织演变-变形宏微观耦合机制、全流程温度场-性能映射关系;同时需建立在复杂加载条件下,多轴应力场-柔性介质(气、液)-温度场(模具/坯料界面换热)耦合的工艺模型,调控工艺参数控制构件在优化变形条件下的受载变形。

在工艺和智能化方面,大型复杂薄壁结构整体近净成形未来发展需与数字化、智能化的深度融合。实现智能化成形制造核心难点在于工艺过程中多能场、不同成形介质的工艺参数感知、采集、再处理与反馈。为实现成形过程中构件组织性能的调控,急需建立成形制造工艺组织性能演变感知模型、实时监测方法和智能决策与自适应调控系统、建立成形制造生产全流程信息系统与制造管理平台,从而建立金属薄壁件成形制造技术智能化生产线[9-10]。

五、重点发展方向

大型复杂薄壁结构整体近净成形技术将重点发展大型曲面薄壁整体结构多场复合成形技术和复杂异形中空整体结构柔性介质成形技术,实现近净成形、数字化与智能化深度融合，取得基础变形理论、工艺创新和装备应用系统性成果，支撑我国先进制造业发展。

大型曲面薄壁整体结构多场复合成形技术：建立难变形合金薄壳复杂应力变形应力调控理论，揭示多场复合成形下应力场-缺陷-精度耦合调控机理，突破超低温成形技术、短流程热成形技术与高压热介质成形技术，研发大型智能化装备，支撑重点型号产品研制与批产。面向载人登月重型火箭，发展铝/铝锂合金超低温整体成形技术，揭示铝合金超低温条件下强韧双增宏微观机制，研发 5m 级大型构件（贮箱箱底等）超低温成形装备；面向大飞机气动唇口蒙皮类、壁板类结构，发展铝合金热力非稳态短流程成形技术与装备，建立铝合金非稳态全流程控形控性内变量模型与工艺路径反求方法，研制 3m 级高强铝合金双曲率薄壁整体构件，发展数字化短流程高效率生产线；针对 600km/h 磁悬浮列车，发展双调热气压成形技术，研制 10m 级高铁机车覆盖件。

复杂异形中空整体结构柔性介质成形技术：建立刚柔复合近均匀加载力学模型与坯料几何构型反求方法，突破超高温合金热介质压力成形、大尺寸管件超低压液压成形技术、大径厚比复杂轴线管件精确弯曲成形等技术，研发多轴加载超高压成形装备。面向新一代大推力航天发动机、运载火箭上面级等钛合金异形整体中空结构，发展钛合金双层喷管、双曲率中空环壳热气压力成形技术，成形直径 2m 级钛合金双层喷管、整体钛合金上面级环形燃料贮箱；面向新一代航空发动机二元矢量进气道（直径 > 1m）、航空发动机复杂回转高温合金超薄构件（厚径比 < 1‰），突破耐热材料（高温钛合金、高温合金、镍铝合金等）中空构件超高温热气柔性介质压力成形技术；研制出自适应补偿控制智能成形装备，实现高温钛合金、高温合金、先进高强钢、铝/镁/钛合金异形中空结构的智能化成形制造。

六、阶段性研究内容与预计实现时间

（一）大型曲面薄壁整体结构多场复合成形技术

2023—2026 年，实现高强铝合金构件超低温成形；非等厚板整体液压成形薄壁构件达到少/无机加工；突破铝合金/钛合金高效率低能耗热冲压多场成形技术，实现热冲压件大批量应用。

2027—2030 年，研发出批量生产用高强铝合金超低温成形装备；实现 2000MPa 级高强钢、600MPa 级铝合金热冲压成形，能耗降低 50%、成形效率提高 3~5 倍。

2031—2035 年，掌握高强铝合金构件超低温成形-控性一体化技术，研发出 5m

级以上的特大尺寸构件成形装备；突破高温钛合金高精高效成形及热冲压成形智能化技术，研发出智能化成形装备，产品研发周期缩短 2/3。

（二）复杂异形中空整体结构柔性介质成形技术

2023—2026 年，突破超高温合金热介质压力成形、钛合金双层喷管精确成形技术，构件直径 ≥ 2m，钛合金构件强度 ≥ 1000MPa。

2027—2030 年，突破大径厚比高强材料中空构件低载荷成形技术，实现径厚比 ≥ 500；突破高强材料构件整体成形技术，降低载荷 ≥ 50%。

2031—2035 年，突破复杂中空构件超高温热介质压力成形技术，实现成形温度 ≥ 1000℃。

七、技术路线图

大型复杂薄壁结构整体近净成形技术路线图见图 4-3。

项目	2023年 — 2026年 — 2030年 — 2035年
需求与环境	重型运载火箭、载人登月、大型宽体客机、磁浮高铁、惯性磁约束聚变堆等重大工程
重点产品	火箭贮箱箱底、壁板；宽体客机机翼壁板、唇口蒙皮；高铁机车覆盖件；聚变真空室壳体
大型曲面薄壁整体结构多场复合成形技术	方向或目标：突破高强度和高强钛合金热冲压成形技术、铝锂合金壁板蒙皮结构超低温整体成形技术 / 方向或目标：突破特大尺寸薄壁件整体高性能近净成形工艺及装备技术 / 途径1：高强度铝合金超低温成形技术及装备，构件尺寸 >5m / 途径3：大型构件超低温成形技术与装备，构件尺寸 ≥10m / 途径2：轻质高强材料高效低耗温热冲压成形技术，成形效率提高 3~5 倍 / 途径4：轻质高强材料热冲压成形智能化技术与装备，研发周期缩短 2/3
复杂异形中空整体结构柔性介质成形技术	方向或目标：突破超高温热介质压力成形、钛合金双层壳体精确成形技术 / 方向或目标：突破复杂中空构件超高温热介质压力成形技术 / 途径1：超高温合金热介质压力成形技术，钛合金构件直径 ≥2m，强度 ≥1000MPa / 途径3：复杂中空构件超高温热介质压力成形技术，成形温度 ≥1000℃ / 途径2：大径厚比高强材料中空构件低载荷成形技术，径厚比 ≥500 / 途径4：高强材料构件整体成形技术，载荷降低 ≥50%

图 4-3 大型复杂薄壁结构整体近净成形技术路线图

参考文献

[1] 夏巨谌，邓磊，金俊松，等. 我国精锻技术的现状及发展趋势[J]. 锻压技术，2019，44（6）：1-16.

[2] 刘欣，王国庆，李曙光，等. 重型运载火箭关键制造技术发展展望[J]. 航天制造技术，2013（1）：6.

[3] 单忠德. 先进制造与智能制造助力高质量发展[J]. 网信军民融合，2020（4）：14-17.

[4] Li Yongbin, Ma Yunwu, Lou Ming, et al. Advances in spot joining technologies of lightweight thin-walled structures[J]. Journal of Mechanical Engineering，2020，56（6）：125-146.

[5] Allwood J M, Duncan S R, Cao J, et al. Closed-loop control of product properties in metal forming[J]. CIRP Annals-Manufacturing Technology，2016（65）：573-596.

[6] Wang Guoging, Li Shuguang, WU Huiqiang. Status and development analyses on manufacturing technologies for large scale structures of heavy-lift launch vehicle propellant tanks[J]. Aerospace Materials & Technology，2014，44（Z1）：1-6.

[7] 华林. 高强轻质材料绿色智能成形技术与应用[J]. 中国机械工程，2020，31（2）：2753-2762.

[8] Yuan S J, Fan X B. Developments and perspectives on the precision forming processes for ultra-large size integrated components[J]. International Journal of Extreme Manufacturing，2019（1）：022002.

[9] 苑世剑. 轻量化成形技术[M]，北京：国防工业出版社，2010.

[10] 李德群. 融合数字化网络化智能化技术，助力材料成形制造创新发展[J]. 中国机械工程，2020，31（22）：26-47.

编撰组

组　长：苑世剑

成　员：詹　梅　李淑慧　陈　军
　　　　刘　钢　郑凯伦

第四节　耐热合金整体叶盘类构件高品质摩擦焊技术

一、发展愿景

高推比航空发动机、燃气轮机是国家"两机"专项布局的先进制造重点领域，叶盘类零件是核心零件，服役过程中面临动载、高温与高压等严苛的服役环境，对构件强度、疲劳与组织稳定性要求极高。举例来说，随着航空发动机对推重比和燃油效率提出的更高要求，整体叶盘级间连接由机械连接逐渐被焊接替代，可大大减少零件数量，简化结构并降低重量。因此耐热合金叶盘类构件高品质摩擦焊技术是支撑我国两机专项先进制造领域航空发动机、燃气轮机等高端装备的关键技术。

针对两机制造领域的摩擦焊技术，主要分为惯性摩擦焊技术与线性摩擦焊技术。惯性摩擦焊（inertia friction welding，IFW）：焊前工件的旋转端被夹持在飞轮里，焊接过程开始时，首先位于滑台上的移动夹具随滑台一起向旋转端移动，移动至一段距离后，将飞轮加速到预定转速储存所需能量后再与主轴电机脱离，然后施加压力把两个待焊工件压在一起，使两个工件的结合面在压力下互相摩擦。随着飞轮速度的降低，旋转飞轮上储存的动能转变为焊接面摩擦所产生的热能而逐渐降低，在旋转停止之前施加顶锻压力。旋转停止后，顶锻压力继续保持一个预定时间，形成惯性摩擦焊的接头。惯性摩擦焊具有优质、高效、节能、无污染等特点，在航空、航天、核能、海洋开发等高技术领域及电力、机械制造、石油钻探、汽车制造等产业的应用前景广阔[1-2]。惯性摩擦焊接工艺稳定、接头可靠性高，主要用于回转体类结构焊接，其工艺适应性强，可焊材料广，对异种材料连接具有独特的技术优势，是未来整体叶盘级间焊接最为可靠的连接技术之一。同时面向盘轴一体化结构，尤其是异种高温合金焊接，惯性摩擦焊是盘轴一体化最可靠、最稳当和可靠的连接技术之一[3-4]。

线性摩擦焊（linear friction welding，LFW）：焊接过程中，上下振动工件在动力源驱动下高频往复运动，与水平移动工件接触并强力摩擦，在摩擦界面产生摩擦热，发生塑性金属流动，形成飞边，当焊接区的温度分布、变形达到一定程度后，工件对齐并施加顶锻压力，使两侧金属实现高质量固相连接[5]。线性摩擦焊接头质量可靠性高、再现性好，可以实现非规则截面、结构的有效连续，其工艺适应性强，可焊材料广，对异种材料连接具有独特的技术优势，是未来整体叶盘结构制造最为可靠的焊接技术之一，同时也是飞机、航天装备等一体化结构高效、低成本的制造方法[6]。未来，线性摩擦焊技术将推动先进制造业向更快、更优惠、更绿色的方向发展。

二、未来发展需求

惯性摩擦焊为固相焊接技术，焊接过程中材料不发生熔化，因此不会产生气孔、夹渣等熔焊常见缺陷，接头质量高、可靠性好。同时，由于焊接过程控制参数较少、工艺过程稳定，因此，接头质量和精度再现性好[7-9]。对结构强度和精度要求较高的发动机整体叶盘级间焊接，需要配套的高精度、大吨位惯性摩擦焊设备，我国目前自行研制的大吨位惯性摩擦焊设备如6000kN、10000kN惯性摩擦焊正在研制过程中，其精度、可靠性等还需试验验证。因此，大吨位、高精度、高可靠性的惯性摩擦焊设备是未来发展主要方向。发动机整体盘级间焊接材料大部分是高温合金材料，部分压气机盘钛合金材料的级间焊接也提出了设计需求，高温合金的工艺参数范围较窄，典型整体盘级间焊接的工艺是保障和研发重点。同时，因其高可靠性和工艺稳定性的技术特点，惯性摩擦焊在石油钻杆、煤矿钻杆、民用汽车、电力等行业应用前景越来越广。

线性摩擦焊技术为固相连接技术，接头质量高、可靠性好，鉴于其技术特点，已被定义为块体增材制造技术范畴。随着结构整体化、轻量化发展，线性摩擦焊在发动机整体叶盘、飞机一体结构制造、航天及民用等领域都有迫切的应用需求。目前线性摩擦焊已用于欧洲Typhoon战斗机EJ200发动机的3级低压压气机整体叶盘的制造并取得成功[10]，美国F-22战斗机的F119发动机，其风扇和压气机1~2级均采用罗罗公司研制的线性摩擦焊整体叶盘结构。美国F-35战斗机的发动机F135，其升力风扇以及一、二级风扇也是罗罗公司提供的线性摩擦焊焊接的整体叶盘，该战斗机备选发动机F136的3级叶片全部采用罗罗公司生产的线性摩擦焊整体叶盘结构，同时探索在将来航空发动机的制造和维修中使用的其他线性摩擦焊技术。线性摩擦焊整体叶盘在民机方面也有应用，日本开展的一项小型民用飞机发动机的研究计划中，其高压压气机整体叶盘也采用了线性摩擦焊制造。

随着线性摩擦焊技术在发动机整体叶盘上应用的日益成熟与发展，国外正在积极探索线性摩擦焊在飞机结构上的应用前景。英国汤普森（Thompson）公司针对飞机空间结构模拟件已开展了大量的线性摩擦焊焊接适应性研究，并与波音公司合作申请了线性摩擦焊在飞机结构上应用的相关专利；另外，已经开始研制用于焊接飞机大截面尺寸构件的设备。英国焊接研究所（The Welding Institute，TWI）在20t线性摩擦焊设备上开展了复杂空间结构线性摩擦焊工艺的探索研究，并采用线性摩擦焊与旋转摩擦焊组合焊接的方式完成了导向叶轮的可焊性研究，结果表明线性摩擦焊在飞机结构件制造方面具有较好的灵活性且接头性能稳定可靠。线性摩擦焊可实现异种材料的连接，充分发挥材料性能优势，有效提高发动机的推重比。

在国外线性摩擦焊技术发展带动下，国内线性摩擦焊已经逐步发展起来，在整体叶盘制造、飞机及民用等领域，已获得初步应用。鉴于应用背景的迫切需求，高精度线性摩擦焊设备研发、自动化装配及高可靠性焊接工艺的研制是保证线性摩擦焊工艺市场化需求的关键因素。

三、该技术研发水平现状及与国际比较分析

惯性摩擦焊在国外各大航空发动机公司的大型旋转件上得到了快速应用，通用公司的大型发动机重要转动件几乎全部采用了惯性摩擦焊接。如通用公司为波音787研制的新一代发动机 GEnx，其高压压气机转子采用了惯性摩擦焊。通用与普惠公司联合研制的 GP7200，用于飞机 A380，其高压压气机转子也采用惯性摩擦焊接，同样 GE90 高压压气机也采用了惯性摩擦焊技术。惯性摩擦焊技术使通用公司获得了较大的经济效益，例如 CF6 发动机的 3~9 级压气机转子，原为整体锻件，重量为 413kg，改为惯性摩擦焊连接后重量为 300kg。GE90 的风扇盘在最初设计时为 Ti17 整体锻件，后改为三个锻件惯性摩擦焊连接，大大降低了成本。另外，通用与法国斯奈克玛（SNECMA）共同开发的 CFM56 发动机的 1~2 级钛合金压气机盘和 4~9 级高温合金压气机盘的连接，低压涡轮轴与盘的连接均采用了惯性摩擦焊。

德国发动机及涡轮机联盟弗里德希哈芬股份有限公司（Motoren-und Turbinen-Union Friedrichshafen GmbH，MTU）对电加工高温合金整体叶盘级间进行了惯性摩擦焊工艺研究，研究成果已经应用于 EJ200 发动机高压压气机的制造。罗罗公司在 20 世纪 60 年代初期开始研究惯性摩擦焊，随着高温合金向更高耐温能力的方向发展，近几年，惯性摩擦焊在罗罗公司得到了快速的发展，并成为 TRENT 及其后续机型盘轴连接的主要焊接方法。罗罗公司已经装备了 20000kN 惯性摩擦焊设备，用于焊接高压压气机毂筒。随着压气机压比和出口温度的进一步提高，压气机后几级需要采用耐温能力更高的材料，如粉末高温合金，罗罗公司在 TRENT1000 发动机涡轮后短轴（Inco718）和粉末涡轮盘（RR1000）采用惯性摩擦焊接，同时已将 Inco718 与 U720LI，Inco718 与粉末高温合金列入了相应的制造工艺标准。RR1000 为罗罗公司新近研制出来的新型粉末高温合金，由于该合金使用常规的熔焊方法容易出现焊接裂纹。罗罗公司和英国曼彻斯特大学合作研究 RR1000 粉末高温合金惯性摩擦焊工艺并在压气机毂筒、涡轮盘以及轴上进行应用。惯性摩擦焊还可以将 RR1000 与其他两种合金（No7001 和 No7720）连接，由于这两种合金难以与不同的金属连接，因此只有采用惯性摩擦焊才有可能实现异种涡轮盘件的制造。此外，普惠公司的一些重要高温

转子部件都采用惯性摩擦焊。

通过多年的生产应用考核，国外一些先进的航空发动机制造公司已将惯性摩擦焊接作为焊接高性能航空发动机整体转子部件主导的、典型的、标准的工艺方法，并普遍认为惯性摩擦焊是最为可靠、再现性最好和最可依赖的焊接技术之一。使用惯性摩擦焊制造整体转子部件，增加了构件的强度和刚度，解决了振动和扭矩传递不均匀问题，降低了锻造复杂形状毛坯的难度，简化了毛坯准备工作，减少了材料加工量，提高了经济效益。惯性摩擦焊代替机械连接可以减轻重量，避免机械连接出现的技术问题，可以满足特殊设计要求，增加设计的灵活性。

国内惯性摩擦焊技术水平与国际相比，主要表现在两个方面的差距：一是设备，二是结构应用。国外惯性摩擦焊的最大吨位为20000kN，且已成功应用在通用、罗罗、赛峰等发动机制造商，其生产的产品已批量应用在军用、民用发动机整体叶盘级间焊接。国内具有惯性摩擦焊设备研制能力的厂家仅有2～3家，且相对较成熟设备的最大吨位在6000kN，远低于国外设备制造能力，且其精度和稳定性与国外差距较大，还未实现国内设备在航空发动机产品的批量生产应用。在结构应用方面，国内惯性摩擦焊在民用发动机领域的应用还是空白，在发动机的应用领域有待进一步发展。在民用领域，国内主要在石油及煤矿钻杆、陆用发动机盘轴一体化结构等方面开展了应用，国外除了在这几个方面，还普遍应用在医疗、电力等行业[11-13]。

国外线性摩擦焊技术发展较早，英国、美国、德国以及加拿大等对航空发动机整体叶盘采用的典型钛合金材料开展了线性摩擦焊工艺优化研究，详细分析了线性摩擦焊接头组织特点、织构形式并进行了接头的力学性能测试，同时利用中子衍射法进行了接头残余应力测试，为线性摩擦焊整体叶盘的研制奠定了基础[14-17]。研究了异种钛合金线性摩擦焊工艺，进行了组织性能分析、无损检测方法研究、探索了整体叶盘修复方法，完成了异质钛合金整体叶盘模拟件（叶片为 $\alpha+\beta$ Ti6246 钛合金，轮盘为 β Ti6246）的研制。目前，该技术国外应用已涉及整体叶盘、飞机结构、航天、医疗器械及民用等领域，尤其在发动机整体叶盘方面，已成功应用在军用及民用发动机上，成熟度较高。

国内线性摩擦焊技术起步较晚，已突破了国外技术封锁，在国家资金的持续支持下，经过近二十年的研究发展，国内陆续研制出了150kN、600kN、1000kN等不同吨位的线性摩擦焊机，可满足基层试验、整体叶盘、飞机结构等的研制及生产，并以设备为依托，重点研究了航空发动机整体叶盘用钛合金的线性摩擦焊、热处理等工艺，积累了大量接头及母材的性能数据，申报 20 余项相关专利。掌握了线性摩擦焊接头的摩擦产热机理、组织流动规律、接头焊合机理等基层理论，突破了接头质量控制技术，实现了接头拉伸、疲劳等性能等与母材相当的性能指标[18-20]。打通了线性摩擦焊整体叶盘制造的技术路线，建立了线性摩擦焊整体叶盘研制平台，形成了线性摩擦焊整体叶盘研制的配套工艺文件。研制的整体叶盘完成了系列考核试验，满足使用环境要求。在飞机结构领域，完成了多项不同框梁类结构的研制，并已装机应用。在民用连环的一体化制造方面也有多种产品应用。同时，在线性摩擦焊整体叶盘修复方面，已打通工艺路线，具备修复能力。总体来说，线性摩擦焊技术已达到国际先进水平。

四、发展的制约因素分析

惯性摩擦焊设备一次性投入大，对企业经济能力有较高要求，因此限制了其发展应用速度和范围。在航空方面，国外技术封锁较严重，采购难度较大，同时发动机级间焊接对设备精度和工艺再现性要求较高，国内设备精度控制很难达到技术要求，也限制了在航空领域的应用步伐。由于惯性摩擦焊的技术特点，其应用范围相对较窄，因此国内进行该设备研制的单位少，研发人员不足，企业的技术能力提升慢、设备成本高，国内采购该类设备的企业较少，也限制了设备的技术提升。

线性摩擦焊接过程是高温、高压、大应变速率的焊接过程，因此对于无余量结构的焊接，其尺寸精度控制难度较大，对设备的精度要求较高。线性摩擦焊设备制造成本较高，吨位越大、设备原值越高，市场化普及受到较大制约。同时，线性摩擦焊设备的制造技术门槛值较高，由于目前国内应用领域相对较窄，具备设备研制的单位屈指可数，制约了设备的发展进程。考虑线性摩擦焊的技术特点，焊接过程受较大载荷和激振力共同作用，对于薄壁结构或其他刚性较差结构，其应用范围受限，同时由于焊后需要加工飞边以及焊接效率相对较低，导致其制造成本偏高，也限制了其应用领域。因此，提高焊接过程的自动化水平，简化焊接零件的装夹方式，是降低成本和推广应用的重要举措。

五、重点发展方向

在民用领域，国内惯性摩擦焊技术成熟度较高，已在成熟批产。飞机发动机整体叶盘级间焊接是惯性摩擦焊未来的重点应用方面，包括军机和民机，其对提高推重比和燃油效率具有重要的实际意义。国内惯性摩擦焊的设备吨位、精度、可靠性是设备发展提高的主要方向，国家对关键设备国产化的要求为国内惯性摩擦焊设备发展带来了机遇和挑战，发动机整体叶盘级间焊接的工艺和技术也有待进一步突破和发展。

线性摩擦焊发明之初是为了整体叶盘的修复，随着技术进步，逐渐应用在整体叶盘的焊接。发动机整体叶盘的应用型号及数量大幅增加，高效、低成本的线性摩擦焊整体叶盘焊接将是最近几年的重点发展方向。飞机等凸起结构焊接可有效降低构件制造成本，且不降低结构的可靠性，是未来线性摩擦焊的主要技术方向之一。同时，对有特殊功能要求的异材连接结构，线性摩擦焊具有独特的技术优势，可充分发挥材料性能优势。随着整体叶盘及整体结构应用比例的逐渐增加，线性摩擦焊整体叶盘修复技术是整体叶盘功能恢复和降低使用成本的关键技术，将是其重点发展方向。

六、阶段性研究内容与预计实现时间

（一）惯性摩擦焊

2023—2026年，突破民用发动机涡轮盘级间焊接工艺与优化技术，实现试验考核。

2027—2030年，突破高温合金盘轴一体化结构与焊接接头质量控制技术，实现5000kN高精度惯性摩擦焊设备的国产化研制。

2031—2035年，突破10000kN高精度惯性摩擦焊设备国产化研制，实现惯性摩擦焊在军用发动机多型号的批生产应用与民用发动机整体叶盘级间焊接的装机应用。

（二）线性摩擦焊

2023—2026年，突破整体叶盘线性摩擦焊关键制造工艺，实现关键型号整体叶盘、飞机结构小批量生产；实现高精度线性摩擦焊设备的国产化研制，整体叶盘直径达900mm。

2027—2030年，突破整体叶盘结构修复、局部热处理与变形控制技术，实现线性摩擦焊在航天及民用领域的普遍应用。

2031—2035年，突破线性摩擦焊高精度设备与自适应加工技术，实现整体叶盘、飞机结构等重要零件的修复装机。

七、技术路线图

耐热合金整体叶盘类构件高品质摩擦焊技术路线图见图4-4。

项目	2023年 -------- 2026年 ------------------ 2030年 ------------------ 2035年
需求与环境	面向大型舰船燃气轮机、高推比航空发动机、四代核电等先进制造重点领域，支撑我国"航空发动机""燃气轮机"两机专项
重点产品	压气机钛合金叶盘；高温合金涡轮盘、盘轴一体化结构、风扇；导弹壳体以及异种材料
惯性摩擦焊技术	方向或目标：实现5000kN高精度惯性摩擦焊设备的国产化研制 / 方向或目标：突破10000kN高精度惯性摩擦焊设备国产化研制，与军民用典型叶盘类构件的批量生产 途径1：民用发动机涡轮盘级间焊接工艺与优化 / 途径3：高温合金盘轴一体化结构与焊接接头质量控制 途径2：5000kN高精度惯性摩擦焊设备国产化 / 途径4：10000kN高精度惯性摩擦焊设备国产化
线性摩擦焊技术	方向或目标：高精度线性摩擦焊设备国产化研制，实现型号整体叶盘、飞机一体化结构小批量生产 / 方向或目标：实现线性摩擦焊在军民领域普遍应用，与航空发动机整体叶盘等重要零件的修复装机 途径1：整体叶盘线性摩擦焊关键制造工艺，叶盘直径900mm / 途径3：空心整体叶盘线性摩擦焊高精度设备与自适应加工 途径2：整体叶盘结构修复方法、局部热处理与变形控制技术 / 途径4：整体叶盘修复装机验证

图4-4 耐热合金整体叶盘类构件高品质摩擦焊技术路线图

参考文献

[1] 李志远，钱乙余，张九海，等. 先进连接方法 [M]. 北京：机械工业出版社，2000.

[2] 任家烈. 先进材料的连接 [M]. 北京：机械工业出版社，2000.

[3] 赵红凯，肖锋，任飞，等. TC4钛合金高转速惯性摩擦焊接头组织及性能分析 [J]. 焊接，2008（11）：46-50.

[4] 张海泉，张彦华，张行安，等. 热处理工艺对惯性摩擦焊接头冲击韧性的影响 [J]. 材料工程，2000（12）：26-28.

[5] 张田仓，韦依，周梦慰，等. 线性摩擦焊在整体叶盘制造中的应用 [J]. 航空制造技术，2004（11）：56-58.

[6] 陈光. 一种整体叶盘的加工方法——线性摩擦焊 [J]. 航空工程与维修，1999（4）：14-15.

[7] 牛玉舒，胡传顺，肖永恒，等. 惯性摩擦焊接头组织与性能分析 [J]. 电焊机，2001，31（4）：35-36.

[8] Sudha C. Systematic study of hard and soft zones in the dissimilar weldments of Cr-Mo steels [J]. Journal of Nuclear Materials，2002，302（2-3）：193-205.

[9] Zhang L W, Pei J B, Zhang Q Z, et al. The coupled FEM analysis of the transient temperature field during Inertia Frition Welding of GH4169 alloy [J]. Acta Metellurgica Sinica（English

Letters），2007，20（4）：301-306.

[10] 丁立铭. 罗罗公司研制出线性摩擦焊宽弦风扇整体叶盘［J］. 工艺动态，1996（6）：10.

[11] Schmidt H N B, Dickerson T L, Hattel J H. Material flow in butt friction stir welds in AA2024-T3［J］. Acta Materialia，2006，54（4）：1199-1209.

[12] 张春波，周军，赵玉珊，等. 不同热处理状态 AMS6308 钢惯性摩擦焊接头组织及力学性能［J］. 焊接学报，2012，36（7）：21-24.

[13] 杨军，周昀，楼松年，等. GH4169 合金惯性摩擦焊接头的高温持久性能［J］. 上海交通大学学报，2003，37（2）：157-160.

[14] McAndrew A R, Colegrove P A, Bühr C, et al. A literature review of Ti-6Al-4V linear friction welding［J］. Progress in Materials Science，2018（92）：225-257.

[15] Li W, Vairis A, Preuss M, et al. Linear and rotary friction welding review［J］. International Materials Reviews，2016，61（2）：71-100.

[16] Guo Y, Jung T, Chiu Y L, et al. Microstructure and microhardness of Ti6246 linear friction weld［J］. Materials Science and Engineering：A，2013（562）：17-24.

[17] Kimura M, Sakino S, Kusaka M, et al. Characteristics of friction welded joint between 6063 aluminum alloy and AISI 304 stainless steel through post-weld heat treatment［J］. Journal of Manufacturing Processes，2020（58）：302-310.

[18] Zhang L X, Chang Q, Sun Z, et al. Diffusion bonding of hydrogenated TC4 alloy and GH3128 superalloy using composite interlayers［J］. Journal of Materials Processing Technology，2019（274）：116266.

[19] 张田仓. TC4 钛合金线性摩擦焊接头组织和力学性能［J］. 焊接学报，2010，31（2）：53-56.

[20] Zhao P, Wei C, Li Y, et al. Effect of heat treatment on the microstructure, microhardness and impact toughness of TC11 and TC17 linear friction welded joint［J］. Materials Science & Engineering A，2021.

编撰组

组　长：张传臣

成　员：侣好学　季亚娟　李　菊

　　　　柴　禄　常川川　刘佳涛

　　　　赵　强　张春波

第五节　超高精度光学元件加工检测、掠入射反射镜加工检测技术

一、发展愿景

极紫外光刻、同步辐射光源、自由电子激光光源装置等重大基础设施和装备对极紫外光刻物镜反射镜、掩膜板、X射线掠入射反射镜等关键光学元件提出了深亚纳米甚至皮米级等超高精度制造需求[1-2]，迫切要求超精密制造技术向更高精度发展。而从技术本身角度来讲，向更高精度发展也是超精密制造技术发展的固有内涵，正如诺贝尔奖获得者罗勒所说："现代制造技术将属于那些以纳米作为精度标准并首先学习和使用它的国家。"除了超高精度要求，这些超高精度元件往往服役在短波长、高重频等条件下，波长越短，能量也越高，制造带来的微观缺陷、变质污染等会引发元件额外吸收，造成微裂纹扩展、反射率衰减、抗辐照损伤等性能退化，影响光学元件的服役性能。制造要求从传统的几何约束向多物理量约束发展，制造过程不但要提高元件的几何精度，还要求实现本征特性的调控。此外，为提高反射镜在短波长条件下的反射率，上述元件往往工作在掠入射的条件下。为实现较大的光束接受角，元件在子午方向上的长度往往要求数百毫米甚至米级。

这类大口径、极端精度、极端性能要求的光学元件对表面材料超高时空分辨率可控去除和无损伤材料去除的需求，传统以机械破碎去除为主的制造方式将越来越难以满足要求，超精密制造技术迫切需要推向一个新的阶段。一方面，超高精度制造将成为未来制造的重要发展趋势之一，综合高性能直驱、多物理量监控传感、在位测量集成等技术的超高精度专用制造装备将应运而生，全频段误差分频抑制组合工艺、高可控和高分辨率修形工艺等加工方法将推向更精细的水平，基于绝对检测方法和超高精度计量基础部件的测量系统和方法将进一步趋近测量精度极限。另一方面，声、光、电、热、磁、化学等多能场辅助的光学材料原子级无损去除原理、工艺与装备也将成为光学制造技术发展的前沿方向之一。化学催化刻蚀抛光等无磨料的近无损伤高效抛光、激光辅助超精密车削、化学机械磁流变抛光、超声辅助磨削等技术层出不穷。采用多能场辅助加工方法不仅可以提高加工效率，在提高特定频段精度的同时还有望保持其余频段的精度。此外，在实现超高精度加工的同时降低缺陷、提高性能也是多能

场辅助加工技术应用的原动力之一。

总之，制造技术的发展将逐渐实现以原子层为基本单元，通过对原子逐层进行无损剥离实现材料去除的极端控形控性加工，以满足下一代极大规模集成电路制造、先进光源系统建设对超高精度元件、掠入射反射镜等极端精度和性能元件的制造产业需求[3]。

二、未来发展需求

（一）先进光源掠入射反射镜制造需求

同步辐射、自由电子激光等先进光源在《中华人民共和国国民经济和社会发展第十四个五年规划和2035年远景目标纲要》中被列入科技前沿领域和重大基础设施，是国家科技水平的重要体现。先进光源因其高强度、高准直性、高亮度、窄脉冲、高偏振性和能量宽广连续可调等优点，广泛应用于材料、化学、生命科学以及医学等领域，是基础科学和工程应用研究必不可少的大科学装置。各个科技强国都拥有光源装置，以驱动科技创新发展。目前世界已建成的光源装置有50多台。先进光源装置作为重大基础设施的典型代表，具有战略性、基础性和前沿性。

掠入射反射镜是先进光源装置实现光束偏转、准直和聚焦等功能的核心元件之一，主要形状包括平面以及椭圆柱面、椭球柱面、球面、超环面等曲面，材料往往采用热力学特性优良的单晶硅。不同光源装置的波长、束斑等系统条件不同，压弯装置性能和反射镜的配置条件也不同，对掠入射反射镜提出了不同的精度要求。以直接成形的椭圆柱面纳米聚焦掠入射反射镜为例，硬X射线自由电子激光装置对其典型指标要求为宏观高度误差 ≤ 2nm PV，微观斜率误差 ≤ 50nrad RMS，粗糙度 ≤ 0.3nm Ra[4]。当前阶段，国内尚未形成成熟的掠入射反射镜制造能力，掠入射反射镜基本依赖进口，反射镜采购价格高昂、供货周期较长且难以保证，严重影响我国先进光源装置的建设。随着国际科技和贸易争端加剧，掠入射反射镜存在禁运风险，掌握先进光源掠入射反射镜的自主研发能力，是我国先进光源自主建设和实现科技高水平自立自强的迫切要求。

（二）超高精度光学元件制造需求

光刻机是极大规模集成电路制造的关键装备，第五代为极紫外光刻机（extreme ultraviolet lithography，EUVL），采用波长为13.5nm的激光等离子体光源作为光刻曝光光源，已成为推动集成电路向先进技术节点发展的核心装备，已应用于7nm及以下技术节点芯片的量产。高成像质量是EUVL光刻机应用于芯片量产的基础，对极紫外光刻的光刻物镜、掩膜板都提出了极高制造精度与性能要求。以主流的 NA 0.33 极紫外光刻机为例，NA 0.33 的光刻物镜反射镜的典型精度要求在 650mm 口径内实现 75pm RMS 面形精度、100pm RMS 中高频精度。而最先进的高 NA 0.55 光刻物镜反射镜更是提出了 20pm RMS 面形精度的要求，中高频精度要求也比 NA 0.33 中高频精度要求更高[5]。堪称制造精度皇冠上的明珠，目前为止只有德国蔡司公司能够提供合格的产品。此外，作为曝光系统的重要组成部分，掩膜也是影响 EUVL 光刻成像质量的重要因素。EUVL 掩膜的制造过程中会产生以多层膜缺陷为代表的掩膜缺陷，显著降低光刻成像质量。空掩膜的典型要求为零缺陷 @30nm、100pm RMS 粗糙度[6]。我国尚未形成完善的极紫外光刻物镜反射镜加工和检测能力，随着国际形势日益趋紧，美国在集成电路制造领域对我封锁愈发严密，我国正加速推进先进光刻机的国产化。为此，必须突破上述超高精度光学元件的自主制造，满足国家极大规模集成电路制造产业尤其是极紫外光刻机制造的需求。

三、该技术研发水平现状及与国际比较分析

先进光源掠入射反射镜制造方面，以日本大阪大学和捷泰公司[7]、美国阿贡国家实验室[8]、德国蔡司[9]为代表的日、美和欧洲国家从 20 世纪 70 年代开始逐步形成了"砂轮在线电修整磨削–等离子体化学气相抛光–弹性发射"和"磁流变抛光–小磨头光顺–离子束修形"等 X 射线掠入射反射镜加工工艺。其中日本大阪大学和捷泰公司所加工掠入射反射镜在全球独树一帜，其典型精度为面形 2nm PV，粗糙度 0.15nm RMS[7]，"大阪镜"基本上垄断了国内外的掠入射反射镜市场。我国高校、研究院所也开展了相关技术研究，但目前加工精度与使用需求还存在差距。

极紫外光刻物镜等超高精度元件方面，德国蔡司、日本佳能、尼康公司以及美国翟柯公司主要采用"磁流变抛光–小磨头光顺–离子束修形"的加工工艺和基于波面干涉仪的绝对检测、点衍射检测方法实现极紫外光刻物镜反射镜的制造。其中，以德国蔡司的加工精度最高，其早在 1995 年就启动了极紫外光刻制造工艺项目，通过工艺的不断完善，实现了荷兰阿斯麦极紫外光刻机 TWINSCAN NXE 3100 镜头的研制，将其反射镜表面误差的低频、中频和高频分别控制到了 0.3nm 以上[10]。目前，德国蔡司加工的超高精度物镜反射镜已经能够满足下一代 NA 0.55 极紫外光刻物镜反射镜 20pm RMS 的面形精度要求，是已知报道的最高精度[5]。我国非常重视光刻物镜反射镜制造相关技术的研究和积累，在《国家中长期科学和技术发展规划纲要（2006—

2020年)》中，确定了"极大规模集成电路制造装备与成套工艺"国家重大专项，集中了长春光机所、成都光电所、国防科技大学等国内优势光学单位，开展光刻物镜制造技术研究，实现了全频段亚纳米精度深紫外光刻机镜头的加工。然而国内当前纳米亚纳米精度的加工方法其抛光工具的材料去除机理、抛光装备的动静态特性、测量精度的生成模式和原子级精度的制造工艺均难以满足极紫外光刻物镜反射镜皮米级精度要求，导致还没有能力提供满足使役性能要求的极紫外光刻物镜反射镜，制约我国极紫外光刻机的自主研制。

四、发展的制约因素分析

波面干涉仪、白光干涉仪、原子力显微镜、自准直仪、多光束干涉仪等高端测量仪器以及超精密车床、磨床等加工装备的进口依赖程度高。高精度光栅尺、圆光栅、气浮转台、气浮导轨、位移传感器等高精度测量基础部件和气浮主轴、丝杠、导轨等加工装备基础部件的精度等级或性能还不够，国外高端产品对我国禁售，随着国际贸易摩擦和科技竞争加剧，相关国际合作开放程度日益收缩，这对于我国发展纳弧度-皮米精度测量机理与方法、多能场辅助的表面原子可控去除机理与方法、纳弧度-皮米精度制造装备和工艺等方面来说是重要的制约因素。挑战与机遇并存，我们应当抓住战略机遇期，加紧研制核心关键基础部件，集聚政府、科研机构、社会力量攻克关键技术，加快产学研用步伐，推动技术创新和产业升级。

五、重点发展方向

（一）纳弧度-皮米精度宏微形貌表征与测量方法

下一代先进光源反射镜、极紫外光刻物镜为代表的短波长光学系统要求纳弧度-皮米精度的大面积超光滑光学表面，为形貌测量赋予了纳弧度精度微观斜率测量、测量系统频域高传函和空间低畸变、大面积/复杂曲面宏微形貌统一表征等原子级精度下的测量新特征。为此，需要研制面向纳弧度角度标定器、宽频系统传函标定板、计量型计算全息片等纳弧度-皮米级精度新特征的可溯源计量型标准器。探索纳弧度-皮米精度要求下的环境扰动、测量系统传函、系统误差、精密拼接运动误差、横向尺寸投影畸变、计算全息片刻蚀误差等微小误差源的相互耦合机理与多参数校准解调方法，实现测量系统的多参数误差智能感知和原子级精度校准。研究宏-微-纳全频段原子级精度融合测量原理，建立宽频宏微形貌信息覆盖的统一表征模型。揭示纳弧度–皮米精度宏微频率信息、微观拓扑结构对服役性能的影响机制，建立"原子级精度制造工艺–原子级精度表征–原子级精度元件使用性能"的映射关系，明确不同原子级精度制造工艺方法和制造参数对原子级精度元件最终使用性能的影响规律。实现原子级精度制造目标的精准约束和测量反馈，支撑原子级精度制造。

（二）基于多能场辅助的表面原子级可控去除机理与方法

先进光源反射镜、极紫外光刻物镜和掩膜板等短波长光学元件服役在波长超短、光子能量／功率超高等极端环境下，对制造提出了纳弧度–皮米级面形精度和纳米损伤前驱体抑制的近无缺陷极端要求，传统主要依靠机械作用进行宏观材料去除的纳米制造无法满足上述要求，制约我国先进光源、光刻机、聚变点火和激光等高端装备的自主研制。为此需要研究基于非牛顿流体剪切增稠效应、基于化学催化刻蚀的无磨料超光滑抛光等多能场辅助的原子层抛光新方法，探索光学表面原子级特性与系统极端服役性能的映射机制，探究多能场作用下催化剂／抛光颗粒原子与工件表面原子之间的交互作用机理，通过多能场作用实现对原子层的精确迁移和无损重组，获得原子尺度形位精度和表层原子弹性域无缺陷可控，为极端性能短波长光学元件的原子层抛光奠定制造理论和工艺基础。

（三）纳弧度–皮米精度制造装备和工艺

聚焦先进光源反射镜、极紫外光刻物镜等复杂曲面纳弧度–皮米精度和特殊材料的加工特点，提出纳弧度–皮米精度抛光装备特性研究的新视角，即从空间延伸到时间、从静态发展到动态、从运动补偿提升到状态补偿，解决复杂曲面亚纳弧度–皮米精度光学加工装备的状态映射关系和特性调控规律等科学问题，掌握提升装备动态特性和稳定性等的关键技术，研制纳弧度–皮米精度制造装备。此外，先进光源反射镜、极紫外光刻物镜反射镜要求在曲面基底上同时做到超光滑表面和纳弧度–皮米精度面形，不是单个工序的一蹴而就，需要多个工序协同配合，形成复合加工工艺。为此需要研究纳弧度–皮米精度的多能场辅助复合加工工艺路线，优化确定各工序的频率误差阈值接口，掌握各个工序的误差频段修形特性与宏微形貌消长规律，提升加工精度和效率，实现纳弧度–皮米精度。

六、阶段性研究内容与预计实现时间

（1）突破纳弧度–皮米精度测量机理、基于多能场辅助的表面原子可控去除机理等关键机理预期实现时间：2026年12月。

（2）突破纳弧度-皮米精度测量工艺、基于多能场辅助的表面原子可控去除工艺等关键工艺预期实现时间：2030年12月。

（3）实现纳弧度-皮米精度制造装备批量产业化技术预期实现时间：2035年12月。

七、技术路线图

超高精度光学元件加工检测、掠入射反射镜加工检测技术路线图见图4-5。

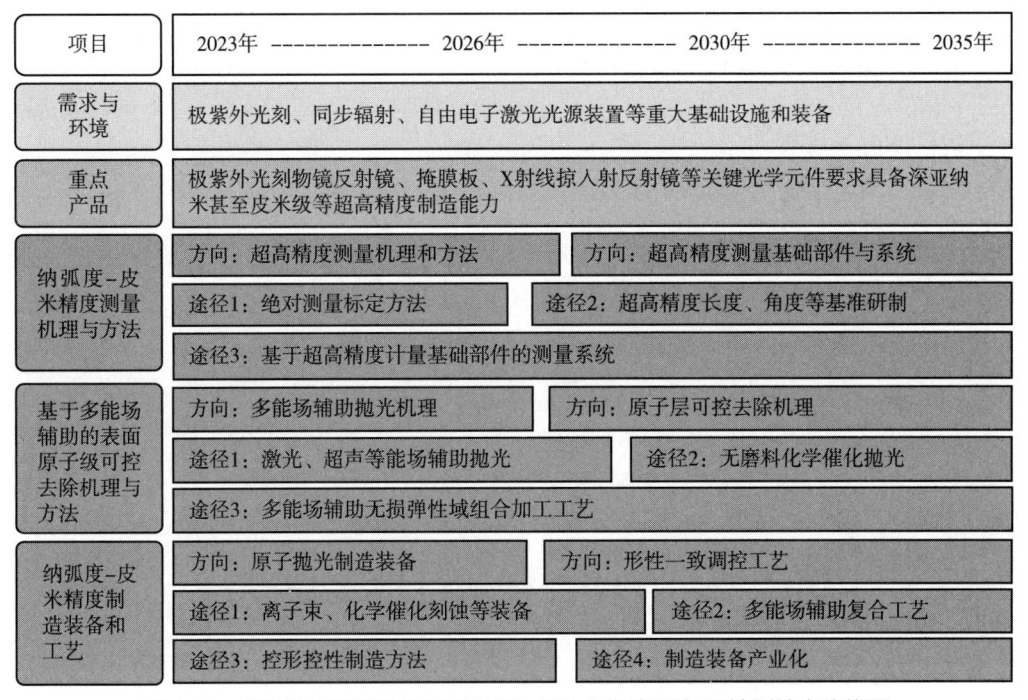

项目	2023年 —— 2026年 —— 2030年 —— 2035年
需求与环境	极紫外光刻、同步辐射、自由电子激光光源装置等重大基础设施和装备
重点产品	极紫外光刻物镜反射镜、掩膜板、X射线掠入射反射镜等关键光学元件要求具备深亚纳米甚至皮米级等超高精度制造能力
纳弧度-皮米精度测量机理与方法	方向：超高精度测量机理和方法　方向：超高精度测量基础部件与系统 途径1：绝对测量标定方法　途径2：超高精度长度、角度等基准研制 途径3：基于超高精度计量基础部件的测量系统
基于多能场辅助的表面原子级可控去除机理与方法	方向：多能场辅助抛光机理　方向：原子层可控去除机理 途径1：激光、超声等能场辅助抛光　途径2：无磨料化学催化抛光 途径3：多能场辅助无损弹性域组合加工工艺
纳弧度-皮米精度制造装备和工艺	方向：原子抛光制造装备　方向：形性一致调控工艺 途径1：离子束、化学催化刻蚀等装备　途径2：多能场辅助复合工艺 途径3：控形控性制造方法　途径4：制造装备产业化

图4-5　超高精度光学元件加工检测、掠入射反射镜加工检测技术路线图

参考文献

[1] 麦振洪. 同步辐射发展六十年 [J]. 科学, 2013, 65（6）：16-21.

[2] Bartosz Bilski, Dirk Jürgens, Paul Gräupner. EUV optics at ZEISS: status and outlook [C]. Proc. SPIE, 2022, 12292: 1229206.

[3] 中国机械工程学会. 中国机械工程技术路线图（2021版）[M]. 北京：机械工业出版社, 2022.

[4] 李明, 吴介立, 吴永前, 等. X射线反射镜研制技术的现状和发展 [J]. 光电工程, 2020, 47（8）：12.

[5] Harry J Levinson. High-NA EUV lithography: current status and outlook for the future [J]. Japanese Journal of Applied Physics, 2022（61）：SD0803.

[6] Abbas Rastegar. Vibhu Jindal. EUV Mask Defects and Their Removal [C]. Proc. SPIE, 2012, 8352: 83520W.

[7] Hidekazu Mimura, Satoshi Matsuyama, Hirokatsu Yumoto, et al. Hard X-ray diffraction-limited nanofocusing with Kirkpatrick-Baez mirrors [J]. Japanese journal of applied physics, 2005, 44 (18): L539-L542.

[8] Chian Liu, Lahsen Assoufid, Ray Conley, et al. Profile coating and its application for Kirkpatrick-Baez mirrors [J]. Optical Engineering, 2003, 42 (12): 3622-3628.

[9] H Thiess, H Lasser, F Siewert. Fabrication of X-ray mirrors for synchrotron applications [J]. Nuclear Instruments and Methods in Physics Research A, 2020 (616): 157-161.

[10] P Kuerz, R Arnold, T Boehm, et al. Optics for EUV production [C]. EUV Symposium, Kobe, 2010.

编撰组

组　长：戴一帆

成　员：薛　帅　胡　皓　陈善勇
　　　　赖　涛　欧　洋

第六节　在线精密测试技术与设备

一、发展愿景

在线精密测试技术设备领域的共性基础技术实现全线突破，达到国际一流；先进制造领域在线精密测试技术产业链全线打通，有大规模的精密测试设备制造能力；在精密测试技术与装备方面形成国际标杆企业，助力我国先进制造全产业达到国际前沿，形成万亿级的产业[1-5]。

二、未来发展需求

（一）市场需求分析

在线精密测试是制造领域必不可少的环节，是制造产业价值提升的重要手段，在全球具有万亿级的市场。市场需求方面从大的领域上可以分为诸如精密零部件的机械制造、消费类电子的半导体制造、当前的新能源制造等。在机械制造领域，需要对零部件的外观尺寸和形貌开展在线测量，同时需要对机床状态开展在线监测[6]，该方面国内市场将超过 500 亿元，全球市场为 1500 亿元左右；在消费类电子的半导体及集成电路制造领域[7]，围绕关键尺寸测量、缺陷检测、镀膜厚度、板级组装精度等在线测试需求，我国国内有 1000 亿元级的市场需求，将占到全部生产设备成本的 15% 左右，同时全球市场将达到 2000 亿元；在新能源制造领域，包括各类电池和光伏产品，目前国内该产业正在持续升级，新的在线测试设备需求预计将达到 500 亿元，全球规模将达到 1000 亿元。除上述的离散型先进制造领域外，还有诸如石化、冶炼等流程型工业制造，医药化工制造等领域，也需要用到前述产业中的在线测试技术与设备，这部分在国内预计也有 1000 亿元级的需求，而全球的需求将达到 3000 亿元。综上，在线精密测试技术与设备在国内市场需求将在 3000 亿元以上，全球需求将达到 7500 亿元[8-9]。

（二）国家需求分析

精密测试技术和设备是制造领域品质和质量的重要保障，是提升国家经济效益和树立良好国家形象的重要途径。在国家层面上，主要包括以下三个方面的需求。第一，要具有该领域的持续创新能力，保障在线精密测试技术能够不断发展，以促进生产技术的持续提升；第二，要保障该领域产品交付环节完全可控，在传感材料、设备的核心芯片、精密测试设备的生产和校准方面，能够形成国内闭环，避免受制于人；第三，确保在线精密测试技术与设备能够有效地导入到现有制造行业中，减小在应用和导入环节的阻力。

（三）研发需求分析

第一，需要持续的本领域人才供给，不断培养高层次的在线精密测试技术与精密设备开发方面的人才；第二，需要确保在线测试技术与设备开发中所需要基础材料、关键模组达标且自主可控，诸如光学镜头、特殊光源、感光芯片、压电材料、真空装置等；第三，新技术和新产品研发前期阶段需要国家相关产业基金铺底，能够找到合适的产业集聚区域，在相关技术、人才和资金上得到有效的保障。

三、该技术研发水平现状及与国际比较分析

在线精密测试技术与设备从大的方面可以分为两个部分，即传感测试部分和自动化设备两个方面。在传感测试方面，面对先进制造的具体需求，主要包括以光学和探

针为主的外观形貌测量，以声学和射线为主的内部缺陷及尺寸测量，以及针对制造过程中影响加工质量的温度和振动的测试。同时，有些测试工作需要在真空环境下，所以在测试环境及氛围方面，还涉及真空系统等。在自动化设备方面，主要包括精密运动机构和主控系统，精密运动机构包括直线导轨和旋转台，主控系统包括可编程逻辑控制器（programmable logic controller，PLC）和数控板卡等。

整体而言，针对上述领域，国内在各个方面都开展了研究，部分处于追赶并逐步达到领先水平，部分领域与国际比较还处于劣势，需要重点关注，下面做详细分析。

（一）外观形貌在线测量

外观形貌的在线测量主要依赖于光学测量系统，部分场景下有部署接触式坐标测量系统，在一些非常极限的环境下也有使用原子力显微镜。在光学测量方面，国内目前有较多高校、科研院所和企业在推进，具体内容包括高分辨率光学成像技术[10]、微纳结构光谱测量的逆向反演技术[11]、光学自动对焦[12]、高品质结构光源[13]等研究，已经用于在线精密测试，包括产品尺寸的测量和表面缺陷的检测。有不少企业已经形成销售，整体的研发水平既有追赶部分也有领跑环节。

与国际水平比较，我国目前在该领域的情况是：①核心零部件及模组的自给率比较低，较大程度上依赖进口，比如在一些精密在线测试领域，核心模组主要来源于日本基恩士、德国米依、瑞典海克斯康、美国科磊与康耐视等；②目前大部分企业的在售产品主要是设备集成，尚未对其中的传感器模组进行开发；③研发主要集中在高校，不少技术也处于国际领先水平，比如结构光测量技术、自动光学检测的人工智能方法、高动态显微成像技术等，但是目前还没有形成规模化的产品转化。

（二）内部形貌在线测量

在内部形貌检测方面，主要采用声学和射线技术，目前国内聚焦在声振检测[14]、超声自动化检测[15]和X射线检测技术领域[16]。在高精度超声分析及激励设备方面，与国际头部企业相比，还有较大的差距。在X射线方面，已经逐步摆脱对国外的设备进口，逐步实现射线源的进口替代。另外，在声学检测和射线检测的在线应用方面，我国和国际上处于水平相当的程度，相反国内的应用尝试相对密集，这对于该技术的提升和相关产品开发具有重要意义。

（三）自动化测量及控制

自动化方面，在线精密测试技术与装备领域主要包括精密导轨和运动控制部件。精密导轨是精密工程领域的共性关键部件，是精密测试必不可少的环节。

国内技术现状方面，在研究单位实验室内，精密运动平台在数百毫米量程下，最高可以达到10nm精度量级[17]；但是在实际的产线上，一般是1μm量级[18-19]。另外，关于自动控制中的运动控制卡，能够在一定程度上实现多轴自动编程控制[20-23]。

但与国际水平比较差距还是比较大，上述的精密导轨、编码器、控制卡等方面的领先品牌几乎是国外品牌，包括日本横河电机、住友精工、新加坡雅科贝思、德国西门子、日本发那科、德国海德汉[24]、英国雷尼绍[25]、日本索尼等。与这些国际知名品牌相比，国内在自动化控制方面，还是处于被垄断地位，也是国内急需发力的地方。同时，在精密运动控制中的核心芯片，也是需要攻克的。

四、发展的制约因素分析

我国在线精密测试技术与设备发展的制约因素主要有以下几个方面。

第一，基础薄弱，重视程度不够，技术尚未过关。相关光学精密测量、精密运动控制、高速率高精度传感单元等模块技术，虽然在我国布局了相关学科，但是各方面的重视程度仍不足，导致在基础材料、关键器件的设计加工等方面，没有形成持续的投入，进而导致技术更新与迭代不够，不能匹配产业的发展需求，高校和科研院所开发的新技术就绪度低，无法与企业形成良好桥接。

第二，本行业的发展不健全，长期研发与近期生存之间难以平衡，企业开发意愿不高。近年来，虽然随着超精密机械制造的需求提升、半导体与新能源行业在国内的铺开，加快了高端在线测试装备的技术迭代。但是由于面向市场快速应用的需求，很多企业依然选择了集成式的发展，即进口国际领先的零部件在国内完成组装和调试。这样就导致企业无暇腾出手来做基础元器件的研发，高校和相关企业缺乏测试平台，技术无法有效迭代。

第三，产业集聚效应尚未形成，整体布局尚缺乏战略规划。由于在线精密测试技术与设备行业是技术密集型产业，在人才、资金和用户上，需要形成产业集聚，将相关的基础技术平台、人才平台、供应链和客户聚拢，进而实现快速的技术迭代、人才流通和资金赋能的良性发展。

五、重点发展方向

面向先进制造产业的在线精密测试技术与设备，其整体发展目标为突破相关基础环节的瓶颈技术，形成国内自主可控的供应链体系，形成规模化的设备制造能力和若干标杆企业，健全标准化技术体系，相关重点发展方向说明如下。

（一）光学检测模组

光学检测模组分为三大板块，分别是光传感模块、光学成像模块和感光器件元件及处理器模块，分别说明如下。

在光传感模块，重点发展高精度激光位移传感器、光谱共焦位移传感器、结构光三维轮廓测试技术、白光干涉仪，用于对多种类别的制造场景下的零部件外观尺寸和表面轮廓进行测量。需要充分研究光学传感模块的测量原理，精度提升机制，低成本方法，自动化部署可行性等方面的相关细节；探究在自由空间和光纤环境下的光学系统差异与各自优势。

在光学成像模块，重点发展机器视觉相关的模组技术，包括光源和镜头部分，在光源部分要充分考虑光谱、角谱、强度及偏振等因素，设计并制造高性能自主可控的光源技术；在镜头方面，要具有完善的仿真理论和仿真平台，实现对复杂光学成像的精准设计，同时需要配套完善的加工制造平台，实现高性能镜头及镜头组的加工和装备。同时，还需要实现先进成像中对于偏振技术的充分利用，能够开发出覆盖可见光到红外的成像窗口加工技术。

在感光器件元件及处理器模块，针对不同测量手段分为单片式传感器和阵列式传感器，这里面需要严格的光电转换机理及相应的光电材料制备和器件加工技术及平台，需要对半导体制造领域提出新的需求。在处理器部分，针对目前通用型的电荷耦合器件（charge coupled device，CCD）技术，也要开发专门针对图像信息处理的图形处理器（graphic processing unit，GPU）处理芯片，并开发对应的边缘处理环节，实现边缘端本地计算。

（二）声学自动化模块

声学自动化模块主要包括听域的声振技术和超声检测技术。在声域的检测技术部分，需建立声振模态分析平台，能够快速实现对测量对象的振动模态快速建模和仿真，以实现稳定的激励方式。在声振的检测环节，需要开发高精度的收音系统，实现对声音信号的采集和后处理。

在超声自动化方面，同样需要声场激励模型仿真分析平台。建立超声透射与反射的检测模型，分析可检测能力，包括检测分辨率和可检测深度。在超声检测领域，针对声波损耗的机制，需要建立合适的工作环境，需要研究选择合适的耦合介质。同时，由于超声的频率较高，在信号采集方面，对多通道的信号采集器，有较高的需求,这一方面也是超声自动化检测技术领域需要重点发展的方向。

(三)在线分析仪器

针对制造过程中引入反映气体及加工产生物的检测,需要通过有效的物质成分分析方法。需要重点发展可应用于产品部署的小型化质谱仪器、离子迁移谱等物质成分分析仪器,其中需要解决相应的真空环境源、样本进样、离子化等关键环节的相关技术。同时,对于一些对应可吸附的气体,可以发展石英晶体微天平(quartz crystal microbalance,QCM)技术,结合有效的基础材料,来检测反映气体或挥发物的吸附量。

(四)温度压力传感

针对制造过程中检测机床加工切削力的检测,需要重点开发以压电类材料为主的力测量技术与模组,实现材料的自主研发和器件的设计与加工,面向加工刀柄的安装应用。同时,针对刀具切削温度的测量,重点开发热敏电阻或者半导体材料类温度传感器件。

(五)精密运动模组

精密运动模组是目前差距比较大的领域。该环节需要重点发展的细分方向,包括精密直线导轨和旋转机构、直线光栅尺、圆盘光栅尺[1]。

在精密直线导轨方面,需要重点发展导轨材料和研磨工艺,确保导轨材料的时间稳定性和表面质量;需要开发空气轴承的压力控制技术,实现导轨运动中的刚度稳定性;需要开发直线电机技术,实现对运动平台的高速控制。这些方面,需要从材料、工艺、设计和制造等方面全面提升。

在直线光栅尺方面,需要重点开发 10nm 量级的精密光栅尺,以满足集成电路和半导体行业的制造在线测试需求,其中需要突破 1μm 量级、300mm 长度的高性能光栅制造问题、光栅尺读数头稳定性问题、光栅测量量值溯源方法与系统问题。

在圆盘光栅尺方面,需要实现绝对式编码和 0.1 角度秒的测量能力,同样面临编码设计制造及样机测试校准的问题需要解决。

在运动控制卡环节,需要实现多轴、多点位的同步控制,需要高精度的模数转换单元和主控芯片,实现多通道的同步控制,并且能够实现相位和时间序列的自动对准和校正。

六、阶段性研究内容与预计实现时间

（一）第一阶段：2023—2026 年

光学类传感器：包括激光位移传感器、光谱共焦位移传感器、结构光测量传感器、高性能可编程光源、自动对焦光学镜头等。针对这些研究内容，将达到小试阶段，相关模组将在头部厂家开展验证，应用于不少于五种场景。

声学自动化：在声振和超声两个模组上，解决主要的关键技术，达到产品化阶段，部署于不少于两个场景的实际产线应用。

精密定位用光栅尺：初步解决长尺度高精度光栅的加工制造问题，初步实现 300mm 量程，10nm 测量精度的光栅尺原型样机及基于该样机的运动控制平台。

在线分析仪器：实现在线质谱分析仪器的量产，能够部署于 2～3 个应用场景中，进行制造过程的在线检测。

（二）第二阶段：2027—2030 年

光学类传感器：在第一阶段的研究成果逐步量产，实现年销售额 5 亿元。进一步迭代镜头和光源技术，并逐步完成感光芯片和图像处理器的布局。

声学自动化：获得声学检测技术的应用反馈，进一步拓展声学检测技术的应用场景，预期达到销售额 5000 万元。

精密定位用光栅尺：全部核心技术自主可控，实现高精度大量程光栅尺的量产，争取年销售额达到 2 亿元。完成多自由度及绝对式光栅尺的原型开发。

圆盘光栅尺：完成技术的迭代和原型样机的开发。

在线分析技术：持续形成销售，并不断匹配新的市场应用，年销售额 2 亿元以上。

（三）第三阶段：2031—2035 年

上述技术基本达到国际领先，实现 80% 的国产替代，并逐步提升出口比例。

七、技术路线图

在线精密测试技术与设备技术路线图见图 4-6。

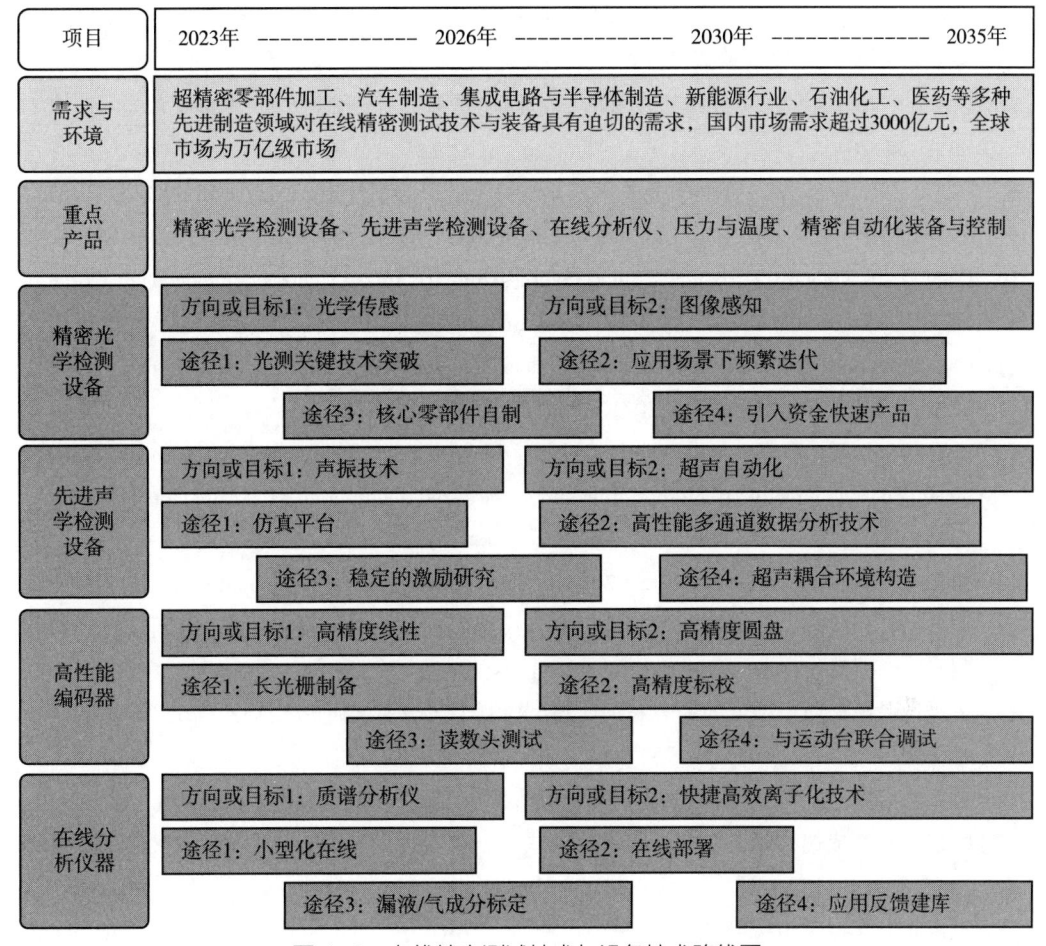

项目	2023年 —————— 2026年 —————— 2030年 —————— 2035年
需求与环境	超精密零部件加工、汽车制造、集成电路与半导体制造、新能源行业、石油化工、医药等多种先进制造领域对在线精密测试技术与装备具有迫切的需求，国内市场需求超过3000亿元，全球市场为万亿级市场
重点产品	精密光学检测设备、先进声学检测设备、在线分析仪、压力与温度、精密自动化装备与控制
精密光学检测设备	方向或目标1：光学传感　　方向或目标2：图像感知 途径1：光测关键技术突破　　途径2：应用场景下频繁迭代 途径3：核心零部件自制　　途径4：引入资金快速产品
先进声学检测设备	方向或目标1：声振技术　　方向或目标2：超声自动化 途径1：仿真平台　　途径2：高性能多通道数据分析技术 途径3：稳定的激励研究　　途径4：超声耦合环境构造
高性能编码器	方向或目标1：高精度线性　　方向或目标2：高精度圆盘 途径1：长光栅制备　　途径2：高精度标校 途径3：读数头测试　　途径4：与运动台联合调试
在线分析仪器	方向或目标1：质谱分析仪　　方向或目标2：快捷高效离子化技术 途径1：小型化在线　　途径2：在线部署 途径3：漏液/气成分标定　　途径4：应用反馈建库

图 4-6　在线精密测试技术与设备技术路线图

参考文献

[1] 谭久彬，蒋庄德，雒建斌，等. 高端精密装备精度测量基础理论与方法[J]. 中国科学基金，2022，36(2)：955-962.

[2] Hu P C, Chang D, Tan J B, et al. Displacement measuring grating interferometer: a review[J]. Front Inform Tech El, 2019(20): 631-654.

[3] 谭久彬. 超精密测量技术与仪器是高端制造发展的前提与基础[J]. 激光与光电子学进展，2023，60(3)：11-12.

[4] TI 德州仪器. 全球网站[EB/OL]. [2023-06-29]. https://www.ti.com.cn/general/cn/docs/gencontent.tsp?contentId=14418.

[5] 周亮，王振环，孙东辰，等. 现代精密测量技术现状及发展[J]. 仪器仪表学报，2017(38)：1869-1878.

［6］王燕山，胡飞，张梅菊，等．智能制造中的状态在线监测技术［J］．测控技术，2018（37）：3-8，19．

［7］范丽萍，李国凯．从半导体市场和集成电路制造谈芯片产能［J］．中国集成电路，2021（30）：24-26．

［8］李广云，范百兴．精密工程测量技术及其发展［J］．测绘学报，2017（46）：1742-1751．

［9］谭久彬．超精密测量是支撑光刻机技术发展的基石［J］．仪器仪表学报，2023（44）：1-7．

［10］Chen C，Raymond C，Speier W，et al. Synthesizing MR Image Contrast Enhancement Using 3D High-Resolution ConvNets［J］．IEEE Trans Biomed Eng，2023（70）：401-412．

［11］Chen C，Leach R，Wang J，et al. Two-dimensional spectral signal model for chromatic confocal microscopy［J］．Opt Express，2021（29）：7179-7196．

［12］Li J，Wang W，Fu Z，et al. Fabrication of a dual-focus artificial compound eye with improved imaging based on modified microprinting and air-assisted deformation［J］．Appl Opt，2023（62）：125-130．

［13］锐光凯奇．结构光源［EB/OL］．［2023-06-29］．http://www.raycage.com/index.htm．

［14］黄沁元，谢罗峰，殷国富，等．基于变分模态分解和天牛须搜索的磁瓦内部缺陷声振检测［J］．振动与冲击，2020（39）：124-133．

［15］王哲．考虑表面粗糙度的钢管和钢球超声检测工艺与系统研究［D］．武汉：华中科技大学，2019．

［16］郭丽娜．X射线成像探测的关键技术研究［D］．成都：电子科技大学，2018．

［17］时运来，娄成树，张军，等．黏滑驱动式小型精密运动平台［J］．光学精密工程，2018（26）：1124-1132．

［18］大恒光电．GCD-502高精密电控平移台系列［EB/OL］．［2023-06-29］．http://www.cdhbuy.com/products_detail/&productId=2602.html．

［19］卓立汉光．uKSA200超高精密电动平移台［EB/OL］．［2023-06-29］．https://shop.zolix.com.cn/index.php?ctl=Product&met=detail&item_id=1297．

［20］涂芬芬，张霖，张志英，等．基于运动控制卡的多轴机床控制系统［J］．南京航空航天大学学报，2012（44）：146-150．

［21］夏振来，张梅，袁鹏，等．基于运动控制卡和C#的多头全自动加样仪运动控制系统的设计［J］．组合机床与自动化加工技术，2013（2）：88-91．

［22］华中数控．数控系统［EB/OL］．［2023-06-29］．https://www.huazhongcnc.com/portal/list/index/cid/32.html．

［23］固高科技．运动控制器［EB/OL］．［2023-06-29］．https://www.googoltech.com.cn/product-9.html．

［24］Heidenhain. CNC controls［EB/OL］．［2023-06-29］．https://www.heidenhain.com/products/cnc-controls．

［25］Renishaw. Smart manufacturing data platform for industrial process control［EB/OL］．［2023-

06-29]. https://www.renishaw.com/en/smart-manufacturing-data-platform-for-industrial-process-control-47853.

编撰组

组　长：尤　政　王晓浩

成　员：李星辉

第七节　大型构件高效增减材整体制造技术

一、发展愿景

在航空和航天等制造业中，大型构件的制造是重大需求和制造难点。大型化、复合化和高效化是增材制造技术的重要发展趋势，也是实现重大装备结构整体化、高质量和低成本制造的关键基础。大型构件增减材整体制造技术的发展有望改变重大装备的设计和制造模式，并跨越性地提升其性能和效率。大型金属材料、复合材料和陶瓷材料增材制造技术都是支撑先进制造产业发展所需的关键技术。

（一）金属增材制造

金属增材制造是先进制造业所需的关键核心技术[1-2]，主要分为两类技术，金属定向能量沉积和粉末床熔融技术。

金属定向能量沉积技术涵盖激光送粉、电弧送丝等，可以与等材、减材技术如轧制/微锻、铣削等同步复合或协同制造，有望形成十米级至百米级超大型结构增材制造能力，支撑运载火箭、大型飞机、潜艇、海洋平台等重大装备的整体设计与制造[3]。典型的未来场景包括：①火箭贮箱（直径 3~10m、高度 20~100m）高效增减材整体制造，支撑低成本火箭等的快速研制与生产；②水下装备耐压壳体（直径 3~15m、长度 20~150m）高效增减材整体制造，支撑潜艇、潜航器、深海空间站等重大装备的研制与生产。

金属粉末床熔融技术涵盖激光粉末床、电子束粉末床等，可以与铣削、抛光、电化学等减材、表面处理技术同步复合或协同制造，有望形成微米级至米级的大型跨尺度精密结构制造能力，支撑航空航天发动机、模具和换热器等复杂精密装备的整体设计与制造，以及小型复杂精密结构的大批量制造。典型的未来场景包括：①百吨级液氧甲烷发动机（直径 2~3m、高度 3~4m）整体制造，结构件数量可减少至原来数量的 1/100，制造周期降低 90%；②高效集成式精密散热器，散热效率提升 1 倍以上，实现批量化制造，支撑千亿级换热器市场规模的扩展。

（二）连续纤维增强树脂基复合材料增材制造

连续纤维增强树脂基复合材料增材制造技术[4-5]是航空航天行业所需要的一项轻量高强制造技术。这种技术的特点是能够实现复杂结构和复合材料的低成本、一体化快速制造，而无需使用模具。在航空航天领域，连续纤维增强树脂基复合材料增材制造技术的需求非常大，因为它可以替代传统的金属构件，实现进一步的减重。

通过连续纤维增强树脂基复合材料增材制造技术，复合材料在其全生命周期内都能够获得更高的自由度，这也将推动复合材料出现更多新的发展方向。例如，该技术改变现有的复合材料依靠模具成形方法，促进复合材料结构和功能的一体化，发展智能复合材料，推动复合材料在变形机翼等先进领域的创新应用在太空领域，该技术可以在未来航天领域实现超大型空间结构的原位制造，从而打破传统宇航模式在包络尺寸和载重等方面的限制，推动深空探索的进程。

（三）无机非金属材料增材制造

大尺寸、高轻量化、结构-功能一体化的复杂陶瓷构件制造是实现宇航器、卫星、光学系统等大型结构的关键。未来的太空在轨制造、维修和组装，以及外星球基地建设等方面都需要探索大尺寸陶瓷增材制造的新机理、工艺、装备和形性调控技术。

为了推动我国航空、航天、军工等领域产业的创新发展和实现制造强国建设，我们需要开发可在极端复杂环境中服役的特种陶瓷材料[6-8]、高端增材制造装备与工艺、在线质量检测以及服役性能预测等技术。我们需要提升我国大尺寸陶瓷增材制造技术，不断创新，以应对未来的挑战。

二、未来发展需求

2022 年，全球增材制造市场规模约 1250 亿元，中国增材制造市场规模约 330 亿元。过去 5 年，全球增材制造产业增长速度超过 20%，预计到 2030 年全球增材制造产业规模将超过 6000 亿元。制约增材制造产业规模提升的关键因素包括效率低、成本高，难以推广应用于量大面广的国民经济主战场；尺寸与精度受限，结构复杂度受限，如悬空结构难以避免支撑、内腔精度不足等。因此，大型构件高效增减材整体制造技术是突破上述制约的关键，具有迫切的技术需求。

金属定向能量沉积技术的首要需求是大型构件的高效短周期制造，如航空航天大型钛合金、高温合金结构件等。在成本控制和增减材复合技术突破之后，该技术还可拓展应用于海洋工程、车辆等产业。其次，再制造与修复市场迫切需要该技术，如钢铁、采矿、煤炭、工程机械等行业，并有望支撑产生千亿规模的产业。在国家需求方面，当前大型化与整体化是重大装备发展的趋势，大型飞机、航空发动机与燃气轮机、重载火箭、高超飞行器、深海空间站等国家重大型号均具有明确需求。在研发需求方面，该技术需要重点突破多能束并行超大型装备技术、增等减复合制造装备技术、装备智能化与制造软件相关技术、大型结构增材制造形性控制技术等。

金属粉末床熔融技术因其所具有的复杂精细结构成形能力，已成为金属增材制造产业规模较大的一类技术，且市场潜力巨大，各行业均具备强烈的需求，例如航空航天、汽车、医疗等领域。当前该技术在市场上面临的迫切需求是降低成本。在国家需求方面，金属粉末床熔融技术为大型复杂结构整体化设计制造奠定了基础，在航空、航天、电子、核、动力等重大装备中均具有明确需求。其中较急迫的技术需求是大型化，未来需求尺寸大于 2m。在研发需求方面，该技术需要重点突破多光束/多电子束协同控制与质量稳定性控制技术、无支撑增材制造与内腔结构精度控制技术、装备智能化与制造软件相关技术等方面。

复合材料增材制造技术在国民经济中高端制造领域具有巨大的潜在市场。我国大飞机项目未来 20 年内可形成千亿级别的复合材料市场。开发大型化、集成化高端复合材料增材制造设备，提升复合材料制造与应用水平，同时推进复合材料自动化成形技术向低成本、高效率方向发展，是当前复合材料成形技术的主要发展方向。按照目前国内复合材料应用推广趋势，未来 5 年我国每年需要 10~15 台大型复合材料构件增材制造装备，预估市场规模为 2 亿~3 亿元/年。

大型复杂陶瓷构件增材制造[6]是一个未来市场需求巨大的领域，其中主要的市场需求来自航空、航天和军工等领域。我国加大对特种陶瓷材料、高端增材制造装备与工艺、在线质量检测和服役性能预测等关键技术的研发投入，旨在通过大型复杂陶瓷构件增材制造技术的应用推动我国重点工程和重大装备的建设，提升相关产品的研制水平和更新换代能力。在推进我国航天事业创新发展，大尺寸、高轻量化、结构-功能一体化复杂陶瓷增材制造市场逐渐壮大，主要应用于航天器、卫星、光学系统、月壤基地建设等高端制造领域。这种技术未来可以为解决地外资源原位利用、拓展地外持续生存与活动能力提供战略性保障。因此，我国应该加大力度，不断提升大型复杂陶瓷构件增材制造技术的水平，推动相关行业的发展，提升我国在国际市场的竞争力。

三、研发水平现状及与国际比较分析

我国增材制造技术整体水平处于国际前列，产业发展迅速。目前，多种高端制造装备已经开始支撑国家的重大装备和重大型号的实施，并催生了一批具备国际竞争力的上市高新技术企业。

在金属定向能量沉积技术方面，我国与美国处于第一梯队。激光送粉增材制造装备的制造效率和尺寸一再创造新纪录，我国研制出了大型多路沉积"桥式"激光熔覆沉积增材制造成套装备，其制造能力可达到 7000mm×5000mm×3000mm。此外，我国还成功研发出了可拓展成形大型双光束双龙门激光熔覆沉积增材制造装备，其拓展成形能力达到 13000mm×3500mm×3000mm。这些装备已成功应用于大飞机、先进战机、重载火箭等重大装备的研制。

在增等减复合制造方面，我国形成了自己的特色技术。比如，华中科技大学微铸锻复合增材制造技术，以及国家增材制造创新中心系列增减材复合制造设备等。在成形效率方面，我国发展出了多弧（16 弧）并行增材制造技术等，其成形效率可达到 5000cm^3/h。

目前，国际上金属定向能量沉积技术的重点发展方向是增减材复合制造、激光/电子束/电弧增材制造超大型结构以及现场增材制造技术等。德国德马吉森精机（DMG MORI）公司已开发出了 LASERTEC 65 3D 和 LASERTEC 4300 3D 两款增减材复合制造机床。美国海军在 2023 年 3 月正式列装在舰激光增材制造装备，用于远洋舰船零件维修与备件制造。同月，美国相对论空间（Relativity Space）公司使用电弧增材制造技术打印火箭并成功发射，其中火箭贮箱的制造周期缩短至 60 天。

金属粉末床熔融技术方面，中、美、德等国家均处于第一方阵。我国高端商用化激光及电子束选区熔化装备也已取得了重要突破，其产品规格和性能总体上已经达到或超越国外同类产品。我国研制出高精度、高稳定性激光和电子束选区熔化增材制造装备，创新发展了真空激光选区熔化（selective laser melting，SLM）、高温粉末床 SLM、激光防吹粉以及电子束-激光复合选区熔化（electron beam and laser hybrid selective melting，EB-LHM）等全新工艺。目前，国内已经实现了米级激光粉末床熔

融技术的商业化应用。

在国际上，金属粉末床熔融技术的重点方向是提高制造效率和制造尺寸。越来越多的激光选区熔化装备开始采用多光束和大功率激光束源进行制造。例如，德国斯棱曼激光（SLM Solution）公司在 2020 年推出了全球首台配备 12 台 1kW 激光器的 SLM NXG XII 600 高效大型激光粉末床熔融设备，其成形效率比单激光设备提高了 20 倍以上。美国 GE 公司收购德国概念激光（Concept Laser）公司后组建 GE 增材部门，正在研发制造尺寸达到 1m 的激光选区熔化设备。此外，GE 增材部门还利用其收购的瑞典阿卡姆（Arcam）公司所生产的电子束选区熔化设备进行生产，该设备采用了 6kW 电子枪，成形尺寸达到 ϕ 350mm × 380mm。目前，GE 增材部门已经建立了由 35 台电子束选区熔化设备构成的 TiAl 航空发动机低压涡轮叶片生产线。

近年来，连续纤维增强树脂基复合材料增材制造技术在国外得到了快速发展，呈现出爆发式的趋势，吸引了技术和资本领域的关注。尤其是在欧美等发达国家，已经出现了一批具有代表性的技术公司，大大推动了技术发展和产业化应用进程。例如，美国的锻标（Markforged）公司开发了成熟的 Mark 系列连续纤维增强树脂基复合材料增材制造设备和配套软件，并成功应用于传统生产线的工装和组件。美国阿瑞沃（Arevo）公司以工业机器人为基础开发了工业级大尺寸连续纤维增强树脂基复合材料增材制造平台，并用于生产无人机机身、机翼等航空构件，以及与无人机框架结构类似的自行车车架，开发周期由 18 个月缩短到 18 天。在国内，连续纤维增强树脂基复合材料增材制造技术的发展相对缓慢。目前，主要停留在高校和研究所进行实验室基础研究阶段。其中，西安交通大学研究团队是国内最早从事连续纤维增强树脂基复合材料增材制造技术的团队之一，在 2014 年前后就提出了一种连续纤维增强树脂基复合材料原位浸渍增材制造工艺。与欧美等发达国家提出的连续纤维增强技术相比，该技术形式具有材料适用性广、制造过程更加简单等优势。初步形成了一些探索性的应用案例，例如连续纤维增强树脂基复合材料太空增材制造等。

大型复杂陶瓷构件的高效增减材整体制造技术是世界各国争相发展的高端制造技术。在国际上，NASA 格伦研究中心和国防后勤局采用增材制造技术制备陶瓷涡轮叶片、叶片和密封件等涡轮发动机组件；美国海军陆战队采用增材制造技术制备陶瓷基复合材料的新型防护装甲，用于单兵防弹衣、军用直升机和远征战车等；乌克兰伊夫琴科-进步设计局已采用增材制造技术制备硅锆（SILICORE）材质陶瓷型芯，并完成镍基高温合金叶片浇铸。此外，面向空间应用的大尺寸、高轻量化、结构-功能一体化复杂陶瓷构件增材制造技术近年来成为各国争相发展的重要战略技术之一。国际上，NASA和欧洲航天局（European Space Agency，ESA）采用增材制造技术分别制备出直径2540mm和120mm的碳化硅（SiC）光学反射镜及引擎零件、推进器部件等多种空间装备结构件，满足空间应用的技术指标；同时，NASA和ESA分别制定了"月球表面创新计划"和"月球基地"计划，旨在研究月面建造相关的增材制造关键技术。

四、发展的制约因素分析

在政策层面，我国对增材制造的国家层面发展规划需要进一步加强。增材制造有望成为一个万亿级市场，受到了世界各国的高度关注，尤其是美国。自2022年起，美国相继出台了《增材制造竞争法案》《增材制造推进计划》等政策文件，其中着重强调增材制造人才培养、带动中小企业发展、提升制造产业链韧性等方面。相比之下，我国在增材制造政策支持方面还有待进一步提升。

技术层面存在以下问题：首先，我国增材制造产业上游核心部件仍受到制约，例如高稳定性长寿命激光器、高性能激光扫描振镜和增材制造工艺软件等，这些部件的技术水平在当前国际形势下存在"卡脖子"的风险。其次，增材制造智能化、复合化和高效化仍存在制约因素。例如，在金属定向能量沉积技术方面，需要加强超大型构件变形和质量控制、跨越式提升增材制造效率，以及复合制造精度和性能调控等方面的研究。在金属粉末床熔融技术方面，需要加强无支撑增材制造、复杂内腔结构精度控制，以及大型构件增材制造质量控制等方面的研究。在大型复杂陶瓷构件增材制造方面，需要加强高性能特种陶瓷材料制备、成形质量在线监测与智能调控，以及极端环境下大型复杂陶瓷构件增材制造关键空间技术等方面的研究。

五、重点发展方向

（一）金属增材制造

重点发展智能化增材制造技术及装备，形成融合采集、建模、自诊断、自学习、自决策功能的增材制造系统。同时，发展增减多技术复合制造技术，形成多轴联动大尺寸智能增减材复合制造装备、增等减同步复合增材制造装备、增等减协同增材制造装备和生产线。此外，还应研究超大型整体结构高效增材制造技术，以应用于运载火箭、大型飞机、艇船、核电装备、海洋平台等重大装备整体设计与制造；同时，应发展微米级至米级的大型跨尺度精密结构金属粉末床熔融技术，以应用于航空航天发动机、模具与换热器等复杂精密装备整体设计与批量化制造。

（二）连续纤维增强树脂基复合材料增材制造

重点研究将连续纤维增强树脂基复合材料增材制造技术用于探索超大型空间结构如卫星天线、太阳能帆板支撑桁架等的在轨原位制造，以减轻传统运载火箭在包络尺寸、重量等方面的负担，提高空间飞行器的性能和可靠性，不断推动人类深空探索的发展进程。

（三）无机非金属材料增材制造

重点研究大尺寸、高轻量化、结构–功能一体化复杂陶瓷构件增材制造的特种陶瓷材料、高端增材制造装备、在线质量检测和服役性能预测等关键技术。针对太空极端环境下高性能陶瓷构件快速制造的需求，开展适用于太空极端环境的陶瓷增材制造新机理、工艺、装备和形性调控技术研究。

六、阶段性研究内容与预计实现时间

（一）金属增材制造

1. 金属定向能量沉积技术

2023—2026 年：重点研究增材/等材/减材复合制造形性协同控制机理、复合制造工艺–组织–缺陷–性能的演化规律、高效率低成本增材制造新方法、多能源并行增材制造工艺、复合制造工艺规划软件、增材制造检测和评价方法等。突破热应力和凝固组织原位调控、在线监测与智能调控、激光/电子束/电弧/电磁场等多能源/束复合增材制造、增材/等材/减材复合、无支撑增材制造等关键技术，应用于航空、航天、海洋工程等产业的大型结构件制造中，例如米至十米级大型关键结构件制造，支撑大型运输机、整体结构无人机、发动机薄壁整体结构、舰船轻量化舱室等变革发展。

2027—2030 年：重点研究难加工材料的高性能增材制造、十米级结构的增材制造变形与质量控制、大型构件的规模化增材制造方法与技术体系，以及增材/等材/减材复合制造智能化装备与生产线等。目标是突破百束级束源复合制造质量一致性控制、大型结构增材制造高保真高效模拟、大型整体结构设计等关键技术，以支持航空、航天、海洋工程、核能、动力等产业中大型高性能结构件制造。具体应用包括大型飞机、重载火箭、高超飞行器、潜艇、海洋浮式结构、核动力、航空航天发动机等领域。致力于支撑重型运载火箭、可重复使用火箭、低成本潜艇、海洋浮式基础等领域的变革发展。

2031—2035年：重点研究大型整体结构与功能融合设计、百米级整体结构增材制造工艺与装备、人工智能与增材制造融合方法、极端服役环境现场增材制造等，突破百米级整体结构增材制造变形与质量控制、远洋/极地/太空现场增材制造形状调控等关键技术，在航空航天、海洋工程、核电装备机械等产业整体飞机、整体火箭、整体舰船、核电部件、整体浮式平台等产品的制造，支撑深海空间站、载人登月、火星探测、超大型海洋浮式结构等相关产品的变革和发展。

2. 金属粉末床熔融技术

2023—2026年：重点研究多激光粉末床增材制造技术与装备、多电子束粉末床增材制造技术与装备、增材制造过程中的在线监测与智能控制、基于增材制造的整体/拓扑/点阵/梯度结构优化设计以及无支撑粉末床增材制造等技术。致力于突破以下关键技术：米级超大幅面铺粉均匀性、成形仓气氛循环控制、20束以上多激光/6束以上多电子束时序-扫描策略协同控制、热应力控制、裂纹抑制及组织性能一致性控制等。这些技术将在航空航天、能源动力、医疗、模具等产业中得到应用，包括飞机、卫星、航空航天发动机、植入物等产品。该研究将支持整体化航空航天发动机、随形水冷模具、换热器、骨科植入物等产品的变革发展。

2027—2030年：重点研究粉末床增材制造与减材制造复合方法、内部结构高精度增材制造及后处理方法、多材料/多构型/多功能优化设计、整体结构增材制造高保真高效仿真模拟、粉末床熔融增材制造装备与生产线等，突破多激光成形过程自诊断智能处理、多尺度复杂精细结构高性能制造策略和主动调控方法、多材料粉末床增材制造、多功能集成优化设计方法和软件、高效智能化后处理等关键技术，在航空航天、能源动力、医疗、汽车、海洋工程等产业的飞机、卫星、航空航天发动机、植入物、新能源汽车等产品中得到应用，支持百吨级液体火箭发动机、大型航空发动机、卫星大型构件、无人机大型构件、无人潜航器大型构件等产品的变革发展。

2031—2035年：重点研究新型低成本高效的粉末床增材制造方法，数米级粉末床增材制造技术与装备，智能结构设计与增材制造，微纳尺度粉末床增材制造，以及分布式增材制造等技术。旨在突破数米级结构变形与质量控制、微纳尺度粉末熔融精准调控、分布式增材制造协同与控制等关键技术难点。该研究将应用于航空航天、能源动力、海洋工程等行业中的飞机、卫星、航空航天发动机等产品，并支持整体化航空航天发动机、整体化结构卫星、整体化无人机与无人潜航器等产品的变革和发展。

（二）连续纤维增强树脂基复合材料增材制造

2023—2026 年：重点开展连续纤维增强树脂基复合材料增材制造技术装备、软件、材料和工艺等方面的基础研究工作，以突破多功能集成打印头开发、连续纤维路径设计软件、纤维预浸丝原材料制备、特种工程材料成形工艺、Z向增强、结合界面增强等关键技术挑战。开发具有自主知识产权的大型化、集成化连续纤维增强树脂基复合材料增材制造高端制造装备，推动连续纤维增强树脂基复合材料增材制造技术链不断成熟。希望能够建立复杂复合材料结构件高性能、高效率、高精度的一体化成形策略，以满足国家重大工程应用需求。最终目标是在航空航天等重要工业领域内实现轻量化结构类产品的应用，推动无人机机翼、火箭级间段等产品的变革发展。

2027—2030 年：重点研究基于连续纤维增强树脂基复合材料在轨增材制造技术，旨在突破极端环境下的连续纤维增强树脂基复合材料在轨增材制造成形工艺。揭示微重力、高真空、大温差等对增材制造工艺过程与材料性能的影响规律，并致力于突破超大型空间构件在轨增材设计与制造策略，实现空间构件的高效率、高性能与结构功能一体化制造。致力于突破在轨增材制造空间构件服役性能评价方法等技术挑战。建立连续纤维增强树脂基复合材料在轨增材制造工艺与装备，在太空探索领域实现超大型空间结构类产品的应用，推动超大型卫星天线、桁架结构等空间构件的变革发展。

2031—2035 年：重点研究创新型智能复合材料构件设计与制造方法，旨在突破仿生设计、拓扑优化设计、宏微观结构设计、多功能集成等创新设计理念向复合材料结构设计领域的应用。探索工程结构优化与创新设计之间的内在关联，并建立多尺度结构并行优化方法、结构功能一体化设计方法等。建立复合材料结构设计与连续纤维增强树脂基复合材料增材制造工艺高度融合策略，以获得集承载、传感、变形等于一体的复合材料结构。智能复合材料结构在智能复合材料领域结构功能一体化结构类产品中得到应用，进而带动变形机翼等产品的变革发展。

（三）无机非金属材料增材制造

2023—2026 年：重点研究制备低密度、高温抗氧化、耐腐蚀、低热膨胀系数、低蠕变等特性的高性能特种陶瓷材料，突破氧化物、碳化物、氮化物等复杂环境特种陶瓷材料制备的关键技术，加强高性能陶瓷材料的开发及在航空、航天、军工、核能等重大装备上的应用。重点开展基于增材制造的高性能陶瓷材料研发，聚焦新一代陶瓷增材制造高端装备，推动新材料、新技术的高质量发展，提升产业基础再造工程和重大技术装备攻关工程的能力，以提高高性能陶瓷产品的研制水平和更新换代能力。

2027—2030年：重点研究大尺寸特种陶瓷构件增材制造的材料组分、工艺、微结构和性能一体化设计方法，突破氧化物、碳化物、氮化物等大尺寸复杂陶瓷构件增材制造的关键技术，包括成形质量自适应闭环控制系统与装备的研究，大尺寸、高轻量化、结构-功能一体化复杂陶瓷构件高效增减材整体制造技术的攻关，以及大尺寸、高轻量化、结构-功能一体化复杂陶瓷构件增材制造的组织性能调控、在线质量检测、服役性能预测、装备集成与可靠性等关键技术。此外，加强大尺寸特种陶瓷构件增材制造在航天器、空间光学望远镜、卫星等产品中的应用，推动我国空间科学、空间技术和空间应用的变革发展。

2031—2035年：重点研究真空和微重力环境下大尺寸、高轻量化、结构-功能一体化复杂陶瓷构件增材制造新机理、工艺和装备研究，研究月壤作为建筑基材的增材制造方法及成形构件辐射稳定性、高低温膨胀及导热性等极端环境功能特性的调控技术，突破真空微重力环境下陶瓷构件原位增材制造及面向外星球基地建设空间增材制造的关键技术，加强大尺寸、高轻量化、结构-功能一体化复杂陶瓷构件增材制造在航天运输系统、空间基础设施、外星球基地等产品中的应用，推动我国从航天大国迈向航天强国建设，推动构建外空领域人类命运共同体、促进人类文明进步。

七、技术路线图

大型构件高效增减材整体制造技术路线图见图4-7。

项目	2023年 ———— 2026年 ———————— 2030年 ———————————2035年
需求与环境	金属定向能量沉积技术有望形成十米级至百米级超大型结构增材制造能力，支撑运载火箭、大型飞机、潜艇、海洋平台等重大装备整体设计与制造，如火箭贮箱整体制造、潜艇壳体整体制造等 金属粉末床熔融技术有望形成微米级至米级的大型跨尺度精密结构制造能力，支撑航空航天发动机、模具与换热器等复杂精密装备整体设计与制造，以及小型复杂精密结构的大批量制造，如百吨级液体火箭发动机整体制造 连续纤维增强树脂基复合材料增材制造技术向高性能材料体系、大型化高集成装备、先进结构设计方法发展，在航空航天领域轻量化、多功能构件，太空增材制造领域超大型构件发挥作用 大尺寸复杂陶瓷构件增材制造技术在航天器、空间光学望远镜、卫星等产品应用需求
重点产品	金属增材制造技术支撑大型运输机、整体结构无人机、航空发动机薄壁整体结构、舰船轻量化舱室等发展；重型运载火箭、可重复使用火箭、低成本潜艇、海洋浮式基础等发展；支撑深海空间站、载人登月、火星探测、超大型海洋浮式结构等相关产品发展 连续纤维增强树脂基复合材料增材制造技术重点支撑轻型无人机机翼、火箭、卫星天线、太阳能帆板支撑桁架、变形机翼、飞行器吸波结构 陶瓷增材制造技术向重点研究特种陶瓷材料、增材制造多材料系统、增材制造质量自适应闭环控制系统、大型陶瓷增材制造装备、卫星天线、航天器、空间光学系统、航天运输系统、空间基础设施、月壤基地建设

图4-7 大型构件高效增减材整体制造技术路线图

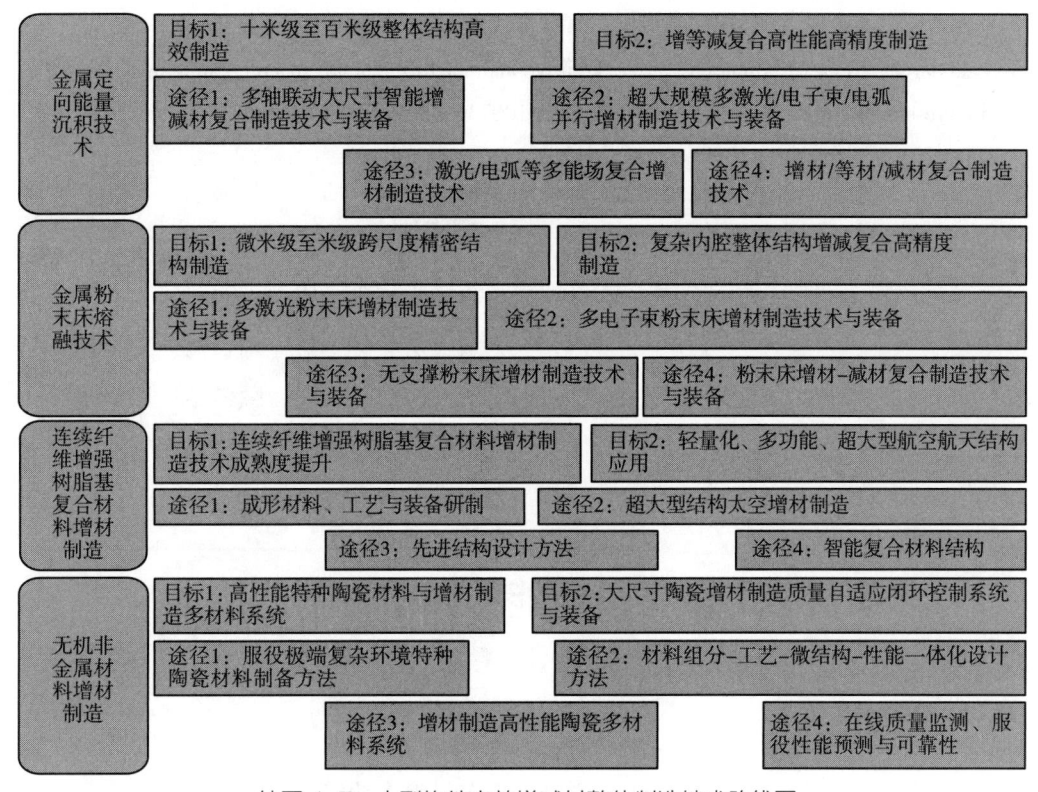

金属定向能量沉积技术	目标1：十米级至百米级整体结构高效制造		目标2：增等减复合高性能高精度制造	
	途径1：多轴联动大尺寸智能增减材复合制造技术与装备		途径2：超大规模多激光/电子束/电弧并行增材制造技术与装备	
		途径3：激光/电弧等多能场复合增材制造技术		途径4：增材/等材/减材复合制造技术
金属粉末床熔融技术	目标1：微米级至米级跨尺度精密结构制造		目标2：复杂内腔整体结构增减复合高精度制造	
	途径1：多激光粉末床增材制造技术与装备		途径2：多电子束粉末床增材制造技术与装备	
		途径3：无支撑粉末床增材制造技术与装备		途径4：粉末床增材-减材复合制造技术与装备
连续纤维增强树脂基复合材料增材制造	目标1：连续纤维增强树脂基复合材料增材制造技术成熟度提升		目标2：轻量化、多功能、超大型航空航天结构应用	
	途径1：成形材料、工艺与装备研制		途径2：超大型结构太空增材制造	
		途径3：先进结构设计方法		途径4：智能复合材料结构
无机非金属材料增材制造	目标1：高性能特种陶瓷材料与增材制造多材料系统		目标2：大尺寸陶瓷增材制造质量自适应闭环控制系统与装备	
	途径1：服役极端复杂环境特种陶瓷材料制备方法		途径2：材料组分-工艺-微结构-性能一体化设计方法	
		途径3：增材制造高性能陶瓷多材料系统		途径4：在线质量监测、服役性能预测与可靠性

续图 4-7　大型构件高效增减材整体制造技术路线图

参考文献

[1] 王华明. 金属增材制造技术及其对重大装备制造业的影响[J]. 中国工业和信息化，2019（12）：54-56.

[2] 林鑫，黄卫东. 世界十大突破技术之首将在何处突破——谈金属增材制造研究[J]. 前沿科学，2019（4）：27-31.

[3] 汤慧萍，林鑫，常辉，等. 3D打印金属材料[M]. 北京：化学工业出版社，2020.

[4] Tian X, et al. 3D Printing of Continuous Fiber Reinforced Polymer Composites: Development, Application, and Prospective [J]. Chinese Journal of Mechanical Engineering: Additive Manufacturing Frontiers, 2022, 1 (1): 100016.

[5] Huang Y, et al. Progressive concurrent topological optimization with variable fiber orientation and content for 3D printed continuous fiber reinforced polymer composites [J]. COMPOSITES PART B-ENGINEERING, 2023 (255): 110602.

[6] 孙冬，陈双，史玉升，等. 陶瓷型芯型壳激光增材制造研究进展[J]. 中国激光，2022，49（12）：134-151.

[7] 姜浩，苏海军，申仲琳，等. 超高温氧化物陶瓷激光增材制造及凝固缺陷控制研究进展

[J]. 航空制造技术, 2023, 66(4): 61-71.
[8] Lakhdar Y, Tuck C, Binner J, et al. Additive manufacturing of advanced ceramic materials [J]. Progress in Materials Science, 2021 (116): 100736.

编撰组

组　长：李涤尘
成　员：林　鑫　刘长猛　方学伟
　　　　薛　飞　顾冬冬　田小永
　　　　闫春泽　吴玲玲

第八节　多材料功能构件增材制造技术

一、发展愿景

增材制造技术的逐层成形优势，可以实现多材料、功能化器件整体制造，展示了在微电子[1-3]、储能电池[4-6]、超材料[7-9]、生物医疗[10-12]等领域巨大的发展潜力，因此将成为新产业变革发展的创新技术。

（一）微电子电路增材制造

印刷电路板是目前电子电路增材制造中最具有代表性的应用之一，它颠覆了传统PCB的生产模式，被广泛应用于各种电子设备中。共形天线、智能蒙皮、三维立体电路和多层曲面共形电路等技术是支撑六代战机、新一代飞行器（如飞机、卫星、火箭）等的关键核心技术。多材料曲面共形增材制造技术已经突破了这些器件难以制造的挑战性难题，为其广泛应用铺平了道路。三维结构电子（嵌入式电子）技术为实现智能机电产品、机电多功能集成和微型化开辟了全新的产品模式和架构，未来在汽车、航空航天、3C产品等领域具有广阔的应用前景。可穿戴电子、柔性电子、生物电子等产品未来市场潜力巨大，有望在可穿戴器件、智能服装、电子皮肤、可降解可植入电子等方面得到广泛应用。

（二）固态电池增材制造

以二次储能电池为代表的新能源行业正在蓬勃发展，推动了新能源市场规模的高速增长。增材制造技术被认为是未来应用于电池等新能源器件制造的颠覆性工艺，可以从生产工艺、能量密度和应用场景等方面革新新能源产业。目前，新能源汽车广泛使用的动力电池最高质量能量密度仅为 250Wh/kg，体积能量密度为 500～700Wh/L，难以满足电动汽车长续航需求。借助增材制造技术的高设计自由度和高可控性优势，可以优化电池内部电极、电解质的结构和界面，提高电池能量密度至 500Wh/kg 以上，体积能量密度将超过 800 Wh/L。此外，增材制造技术还可以实现电池尺寸的微型化，具有轻量化和便携性等优势。

（三）超材料增材制造

超材料是一种通过微结构的有序设计实现特殊功能的人工结构，近年来广受科学界和工程界关注，是未来信息产业发展的关键领域之一。为了满足产业需求迫切需要加强超材料增材制造技术中多材料和多工艺的融合发展，全面开展超材料功能器件的多材料体系、多功能设计、关键装备和工艺方面的深入研究。到 2035 年，希望形成一套多功能超材料器件的增材制造关键装备和工艺体系，并推动超材料在汽车、航空、航天、电子领域等实际应用中的落地。

（四）生物医疗器件增材制造

人体组织器官和生物芯片是增材制造发展的热点。这一研究领域结合了先进制造技术与生命科学，以设计和制造生物组织或器官替代产品为主要目标。这些产品既可以通过定制化设计与制造替代人体内的缺损、病变组织和器官，又可以作为人体的生理模型用于病理研究、药物开发和个性化医疗等。因此，该发展方向将极大地推动医疗器械产业的发展，深刻地影响医疗实践。为满足人类病损组织替换/再生修复的巨大需求，需要开发新的多材料体系、多成形工艺耦合的多尺度一体化打印平台，构建宏微尺度仿生的功能性复杂组织器官。

二、未来发展需求

（一）微电子电路增材制造

共形天线、智能蒙皮、三维立体电路和多层曲面共形电路在航空航天、信息通信和汽车机车等领域具有巨大的产业需求。例如，共形天线已被应用于美军 F-22"猛禽"、F-35"闪电"战机和"全球鹰"无人机等项目中；美国正在开发的六代机将采用智能蒙皮技术。而在电动汽车、无人驾驶汽车和消费电子领域，三维立体电路和多层曲面共形电路的应用也越来越广泛。此外，三维结构电子、可穿戴电子、柔性电子和生物电子等技术代表着汽车电子、消费电子、生物医疗和物联网等多个行业产品的发展方向和必然趋势，未来将具有万亿级巨大的市场需求。

2022年，全球PCB市场规模接近880亿美元。由于PCB增材制造技术在短生产流程、快速制造、定制化和绿色制造等方面具有独特优势，因此正在成为替代传统PCB生产的新技术。美国Nano Dimension公司作为代表，已开始广泛采用PCB增材制造技术。而中国是PCB生产大国，亟须发展PCB增材制造新技术，以实现传统产业的转型升级，并生产高端PCB产品，如高密度互联板（high density interconnection，HDI）、IC载板等。

（二）固态电池增材制造

随着能源结构的转型，新能源产业市场前景广阔。以新能源汽车为例，截至2022年，我国已连续8年成为全球最大新能源车市场。预计到2040年左右，市场保有量将达到3亿~4亿辆，发展成为10万亿规模的大产业。然而，电池成本占整车成本的50%以上，且受原料价格和生产成本因素的影响，进一步降低成本仍然是一个挑战。另外，物联网的发展刺激了对便携式储能器件的需求，柔性电池、可拉伸电池、微型固态电池等市场潜力巨大。在生产制造方面，增材制造技术有望简化生产工艺、降低生产成本和提高生产过程智能化。同时，定制化电池外形和机械变形能力也将根据需求和应用场景进行开发。当前，我国正处于实现"双碳"目标、构建"清洁低碳、安全高效"能源体系的关键时期，国家和地方政府均对新能源产业给予扶持政策。提高新能源产业的制造效率和降低制造成本是下一步的发展重点[4]。

（三）超材料增材制造

超材料在多个领域具有广泛的应用前景，包括但不限于通信、医疗、航空、航天、能源和环保等领域。其中，超材料在5G通信领域的应用已经成为热点，如在5G天线中采用超材料可以实现更高的增益和更宽的频带，提高通信速率和可靠性；在医疗领域，超材料可用于医疗设备的制造和诊断治疗，如超材料纳米探针可以用于癌细胞的诊断和治疗；在航空和军事领域，超材料可以应用于共形天线、电磁隐身、可控热膨胀等方面，提高飞行器的性能和安全性；在能源和环保领域，超材料可以用于制造太阳能电池板、节能材料和高效过滤器等。这些应用领域的发展都将推动超材料市场的发展，促进相关产业的升级和转型。

（四）生物医疗器件增材制造

人体器官制造、组织与器官替代物的临床需求巨大。可供移植的器官短缺是现代医学史上难以解决的一大难题。据世界卫生组织统计，全球每年有超过200万人需要器官移植，但只有不到1%的患者能够获得治疗。目前，除了脑及部分内分泌器官，人体大部分组织器官几乎都有了可替代的人工组织，其产值约占全球生物医学工程产业的15%，人造组织器官的潜在市场每年高达4000亿美元。因此，通过干细胞、增材制造和基因编辑等技术实现组织器官再生，对人类健康事业具有里程碑意义。2022年，美国总统拜登签署行政命令，启动了国家生物技术和生物制造计划。国家发展和改革委员会印发了《"十四五"生物经济发展规划》，明确将生物制造作为生物经济战略性新兴产业发展方向，提出发展生物制造产业是抢抓全球生物经济发展机遇的有力手段。

三、研发水平现状及与国际比较分析

（一）微电子电路增材制造

微型化、集成化（结构与电子）、柔性化、多功能化是目前微电子等许多产品的主要发展趋势。在三维结构电子多材料增材制造领域，美国埃尔帕索理工大学Wicker教授、哈佛大学Lewis教授、加利福尼亚大学洛杉矶分校等美国大学处于引领地位和先进水平；其他诸如南洋理工大学、新加坡国立大学、英国格拉斯哥大学、荷兰国家应用科学研究院、德国弗劳恩霍夫协会等也已开展了较为深入的研究，处于国际第二层次。目前，国内在三维结构电子和嵌入电子多材料增材制造的研究还很少，基本处于空白状态，亟待倡导国内学者开展该方向的研发。电子产品微纳增材制造技术已经被美国、德国、日本、韩国等列为优先重点发展的新技术，并且在许多国家已经上升为国家战略。我国在电子产品微纳增材制造领域整体处于国际第二梯队，缺少原创性微纳增材制造技术。目前，我国主要是以技术跟踪研究和应用研究为主，但在部分领域也形成了鲜明的特色，处于国际先进水平。

（二）固态电池增材制造

目前，基于增材制造的新能源器件正处于从基础研究向产业化过渡的阶段。在国外的产业化领域，美国的萨库公司、瑞士的黑石集团、英国的图心公司等已经开始了新能源电池增材制造的研究和实践。萨库公司一直致力于开发和推广固态电池增材制造技术，于2021年7月28日宣布已成功开发出一种3Ah锂固态电池（solid-state batteries，SSB），并于同年8月22日开始了基于增材制造的固态电池生产。瑞士黑石集团的首期工厂生产能力将达到每年0.5GWh，并计划到2025年实现年产能达到

3GWh 的电池片。该公司还计划于最早于 2025 年商业化三维打印钠离子电池。英国的三维打印机和材料制造商图心公司在 2020 年 9 月成立了电池增材制造研究部门，专注于开发三维打印电池以优化其在汽车领域的应用。而在国内，从事新能源器件增材制造的企业主要是高能数造，目前处于初创阶段。总体来看，在推动新能源器件增材制造批量化生产方面，我国与美国、德国、英国等发达国家仍存在较大的差距。

（三）超材料增材制造

目前，传统制造技术用于超材料增材制造通常采用单一材料的设计和制造方法。然而，通过多种材料/结构的有序设计和排列，可以实现超材料的独特性能和功能。迫切需要开展结构-功能-制造一体化的多材料复合超材料增材制造技术研究，特别是在多材料界面增强机理和设计方法方面。基于多材料复合的超材料增材制造技术是一个亟待快速发展的领域，在装备、超材料设计和打印材料等关键问题方面。

与国际领先的超材料研究机构相比，我国的超材料研究存在一定的差距。在科研基础设施、高端人才培养和国际合作等方面，需要进一步加强。同时，国际上的超材料研究主要由欧美少数发达国家主导，我国需要加快超材料研究与国际接轨，积极参与和主导国际合作，提高自身的研究水平和国际竞争力。另外，我国的超材料研究在产业化方面的水平较低，目前仍然是高校及科研院所进行探索研发的状态，本土企业的产业化研发意愿不足，具有产业影响力的领域内初创企业尚未形成规模。

（四）生物医疗器件增材制造

人体器官芯片的研究始于 2004 年，2010 年哈佛大学 Ingber 团队在《科学》（*Science*）发表了其开发的双层"呼吸肺芯片"，展示了器官芯片的独特功能和广阔产业化前景。我国在该领域处于国际先进水平，最早开发出肿瘤芯片并将其用于肿瘤转移研究。随着器官芯片技术的发展，开发一种包含肝、肠、心、肾、脑、肺、生殖系统、免疫系统、血管系统和皮肤等模拟器官的集成化"多器官芯片"成为当前研究的热点。

在器官制造方面，近年来，全球发达国家和地区先后将生物制造产业纳入优先发展的战略新兴产业范围，目前已有超过 20 个国家制定了关于生物制造的国家战略规划，如美国、欧盟、日本等。美国哈佛医学院与麻省理工学院的学者合作成立了组织工程与器官制造实验室，研究心脏、肝脏、皮肤、骨骼、膀胱等组织与器官的生物制造方法，并已形成在该领域的技术优势。哈佛大学 Wyss 研究所采用增材制造的方法打印出了布满血管、由各种细胞和细胞间质组成的组织，解决了采用增材制造生产的生物组织的代谢问题。2019 年，美国科学家采用浸没式打印技术构造了一颗具有人类心脏主要结构并且可以收缩的微缩版心脏并发表在《科学》(Science)杂志。同年，美国研究人员在《科学》(Science)杂志中报告了一个由水凝胶三维打印制成的肺模型。该模型具有与人体血管、气管结构相同的网络，能够模拟肺部的呼吸过程。虽然中国的生物增材制造技术起步较晚，但近年来发展迅速。以聚醚醚酮为代表的高性能聚合物植入物已经在临床应用中使用了上百例。在活性组织的体外重建方面，中国专注于生物墨水研发、高精度细胞打印技术、多细胞打印等方向，积累了大量优秀的研究成果。

四、发展的制约因素分析

（一）微电子电路增材制造

微电子电路增材制造技术在材料体系方面存在多个问题：导电浆料成本高、烧结温度高、导电浆料与打印技术的匹配性和兼容性差、导电浆料与衬底/封装材料的力学性能不匹配。同时，兼顾功能性和打印性的生物可降解导电材料和电介质材料的开发也存在一定难度。目前，导电材料和电介质材料的开发仍处于实验室阶段，量产难度大。在打印工艺和原理方面，缺乏多种电子增材制造技术形成的成熟混合工艺和技术，打印效率低，高精度阵列式喷头打印难度大，多材料高精度一体化增材制造也具有一定难度。此外，制造非可展复杂曲面（如大曲率凹面）的共形电路也存在困难。因此，需要建立材料-结构-性能一体化系统设计理论体系来解决这些问题。

（二）固态电池增材制造

增材制造在新能源电池中的应用受限于材料，不同打印技术对兼容性油墨或材料有严格的要求。目前，虽然可以在实验室中制备小批量的打印油墨，但仍然无法实现工业上的大规模生产。此外，增材制造技术的精度受限，难以实现微米级别的电池部件的打印，这对于电池的微型化和集成化构成一定的难度。

（三）超材料增材制造

超材料增材制造技术需要提高理论水平和实验技术，加快新型超材料的研发。当前大多数的增材制造装备和工艺适用于单一材料的超材料制造，急需开发多材料一体成型的新型超材料增材制造关键装备和工艺[7]。此外，目前市场上仅有少数软件包可以进行增材制造多材料的设计和优化，还未有一款适用于多材料增材制造的专用软件。

（四）生物医疗器件增材制造

多材料复杂组织器官的仿生设计方法尚未完善。虽然增材制造技术的发展提高了结构的复杂度和制造精度，但结构-组织相互作用机理和结构-功能对应关系尚不清楚，这阻碍了生物活性组织功能的复现。多材料复合微纳制造技术限制了多功能集成芯片的设计与制造，而生理微环境和发育信号的解码则限制了组织器官的仿生设计。此外，宏微尺度增材制造技术和生物功能性墨水材料的发展也制约了复杂器官的仿生制造和功能发育以及临床应用。在此背景下，生物安全、生产质量保障和标准体系的发展尚处于早期阶段。因此，增材制造组织器官的临床应用需要与监管科学结合，以支持药监部门对产品有效性和安全性的评估和注册。

五、重点发展方向

（一）微电子电路增材制造

微电子电路增材制造技术的重点发展方向在于：建立系统的电子与电路增材制造体系结构，包括设计和模拟、工艺和装备、材料及应用。需要研发性能要求高、能够满足高精度打印要求的功能性介质材料、导电材料和基体材料，并实现多材料的优化和适配。同时，需要研究大尺寸、高精度、多层三维曲面共形电路增材制造的新原理、技术和装备，实现复杂三维结构表面和体内三维电路互连的高精度多材料增材制造新原理和新装备。

（二）固态电池增材制造

高能量密度固态电池的增材制造发展需要提高打印精度，并突破微米尺寸微型电极、电解质的打印技术，同时实现微型固态电池的安全封装。此外，实现可贴合任意曲面的共形固态电池制造也是一个重要的研究方向。

（三）超材料增材制造

提高超材料制造技术水平，降低超材料制造成本，促进超材料产业的快速发展。重点发展方向包括：①面向下一代飞机通信等电磁功能调控的共形天线、全频全向超材料吸波功能结构、5G 通信天线的快速制造；②推进超材料与其他前沿科技的交叉应用，如将超材料技术与人工智能、量子计算、生物医学等前沿科技相结合，以推动超材料在这些领域的应用和创新；③需注重解决超材料制造过程中的技术难题，例如适用于超材料器件批量制造的增材制造工艺、材料的可持续性等问题[8]。

（四）生物医疗器件增材制造

未来多器官芯片应用的必然趋势是将类器官、高分辨率成像、大数据、人工智能与器官芯片进行集成。而干细胞、组学技术、基因编辑、合成生物学与生物增材制造技术的结合是未来器官再生重建的发展目标[10]。

六、阶段性研究内容与预计实现时间

（一）微电子电路增材制造

2023—2026 年：重点研究电子电路增材制造中新型功能材料的体系，包括基体材料、导电材料、介电材料、封装材料等异质多材料的适配和优化等关键技术，以满足 PCB、共形天线、智能蒙皮、汽车电子、柔性电子等产品的需求，进一步推动多材料并行增材制造技术的发展。着重研究高精度硬质多层 PCB 增材制造新技术，突破层间互连电路线宽小于 20μm、层内连接电路线宽 / 线距小于 10μm 高精度增材制造、导电材料原位快速低温烧结等关键技术，在高密度互连 PCB 和高速高频 PCB 等高端 PCB 产品中实现应用。同时，研究发展新型功能材料和新加工工艺，突破线宽 / 线距小于 10μm 的高精度增材制造，实现复杂三维结构表面和体内三维电路互连的高精度多材料增材制造新原理和新装备。

2027—2030 年：重点研究三维嵌入式电子增材制造技术，突破复杂三维结构内部的高精度增材制造、表面共形电路和体内三维互连电路集成等关键技术，在智能机电产品、医疗器械、消费电子等领域实现应用，推动智能制造、电子电路增材制造技术的发展。同时，重点研究多层曲面共形电路增材制造的新原理和新技术，突破曲面多层电路互连、表面 / 界面性能调控、异质异构体系集成等关键技术，在共形天线、无人驾驶汽车等领域获得应用，带动微电子、增材制造、通信、汽车电子等产业的变革发展。

2031—2035 年：重点研究柔性混合电子和多层柔性电路板的增材制造技术，突破柔性混合电子集成制造、可拉伸多层电路制造的关键技术，在可穿戴电子、生物医疗、汽车电子、软体机器人等产品中应用，推动多材料多尺度增材制造技术的发展。此外，重点研究面向超大尺寸高精度智能蒙皮一体化增材制造技术，突破超大尺寸、多材料高精度曲面共形制造和导电电路原位快速烧结等关键技术，在无人机、六代战斗机、卫星等产品中应用，推动飞行器产品的变革发展。

（二）固态电池增材制造

2023—2026 年：重点研究用于高能量密度固态动力电池的三维打印油墨组成和性质，优化电极和电解质结构与界面稳定性的打印过程，突破三维打印固态电池大规模生产的关键技术。该技术将应用于新能源汽车的动力电池产品，以实现能量密度和体积密度分别超过 500Wh/kg 和 800Wh/L，带动新能源汽车动力电池技术的变革发展，并最终实现新能源汽车的 1000km 长续航里程。

2027—2030 年：重点研究微米尺寸电极、电解质的高精度打印和影响因素，实现微型固态电池的安全封装和集成，突破微型固态电池一体化增材制造的关键技术，在微电子器件、植入式医疗、电子皮肤等领域中使用微型供能电源，带动微型固态电池高精密增材制造技术的更新替代。

2031—2035 年：重点研究曲面基底上电极、电解质等组件的打印过程、应力产生和界面配合，实现对电池外形、机械变形能力的定制化。突破电池组件和器件的曲面共形增材制造关键技术，实现可穿戴电子产品用异形固态电池、薄膜固态电池和共形固态电池的生产。该技术的应用将带动电池组件曲面共形打印技术的进一步更新和替代。

（三）超材料增材制造

2023—2026 年：重点研究面向下一代飞机电磁功能调控器件的设计与制造方法，突破超材料吸波功能结构的材料改性与界面设计、多材料高精度增材制造工艺等关键技术，以实现对机械波的控制和调节。该研究包括材料的可控制备、表面形貌设计、多尺度结构优化等。实现超材料的多种能量调节功能，如声波、振动、电磁波等的控制和传递，同时优化超材料的各项性能，如机械强度、稳定性等。该研究在航空产业吸波类产品获得应用，支撑下一代飞机电磁低可探测技术的变革和发展。

2027—2030 年：重点研究多材料、异质、曲面共形超材料在共形天线技术中的应用，突破共形天线制造的多材料在线可控增材制造装备和关键工艺，实现超材料小型化、集成化、快速制造，推动共形天线技术在电磁信息控制类天线产品、轨道交通产业隔声降噪、吸能防振类产品等领域的应用。关键技术包括多尺度结构设计、曲面共形制造工艺、材料界面控制等方面的研究。通过多功能集成与智能优化，实现超材料在多个方面的优化，例如同时具备调控电磁波和机械波等多种功能。

2031—2035 年：重点研究低成本、大尺寸、多材料、多结构、多功能超材料产品的批量生产技术，探索力学、热学、电磁学等多场特性超材料的应用，突破多材料复杂异形超材料一体化制备关键技术，解决极端环境下结构材料的可控变形关键技术，推动超材料在航空航天、太空制造、生物医疗等产业的应用，特别是在卫星天线通信等领域，带动多功能超材料产品的变革发展。

（四）生物医疗器件增材制造

2023—2026 年：重点研究集成生物传感器和微流控芯片，突破多模式生物传感技术耦合的关键技术瓶颈，实现生物因子和特异性细胞的高通量、全自动、低成本的检测和富集。在生物医药产业中，该技术可带动我国在生物医药产品（如外泌体治疗）和医疗器械产品（如检测芯片）的变革发展。同时，重点研究可降解高分子聚合物材料及其复合材料、梯度材料等，在软组织修复类医用植入物方面得到应用。需要逐步建立相关的质量评价体系，并建立针对特定组织和器官的结构–功能仿生设计方法。此外，需要突破现有的结构设计和力学功能为主的机械设计理论，探索细胞和基因尺度可控生长调控的结构与功能设计方法，阐明功能和多细胞体系随时间推移功能变化的规律。

2027—2030 年：重点研究集成多种类型器官和仿生组织的"多器官芯片"，突破培养微环境参数和活性因子原位检测的关键技术瓶颈。结合大数据和人工智能调控，实现多类细胞和活性因子时空分布的精准调控，推动器官芯片技术在高通量药物筛选开发、药物毒理学、人工仿生微环境、多细胞/基质互作、新型体外培养平台等方面的转化应用。在组织器官方面，需要完善可降解高分子材料的植入物设计与制造体系，阐明植入物降解与活性组织再生转化规律。可降解医用植入物应用于临床，需要形成生命体单元–功能设计–无损伤打印–功能生成的研究体系，为研制具有特定功能的组织和器官提供技术支撑。同时，结合干细胞、类器官等前沿生物技术，开发高效修复损伤的活性植入物产品，推动其质量与有效性评价体系的建立。

2031—2035 年：重点研究构建具有复合血管、神经和免疫系统的功能性复杂组织器官，突破高精度细胞 3D 打印和器官全周期培养与动态调控的关键技术瓶颈。通过体外重现组织器官发育和再生过程中的动态微环境，实施器官发育不同阶段的信号程序性激活和功能定向诱导，实现具有复杂功能的个性化组织器官构建。这将推动人工器官在器官修复、个性化医疗、疾病研究和药物研发等领域的转化应用。同时，建立全生命周期的安全性与有效性评估准则，从基础材料、关键工艺、性能指标到生物融合、修复功能等方面进行系统评估，完善产品研发的全过程把控，并从根本上保证产品的高效应用及临床安全，实现可降解高分子聚合物的大规模产业化应用。此外，还需要发展出智能化植入物产品，这些产品具有活性和功能可控性，在植入后能够感知自身和周围组织环境并作出有效反馈，实现生物学功能融合。

七、技术路线图

多材料功能构件增材制造技术路线图见图 4–8。

项目	2023年 ---------------- 2026年 ---------------- 2030年 ---------------- 2035年
需求与环境	航空航天、汽车电子、消费电子等诸多行业对于新一代先进电子电路的需求越来越广泛（诸如曲面共形电路、三维立体电路、3D结构电子、柔性混合电子等），基于多材料增材制造印刷电路板正在颠覆传统印刷电路板生产模式 国家"双碳"战略的背景下，以二次储能电池为代表的新能源器件蓬勃发展。借助增材制造技术高设计自由度、低成本和高可控性的优势，有望从生产制造、能量密度和应用场景方面全面革新新能源行业，实现高能固态动力电池、微型固态电池和共形固态电池的智能制造 超材料提供了全新的设计理念，产生了如5G天线、共形天线、吸波等诸多的产业需求，形成多材料/多结构/多功能超材料功能器件增材制造的材料体系、关键装备和工艺，推动其在汽车、航空、航天、电子领域的落地应用 工程化活性组织与器官替代物的临床需求巨大，国际将生物制造作为生物经济战略性新兴产业发展方向，需要开发新型生物检测芯片实现肿瘤的早期诊断和预后治疗，开发仿人体器官芯片加速新药物研发和疾病治疗，开发功能性复杂器官模型实现人类病损组织替换和再生修复
重点产品	高精度（线宽/线距小于10μm）多层硬质印刷电路板增材制造装备，大尺寸高效柔性混合电子增材制造装备，共形天线、智能蒙皮、汽车电子、柔性电子产品 可穿戴电子设备用可变形的薄膜电池、纤维电池和共形电池等。新能源汽车用高能量密度、轻量化动力电池；微电子、植入式医疗用微型固态电池 全频全向超材料吸波功能结构、5G通信天线的快速制造 用于疾病快速诊断的集成生物检测芯片，用于疾病研究和药物开发的器官芯片，用于病损器官替换和个性化医疗的功能性复杂器官模型，活性组织植入物（如活性骨、人造皮肤、人造血管、人工肝组织、人工心肌组织等）
微电子电路增材制造	目标1：电子电路增材制造新型功能材料体系；柔性混合电子、多层柔性电路板的增材制造新技术	目标2：高精度硬质多层印刷电路板增材制造；多层曲面共形电路增材制造新原理和新装备；多层和大拉伸柔性电路和智能可穿戴电子；生物电子和脑机接口
	途径1：突破基体材料、导电材料、介电材料、封装材料等异质多材料适配等关键技术	途径2：高精度多层PCB增材制造装备和匹配的功能性打印材料
	途径3：多材料体素成形；结构和电子电路一体化打印	途径4：多材料五轴联动曲面共形微纳三维打印机
固态电池增材制造	目标1：固态电池用打印油墨的批量制备，固态电池电极、电解质的可控打印和界面适配	目标2：共形固态电池的高质量打印制造，微型储能器件的集成
	途径1：研究可打印油墨性能与工艺，电极、电解质的可实现打印结构，提高打印结构的稳定性和界面兼容性	途径2：研究平面叉指结构或三维同轴结构微型电池、电容器的打印过程和集成方式
	途径3：研究增材制造技术精度影响因素及优化策略，在微米尺度实现电极的高质量打印	途径4：研究机械变形条件下，共形固态电池的电化学性能稳定性和电池安全性

图 4-8　多材料功能构件增材制造技术路线图

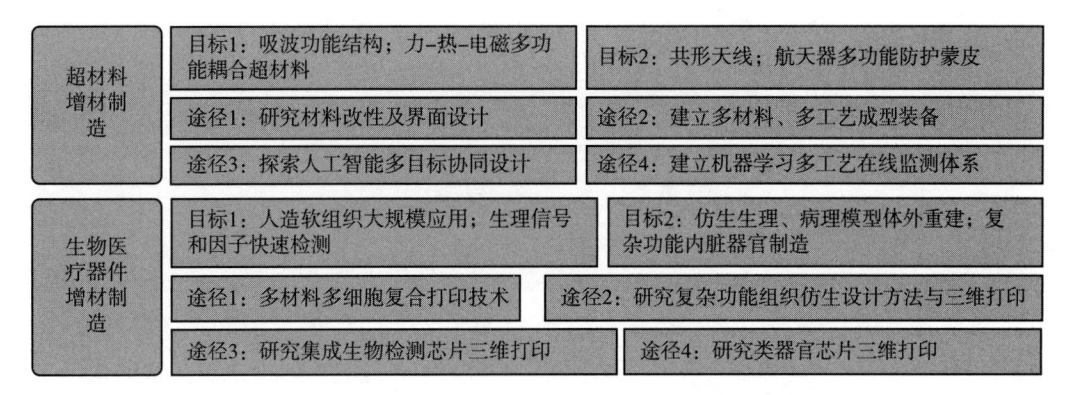

超材料增材制造	目标1：吸波功能结构；力-热-电磁多功能耦合超材料	目标2：共形天线；航天器多功能防护蒙皮
	途径1：研究材料改性及界面设计	途径2：建立多材料、多工艺成型装备
	途径3：探索人工智能多目标协同设计	途径4：建立机器学习多工艺在线监测体系
生物医疗器件增材制造	目标1：人造软组织大规模应用；生理信号和因子快速检测	目标2：仿生生理、病理模型体外重建；复杂功能内脏器官制造
	途径1：多材料多细胞复合打印技术	途径2：研究复杂功能组织仿生设计方法与三维打印
	途径3：研究集成生物检测芯片三维打印	途径4：研究类器官芯片三维打印

续图 4-8　多材料功能构件增材制造技术路线图

参考文献

[1] Goh G L, Zhang H, Chong T H, et al. 3D Printing of multilayered and multimaterial electronics: a review [J]. Advanced Electronic Materials, 2021, 7 (10): 2100445.

[2] Tan H W, Choong Y Y C, Kuo C N, et al. 3D printed electronics: processes, materials and future trends [J]. Progress in Materials Science, 2022 (127): 100945.

[3] 兰红波, 李红珂, 钱垒, 等. 电场驱动喷射沉积微纳3D打印及其在先进电路和电子制造中的应用 [J]. 机械工程学报, 2023, 59 (9): 230-251.

[4] Lyu Z, Lim G J H, Koh J J, et al. Design and manufacture of 3D-printed batteries [J]. Joule, 2021, 5 (1): 89-114.

[5] Mcowen D W, Xu S, Gong Y, et al. 3D-printing electrolytes for solid-state batteries [J]. Adv Mater, 2018, 30 (18): 1707132.

[6] Hider J. Multimaterial 3D printing enables solid state batteries [EB/OL]. [2023-06-29]. https://www.additivemanufacturing.media/articles/multimaterial-3d-printing-enables-solid-state-batteries.

[7] 梁庆宣, 杨贞, 何锦, 等. 超材料结构增材制造技术及其应用研究进展 [J]. 航空制造技术, 2019, 62 (1): 9.

[8] Fan J, Zhang L, Wei S, et al. A review of additive manufacturing of metamaterials and developing trends [J]. Materials Today, 2021 (50): 303-328.

[9] Nazir A, Gokcekaya O, Billah K M M, et al. Multi-material additive manufacturing: A systematic review of design, properties, applications, challenges, and 3D Printing of materials and cellular metamaterials [J]. Materials & Design, 2023: 111661.

[10] 李涤尘, 贺健康, 王玲, 等. 5D打印——生物功能组织的制造 [J]. 中国机械工程, 2020, 31 (1): 83-88.

[11] Murphy S V, De Coppi P, Atala A. Opportunities and challenges of translational 3D bioprinting [J]. Nature Biomedical Engineering, 2020, 4 (4): 370-380.

[12] Lee A, Hudson A R, Shiwarski D J, et al. 3D bioprinting of collagen to rebuild components of the human heart [J]. Science, 2019, 365（6452）: 482-487.

编撰组

组　长：李涤尘

成　员：兰红波　梁庆宣　贺健康
　　　　熊　卓　方永聪　贺　永
　　　　吴玲玲

第九节　面向复杂产品设计、制造、服务软件的智能化技术

一、发展愿景

工业软件是复杂产品设计、制造、服务的基础和核心，不仅涉及各个工业垂直领域，同时涉及产品生产的各个流程环节。现代制造是建立在工业软件基础之上的，如通过二维、三维设计软件可以简化设计，采用计算机软件仿真可大大提高效率等。传统工业软件交互、决策支持、全生命周期仿真建模等功能较弱，且架构复杂、部署环境要求较为严格等，针对"单点"提供软件服务，信息孤岛问题严重，难以利用海量制造大数据和经验。然而，随着工业制造越精密、工业知识日益复杂，需要处理的工业数据呈爆炸性增长。大型企业的制造资源众多，业务线复杂，对于工业软件的要求越来越高，传统工业软件越来越难以满足制造企业业务动态多变的需求。智能化技术在复杂产品设计、制造、服务软件中可以提高产品质量，降低生产成本，缩短生产周期，为用户提供更好的产品和服务体验。因此，传统工业软件亟须智能化技术进行赋能，云化、数字化和智能化成为发展方向，与工业数据、工业知识、工业技术、工业场景等深度融合，催生了人工智能学习引擎、优化决策引擎、建模仿真引擎、云化和微服务化等新的支撑技术需求。

二、未来发展需求

(一)人工智能学习引擎

新一代人工智能学习引擎是数字化转型、智能化升级的"底层建筑",大力发展智能化解决方案是未来发展趋势。新一代人工智能学习引擎的快速发展,将推动社会经济从"数字经济"走向"智能经济",使社会形态和生产模式发生巨大变革,并催生出一系列的新模式、新业态和新技术[1]。融入发展新一代信息技术、人工智能技术的智能化解决方案,实现数据的跨系统采集、传输、分析、应用,优化生产流程,提高效率和质量。需大力发展深度学习技术、人机混合智能技术、基于网络的群体智能技术、跨媒体推理智能技术,构建类似于生成预训练转换(generative pre-trained transforme,GPT)、AlphaFold智能系统等具有强大能力的模型,形成智能算法库,提升工业软件的分析、学习、进化与智能能力[2]。

(二)优化决策引擎

优化决策引擎是制造业智能化的大脑,用于辅助用户进行产品全生命周期、多层次、广视角、众约束、长时域的决策,以实现设计、制造、服务等环节平稳、高效、绿色进行,提高制造效率、综合效益、安全性和可预测性。随着市场竞争日益激烈,产品的结构和工艺日益复杂。为了满足多变的市场需求,要求缩短产品设计和制造周期,不断加快产品迭代速度、优化产品综合性能[3]。优化决策引擎在敏捷设计、先进制造、智能运维等方面具有无可替代的作用[4],使用优化决策引擎可以辅助决策者高效、全面、安全应对产品设计和生产中大量非线性高维约束、多目标优化需求。

(三)建模仿真引擎

建模与仿真引擎是一种基于计算机技术的辅助工具,用于帮助用户在虚拟环境中对当前或未来的系统及场景进行建模和仿真,为更高级的数字孪生建模提供支持[4],复杂产品设计、制造、服务软件的发展使得对建模与仿真技术的需求更为迫切[5]。在对复杂系统和场景进行预测、优化和决策的情况下,建模仿真引擎可以大大提高生产效率和准确性。基于云服务和移动终端的建模仿真引擎成为市场发展的新趋势。为了提高制造业水平和竞争力,许多国家将建模仿真引擎作为一项关键技术,并投入大量人力物力以求大力发展完善占据市场。建模仿真引擎的研发需求包括核心算法和模型库的研发、可视化和交互界面的研发、智能化和自适应技术的研发、安全技术和协同工作技术的研发等。

（四）云化和微服务化

基于工业互联网和云计算的工业软件是新一代信息技术与制造业深度融合的产物[6]。借助云计算技术，工业软件云化、微服务化，成为工业产品设计、制造产业革新的源动力。面对复杂产品设计、制造和服务场景，我国中小型制造企业普遍存在资源和能力不均衡问题。云计算技术作为工业软件发展的强驱动力，使其应用更加灵活。云化技术将集成不同类型的工业软件，缓解制造资源和制造能力不均衡的问题[7]。这极大地缓和了非云化的传统工业软件所带来的诸多问题。传统工业软件在向智能化转变的过程中，与工业数据、工业知识、工业技术、工业场景深度融合，催生了工业软件云化和微服务化。工业软件云化将促进制造类企业之间的资源共享，盘活我国中小企业制造资源的整体存量。其最大优势在于，能够与大型云服务商合作，在满足业务场景需求的同时，借助云服务商构建的软件生态，让工业制造企业基于底层云计算底座打通上层业务应用，实现全业务流程的数字化转型[8]。工业软件微服务化是将传统的单体应用拆分为一组小型、自治的服务的架构模式，能够提供更高的开发效率、灵活性、可扩展性和容错性，特别适用于工业领域复杂和动态的需求，提供了一种可靠的架构模式，支持工业软件的快速迭代和持续创新。我国大型云服务产业的发展，为工业软件云化发展提供了肥沃的土壤，促进了工业软件生态建设。

三、该技术研发水平现状及与国际比较分析

（一）人工智能学习引擎

当前，人工智能技术促使了智能机器语音识别、机器翻译、图像识别、文字识别、语音合成、人机对话、人机对弈、定理证明、机器学习、知识表示、机器人、自动驾驶汽车等技术的快速发展[9]。以 GPT、AlphaFold 等模型技术为代表的人工智能技术实现了模拟、延伸和扩展人类智能。为了在新一轮工业革命中抢占先机，世界各国纷纷加快人工智能在制造业中的应用脚步，如"美国先进制造业战略""德国工业4.0"等。但目前，世界上尚无完整意义的智能工厂案例，各国都在进行积极探索。中国作为制造大国，自感知、自比较、自预测、自优化和自适应等方面有待提升，尚需基于人工智能技术开发强鲁棒、强适应的算法库[10]。未来，随着技术的不断发展，人工智能学习引擎将会在更多领域展现出强大的应用潜力。

（二）优化决策引擎

对优化决策的需求已成为行业内的共识。国际上先进的优化决策引擎有结构优化

系统达索 Tosca、Opcenter 软件等。达索 Tosca 支持结构拓扑优化、形状优化、形貌加强筋优化、尺寸优化、流场拓扑优化；西门子 Opcenter 平台被广泛用于辅助企业生产运作管理。在国内，以杉树科技等为代表的一批优化决策引擎旨在打破国外垄断。市场上现有的优化决策引擎内核以经验规则、数学规划为主[11]。经验规则优化质量较差，数学规划设计难度高、求解时间长、使用门槛高，难以满足日益增长的优化决策需求[12]。

（三）建模仿真引擎

建模与仿真引擎已被广泛应用于各行各业，在智能制造全球化的大背景下，对建模与仿真技术的需求也更为迫切，促进了建模与仿真技术的快速发展。Simulink 软件提供了控制和信号处理图形化建模功能，机械系统动力学自动分析（automatic dynamic analysis of mechanical systems，ADAMS）、SimMechanics 软件、Gazebo 软件、虚拟机器人实验平台（virtual robot experimentation platform，V-REP）等为多体系统的运动学、动力学提供了图形化建模、仿真和分析方法，InteRobot 软件、Robot Art 软件、RobotStudio 软件、ROBCAD 软件广泛应用于机器人离线编程仿真，组态软件在流程工业、电力系统等图形化建模与仿真中取得成功应用。Flexsim 软件、Plant Simulation 软件等为各种制造活动等离散事件进行仿真建模。瑞典艾波比集团（ABB）公司借助于 CAD/CAE/VR 等技术开发了物料堆放场的数字孪生系统，美国参数技术（PTC）公司和 ANSYS 公司建立了水泵的数字孪生系统，欧盟领导的欧洲研究和创新计划项目开发了机床的数字孪生体[13]。

（四）云化和微服务化

"云化"是工业软件实现技术共享、走向轻量化发展的重要方式[14-15]，国外纷纷推出云化产品，如 PTC 的 ThingWorx 和 Onshape、西门子的 Teamcenter X 软件即服务（software as a service，SaaS）解决方案、达索系统的 3DEXPERIENCE、欧特克（Autodesk）的 Autodesk Fusion 360 软件等。此外，国外工业软件巨头进一步选择与现有云服务商进行合作，如 PTC 与微软、达索与亚马逊的云业务合作，在工业软件云化赛道占据了优势位置。我国工业软件起步晚，研发设计类工业软件的自主可控程度较低，但运营管理类软件进展明显。用友、金蝶为代表的老牌厂商均推出了"平台即服务（platform as a service，PaaS）+ 多模块 SaaS"的核心云原生产品，针对中大型企业提供本地化、混合云、公有云等多种部署方案。一些新兴公司也在尝试将"云"融入产品设计，如数巧科技搭建的网络化 CAE 系统。华为云搭建的工业领域云平台和工业 PaaS 平台，帮助国内企业开发工业软件云产品，与产业链上下游企业一起共建新型工业体系。

四、发展的制约因素分析

（一）人工智能学习引擎

（1）数据多样性、不一致性以及标注质量不稳定性，对人工智能算法的准确性和泛化能力产生很大的影响。

（2）数据采集基础设施建设不完备，应加快推动声、光、电、热、力、磁等多传感数据以及程序代码等多源异构数据积累。

（3）应用场景复杂程度高，传统的感知、分析、决策模型和方法难以适用，需发展具有强鲁棒性与及时响应能力的人工智能技术。

（二）优化决策引擎

（1）由于产品需求信息、设计信息来源不同，制造资源数据结构标准各异，易形成信息孤岛，无法充分、高效利用数据资源。打破资源间的数据壁垒，从海量数据中提取出有效信息，为优化决策引擎提供输入，是辅助产品设计、生产、运行、维护决策的基础性工程。

（2）现有的优化决策引擎内核无法应对复杂约束下海量数据，无法即时、高效响应产品需求变化，亟须研究以人工智能算法、群智能优化算法为代表的智能优化算法在优化决策中的应用。

（3）优化决策需求高度差异化，优化决策引擎开发难度大、周期长、成本高昂。

（三）建模仿真引擎

（1）由于制造过程的复杂性和物理特性，模型的组成更复杂、生命周期更长、高度异构、可信度极难评估、可重用性更高，面向复杂制造过程全生命周期的智能建模方法亟待研究与完善，如何有效将数字孪生建模中这些基于不同物理特性的模型关联在一起亟待研究。

（2）商品化仿真软件所包含的知识是一般性通用知识，无法解决具体的新产品和新零部件设计及制造问题。在产品制造过程中，对数字孪生中产品制造过程的精细化管控，仍面临严峻挑战。

（3）随着云计算技术和移动终端的发展，如何在云环境以及移动终端下，通过仿真支持制造全生命周期的协同优化，成为仿真技术面临的新挑战，且在数字孪生建模制造过程中仍存在断点问题。

（四）云化和微服务化

（1）工业软件云化后缺乏应用场景。总体上看，这主要是由于我国工业基础和专有技术与领先制造强国还有差距，多数云化工业软件在工业机理模型和专业技术方面沉淀不足。

（2）工业企业数字化基础总体上薄弱，数字化能力参差不齐。企业内部之间、产业链上下游之间、跨领域各类生产设备之间存在"信息孤岛"，导致资源数据难以集成、共享和协同应用。

（3）我国在云化工业软件方面的生态构建不完全且网络信息安全保障能力不强。现有工业云平台产品在设备层、网络层、平台层存在诸多安全隐患，有被网络攻击甚至非法控制的风险，这也从云平台角度阻碍了工业软件云化的进程。

五、重点发展方向

（一）人工智能学习引擎

（1）发展以小模型为基础的多技能技术路线，大模型和多技能技术路线同步并进，在基础研究方面探索更高准确性和泛化能力学习等技术路线，并进一步提升决策能力与扩展应用范围。

（2）开展多维状态传感的相关理论研究和技术突破，形成融合模式识别、信号处理、人工智能算法等多学科的边缘端数据智能分析方法，对多个传感器的多维状态数据进行综合处理。

（3）基于数据、知识、人工智能算法等技术，对应用场景高复杂程度环境下不可预测、不确定性因素的获取、实时传输、准确建模等问题进行实时处理。

（二）优化决策引擎

（1）研究以智能优化算法为核心的新一代优化决策算法在制造全生命周期的应用。

（2）针对复杂产品生产的领域知识研究敏捷设计、快速建模方法，构建优化决策引擎原型库，减小功能颗粒度，进而建设面向云计算的工业应用程序（Application，APP），将工业技术和知识转化为工业微服务，实现快速低成本的定制化引擎设计。

（3）探索低代码、虚实结合的建模方法，构建高适应性、用户友好的全生命周期一体化智能决策体系，降低实施难度，突破优化决策引擎推广和应用的关键瓶颈。

（三）建模仿真引擎

（1）面向制造全生命周期的智能建模引擎，突破面向制造全生命周期的智能建模理论，以及数字孪生中的多物理模型关联技术。

（2）面向大数据的仿真引擎，解决具体的新产品和新零部件设计及制造问题，突破全生命周期数字孪生技术。

（3）云环境和移动终端下的智能仿真引擎，达到实时的建模与仿真，并融合数字线程和数字孪生技术。

（四）云化和微服务化

（1）加强云服务厂商与制造企业合作，提速产品迭代。工业软件订阅模式放置云端，基于虚拟指令集体系架构（WebAssembly）形式推进软件云化和SaaS化进程。降低研发门槛和成本，实现从精英化软件研发向大众化研发转变。

（2）工业软件通过物联网，端对端打通数据，产品数据及工业设备进行实时数据交互，实现集成化发展，工业软件完全实现各功能端一体化。

（3）促进云化工业软件与人工智能、虚拟现实等技术深度融合。

六、阶段性研究内容与预计实现时间

（一）人工智能学习引擎

预计到2026年，实现深度学习模型的优化、跨模态深度学习、神经架构搜索等技术应用。突破基于人工智能技术、智能信息技术、5G技术的智能传感、智能检测与智能监控，实现运行状态实时感知。

预计到2030年，实现多语言自然语言处理、自然语言生成、全景视觉、三维物体识别等。大数据与人工智能技术等在不同智能制造环节中大量应用。

预计到2035年，实现多智能体强化学习、自适应对话生成、情感识别等。构建产品质量画像、设备异常检测、质量缺陷修复等数据治理体系，实现精密生产智能管控。

（二）优化决策引擎

预计到2026年，突破新一代优化决策算法，形成具有大规模数据处理和敏捷响应能力的产品全生命周期优化决策引擎。

预计到2030年，形成优化决策引擎原型库，在航天、航海、电子等制造行业实现优化决策系统的标准化建设和运行。

预计到2035年，在积累海量制造模型库、决策资源库的基础上，构建自适应优化决策系统，通过数字孪生、云计算等技术联通仿真建模和优化决策引擎设计，建立自设计、自学习、自进化的优化决策体系。

（三）建模仿真引擎

预计到 2026 年，实现面向制造全生命周期的智能建模引擎，突破面向制造全生命周期的智能建模理论，建立面向更复杂、生命周期更长的智能建模研究方法和技术，突破数字孪生中的多物理模型关联技术，解决时序和几何尺度等问题。

预计到 2030 年，实现面向大数据的仿真引擎，获取和积累制造过程的数据、经验和知识，通过机器学习算法建立逼近真实系统的"近似模型"，在大数据的基础上，仿真将从对因果关系的分析转向对关联关系的分析。建立面向更复杂、生命周期更长的全生命周期数字孪生技术。

预计到 2035 年，实现云环境和移动终端下的智能仿真引擎，在突破制造云平台技术的基础上，将智能建模与仿真技术搬到云平台和移动终端上，达到实时的建模与仿真。融合数字线程和数字孪生技术，实现单一产品数据源和产品全生命周期各阶段高效协同。

（四）云化和微服务化

预计到 2026 年，工业软件云化部署程度较高，企业从硬件资源和运维部署中解放，提速产品迭代。微服务模式将降低软件研发的门槛和成本，从精英化软件研发向大众化研发转变。

预计到 2030 年，工业软件销售方式转向订阅模式放置于云端。基于 WebAssembly 云化方式，实现对高精度、高性能的核心诉求，工业产品的云化和 SaaS 化发展成熟。端对端打通数据，产品数据与工业设备进行实时数据交互，对全生产过程进行监控和管理，实现集成化发展。

预计到 2035 年，工业软件云化部署发展成熟，将完全实现一体化。包括前后端一体化，从设计到生产全链路一体化，数据和行业标准一体化，CAD/CAE/CAM 等设计流程一体化。并逐步实现云化工业软件与人工智能、虚拟现实等技术的深度融合。

七、技术路线图

面向复杂产品设计、制造、服务软件的智能化技术路线图见图 4-9。

项目	2023年 -------------- 2026年 -------------- 2030年 -------------- 2035年
需求与环境	智能化技术在复杂产品设计、制造、服务软件中可以提高产品的质量，降低生产成本，缩短生产周期，为用户提供更好的产品和服务体验。传统工业软件在向云化、数字化和智能化转变的过程中，与工业数据、工业知识、工业技术、工业场景深度融合，催生了人工智能学习引擎等技术和平台
重点产品	人工智能学习引擎、优化决策引擎、建模与仿真引擎、云平台、工业软件微服务平台

人工智能学习引擎	方向或目标：产品全生命周期状态实时感知	方向或目标：大数据与人工智能技术的智能制造环节应用	方向或目标：精密生产智能管控
	途径1：智能传感、智能检测与智能监控	途径2：自然语言处理、自然语言生成、全景视觉、三维物体识别	途径3：多智能体强化学习、自适应对话生成、情感识别

优化决策引擎	方向或目标：产品全生命周期优化决策引擎	方向或目标：重点行业优化决策系统	方向或目标：自适应优化决策体系
	途径1：大数据存储与管理技术	途径3：工业微服务	途径4：数字孪生和云计算
	途径2：新一代优化决策算法	途径5：引擎原型库、制造模型库、决策资源库	

建模仿真引擎	方向或目标：面向制造全生命周期智能建模引擎	方向或目标：面向大数据的仿真引擎	方向或目标：云环境和移动终端下的智能仿真引擎
	途径1：智能建模研究方法和技术、多物理模型关联技术	途径2：大数据技术、深度学习技术、全生命周期的数字孪生技术	途径3：云平台技术、实时建模与仿真技术、融合数字线程和数字孪生技术

云化和微服务化	方向或目标：加强与云服务厂商协同合作	方向或目标：软件订阅模式放置云端，软件即服务化成熟	方向或目标：云部署技术成熟，完全一体化
	途径1：完善硬件资源与云基础设施，由精英化向大众化转变	途径2：虚拟指令集体系架构WebAssembly云化，端对端数据互通，产品与设备数据交互，生产过程监控	途径3：前后端、设计和全生产、数据和行业标准、设计流程均一体化

图 4-9　面向复杂产品设计、制造、服务软件的智能化技术路线图

参考文献

［1］李伯虎. 新一代人工智能技术引领中国智能制造加速发展［J］. 网信军民融合，2018，19（12）：9-11.

［2］丁汉，袁烨. 前言——工业人工智能［J］. 中国科学：技术科学，2020，50（11）：1413.

［3］何玲，杨观赐，章杰，等. CAD/CAE 技术应用［M］. 南京：南京大学出版社，2019.

［4］Tao F，Qi Q. Make more digital twins［J］. Nature，2019，573（7775）：490-491.

［5］李培根，高亮. 智能制造概论［M］. 北京：清华大学出版社，2021.

［6］国家自然科学基金委员会工程与材料学部. 机械工程学科发展战略报告：2011—2020［M］. 北京：科学出版社，2010.

［7］Kusiak A. Smart manufacturing must embrace big data［J］. Nature，2017，544（7648）：23-25.

［8］李伯虎，张霖，王时龙，等. 云制造——面向服务的网络化制造新模式［J］. 计算机集成制造系统，2010，16（1）：1-7，16.

［9］郑世林，姚守宇，王春峰. ChatGPT 新一代人工智能技术发展的经济和社会影响［J］. 产业经济评论，2023（3）：5-21.

［10］Zhou J，Li P，Zhou Y，et al. Toward New-Generation Intelligent Manufacturing［J］. Engineering，2018，4（1）：11-20.

［11］黎阳，李新宇，牟健慧. 基于改进模拟退火算法的大规模置换流水车间调度［J］. 计算机集成制造系统，2020，26（2）：366-375.

［12］姜晓波，涂康玮. 虚拟现实环境下的工业造型设计复杂问题求解优化［J］. 现代电子技术，2019，42（9）：155-157，162.

［13］中国机械工程学会. 中国机械工程技术路线图（2021 版）［M］. 北京：机械工业出版社，2022.

［14］周济. 以创新为第一动力 以智能制造为主攻方向 扎实推进制造强国战略［J］. 中国工业和信息化，2018，5（9）：16-25.

［15］赵飞宇. 云架构 CAD 软件及其关键技术与应用综述［J］. 计算机集成制造系统，2022，28（4）：959-978.

编撰组

组　长：高　亮

成　员：李新宇　张　洁　吕佑龙

　　　　高艺平　陈浩杰　汪俊亮

第十节　数据与知识融合驱动的制造过程自决策技术

一、发展愿景

随着资源短缺、成本上涨、产品交期缩短、市场需求波动增大等问题出现,生产模式正朝着"多品种、小批量、柔性化"的方向发展,给制造业带来前所未有的挑战。5G、人工智能等新一代信息技术的飞速发展及其与制造业的深入融合也促使制造技术向智能化方向转变,发展智能制造成为了国际社会的共识[1]。作为智能制造的重要基础和生产要素,大数据被视作驱动智能制造与助力制造业智能化转型升级的关键[2-3]。

智能决策是智能制造的核心技术,是实现产品制造过程各环节性能优化(如提升产品质量和生产效率、降低生产成本)的有效手段[4]。在"大数据"概念提出与相关技术发展之前,制造过程决策主要为在分析参数与目标的因果关系基础上依赖"模型+算法"的被动决策模式,不仅无法适应产品需求和工艺越来越多样、制造系统越来越复杂的发展趋势,也不能及时提供理想的决策方案,严重影响生产性能指标。同时,缺乏主动性的决策也难以实现"真正的"智能制造。因此,亟待探索制造过程自决策技术,变"被动决策"为"主动调控"。即在对源源不断数据分析与处理的基础上,学习与挖掘制造过程的复杂演化规律、知识经验,精确预测生产中的不确定异常扰动并主动规避,使制造系统具有自学习、自优化、自调控能力,进而实现"真正的"智能制造。

为实现数据与知识融合驱动的制造过程自决策,需攻克制造过程大数据感知分析与异常工况预测、问题建模与知识发现、自主决策与优化等关键问题,有助于制造企业优化生产过程,推动生产方式向柔性、智能化、精细化转变,促进整个制造业向高端、智能、绿色、服务的方向发展。

二、未来发展需求

(一)大数据感知分析与异常工况预测

大数据感知分析与异常工况预测是提前预知制造过程中各类异常事件(如订单、工艺、资源变化)的关键,是提升制造过程中工艺规划、设备与过程控制、生产调度、故障诊断、系统管理与客户服务等典型环节智能化的重要基础和必然选择。随着新一代信息技术的飞速发展以及与制造业的深度融合，制造过程中数据的海量、多源异构、高维度、时序、多尺度等特性愈发明显，且还伴随着高噪声、不确定、不平衡等特性，促进深度学习等人工智能方法在数据感知、分析与异常预测中获得广泛应用。未来发展需求主要包括以下三个方面：

（1）制造大数据关系网络模型构建。产品、工艺、设备等制造数据相互影响，使制造过程呈现复杂的运行特性，构建制造数据关系网络模型能高效提取数据特征与关键信息，实现对制造过程的准确感知。

（2）基于轻量化网络的制造大数据分析。制造数据具有海量特性，且增速相较于其他大数据领域更快，轻量化训练网络能够减少计算量和降低对训练硬件的需求，有效控制实际应用成本。

（3）小样本异常工况预测。制造数据存在多源异构特性，且异常工况发生概率较低，基于多模态数据融合的小样本学习技术能有效提升模型对潜在异常样本的检测能力，实现异常工况的精准和快速预测。

（二）问题建模与知识发现

制造过程往往涉及大量的制造资源与复杂的制造工艺，而且还常常伴随着不可避免的异常事件，是一个复杂的动态过程。然而，现有建模方法较为单一且难以适应大规模决策优化问题，并且对相关领域知识的研究较少，导致优化算法执行效率低、优化效果差。因此，研究问题机理与数据融合驱动的建模方法，建立面向工艺、生产、物流等制造过程中多环节的多要素融合主动决策模型，对问题特征与领域知识进行充分挖掘，将为自主决策与优化提供知识与依据。未来发展需求主要包括以下三个方面：

（1）制造过程性能多维评价体系。生产性能可以从产品、工艺、设备、运行、物流等多个角度衡量，如产品合格率、设备利用率、日产出量、生产周期、物料配送及时性等，从大量相互关联的制造数据统计表征，建立面向多种性能指标的多维评价模型，有利于实现生产性能的准确评估。

（2）工艺、生产、物流等多环节协同优化模型。产品制造过程的工艺、生产、物流等多个环节中存在各种扰动，结合产品工艺，分析各种扰动发生的根本原因，对其进行分类，构建考虑不同扰动类型的多环节协同、多要素融合主动决策模型，有利于实现制造方案的实时调整。

（3）领域知识分析与挖掘。结合主动决策模型，分析制造过程决策方案的地形特征，探索高效邻域结构及其近似评估方法，有利于快速生成可行且高效的决策方案。

(三)自主决策与优化

智能决策是生产准备和生产实施的纽带,是提升制造企业生产效率、降低生产成本的重要法宝。目前,决策模式大多采用基于异常事件发生后生产场景分析的被动决策方式,具有一定的滞后性。为了实现被动决策模式向"预测+调控"的主动模式转变与优化性能提升,需要融合基于大数据的未来某时间段内运行状态预测结果与领域知识,进行预判式调控,消除制造过程异常事件对生产效率的影响,不仅发挥了制造大数据与领域知识的价值,也进一步避免了主观因素干扰与降低决策成本。相关未来发展需求主要包括以下三个方面:

(1)数据与知识融合驱动的主动决策优化。基于异常工况的精准预测结果,构建主动规避和处理机制以得到合理的方案,并结合领域知识设计优化框架及算子,提升制造过程全局优化能力。

(2)主动决策规则生成与选择。基于历史数据分析和深度强化学习等架构实现不同状态下规则生成与选择,以快速响应不可预测突发事件和对出现偏差的预测异常工况决策结果修正。

(3)云边端协同的主动决策方法集成。针对不同方案调整程度、计算能力等需求,分别在云端或边缘侧部署不同的全局或局部决策算法,实现生产过程高效稳定运行。

三、该技术研发水平现状及与国际比较分析

(一)大数据感知分析与异常工况预测

随着数据成为全球竞争的生产要素与关键性资源,数据感知分析与异常工况预测的重要性也日益提升。在数据感知与分析层面,大量国内外学者基于制造执行系统、中间件、数据库等工具研究了制造过程中产品质量、工艺、系统等相关数据的数据清洗、噪声建模、时序分析、数据聚类等方法技术[5]。但当前方法多只针对有限的结构化数据,无法处理智能制造发展中占比越来越高的半结构化、非结构化数据,且无法精确描述制造大数据之间的关联关系与制造系统的全部特性。此外,由于制造过程中异常工况相较于正常工况属于小概率事件,可收集样本数量较少,且制造过程中的数据来源于不同设备、不同产商,往往呈现多源和多模态特性。为实现异常工况的精准预测,目前国内外学者聚焦于数据增强[6](如从原始数据、弱或非标记、相似数据集转换)、多模态数据融合[7](如数理统计、机器学习)、预测模型构建[8](如时间

维度、因果关系维度)等关键技术,但如何针对多种异常工况(如交期变化、订单变更、机器故障)设计合适的策略,进而提高异常工况预测的准确性有待进一步研究。

(二)问题建模与知识发现

智能制造过程涉及多机协同,以及大量制造对象及物流运输,是一个复杂的动态系统。因此,针对复杂制造过程进行高效、精确建模,有助于对问题特征进行深刻理解以及知识的深度挖掘,是实现制造过程自决策与优化的关键[9]。由于复杂制造过程优化问题存在变量数量多、约束种类多、耦合关系复杂等特点,采用传统方法建模难度较大。目前,国外相关领域学者多在针对问题特征进行深入分析后,采用不同表示方法对复杂问题进行转换并建立混合整数规划模型进行求解[10]。针对复杂制造系统,部分学者采用数据驱动的建模方法进行求解[11]。国内相关领域研究工作多集中在理论方法探索,虽在针对公开测试集的求解效果上达到国际水平,但尚未在制造企业进行推广应用。随着新一代信息技术的发展,数据模型成为复杂制造系统建模的重要手段。因此,研究问题机理与数据融合驱动的建模方法引起了相关领域学者的广泛关注。综上所述,如何针对实际生产中的复杂制造过程进行合理、高效地数学建模,并且针对问题特征进行领域知识的充分挖掘,以指导求解方法的设计,仍需进一步的研究。

(三)自主决策与优化

近年来随着制造系统柔性、复杂程度越来越高,为了提升生产效率、产品质量等生产性能指标,关键在于实现调度、质量控制等典型生产环节的决策与优化。针对不同的目标与约束,大量元启发式智能算法(如遗传算法)、调度规则被提出、改进与应用[12]。但传统决策方法面临算法复杂度过高、适应性差等方面问题,究其根本在于未能突破传统的"模型+算法"的决策模式。智能制造的兴起与数据分析技术的发展使工艺、设备、任务等关键生产要素的运行规律发掘与定量调控成为可能,传统被动式决策也逐步向"预测+调控"的决策模式转化。目前并未存在系统性自主决策与优化技术研究,仅结合数字孪生、物理信息系统等智能制造核心技术对其应用进行初步探索,如基于数字孪生中物理空间和信息空间交互共融的理念,设计动态交互决策策略来实现制造过程异常事件的实时响应和组织[13];通过从数据价值利用的深度和广度分析主动制造与传统制造模式的异同,结合社会物理信息系统的制造模式构建大数据驱动的主动制造体系架构[14]。作为未来智能制造的重要发展趋势之一,自主决策与优化模式、方法、系统等有待进一步深入研究。

四、发展的制约因素分析

（一）大数据感知分析与异常工况预测

（1）制造大数据的多来源、多维度特性使各信息系统之间的数据交流困难，且各类制造大数据的不断积累导致日益严峻的数据灾难，现有数据感知与分析技术难以应对飞速增长的数据规模，直接导致制造数据分析的高延迟与难以进行深度挖掘，影响及时性与准确性。

（2）制造过程中异常工况为小概率事件，同时考虑多类扰动增加了寻求合适数据增强策略的困难程度，且现有数据融合方法只服务于数据分布特性相对固定的情况，并未考虑生产环境中因为温度、湿度、负载等工况变化导致分布特性改变的影响。

（3）基于新一代人工智能的异常预测技术尚处于初步阶段，面向复杂制造场景异常工况预测时，深度神经网络的学习效率问题、模糊规则和去模糊化问题等均缺乏客观、系统的设计方法，导致泛化性和收敛性难以保证。

（二）问题建模与知识发现

（1）现有的关于主动决策的研究仅停留在概念层面，并没有深入研究如何针对制造过程扰动做出实时主动决策。在高度信息化的生产场景下，需主动感知生产状态，实时预测制造过程中的扰动，并做出快速响应。

（2）现有的生产性能衡量标准较为单一，并不能全面地衡量制造系统运行水平以及生产能力。随着产品、设备、物流等多样化、柔性化的发展，研究生产性能的多维描述方法，建立面向多种性能指标的统一多维评价模型，实现生产性能的准确评估十分重要。

（3）传统方法主要集中在单一地优化工艺规划、生产调度或物流规划，或仅考虑"工艺–生产–物流"之间的静态处理模式，难以适应柔性化的工艺约束、生产性能以及物流路径。制造业的产能是由工艺规划、生产调度与物流规划共同决定的，三者之间相互影响相互制约，因此亟须研究工艺、生产与物流协同优化模型。

（三）自主决策与优化

（1）制造过程中产品工艺、生产任务、生产资源等要素状态不断变化，难以精确描述运行状态参数、决策策略与逻辑、生产性能之间的因果关系，从而无法形成具有强鲁棒性与及时响应能力的运行决策机制。

（2）传统被动式决策理论已经逐渐不能满足新制造模式的需求，但目前研究仅包含自主决策与优化的部分内涵，缺乏系统化、标准化的自主决策与优化理论，无法指导相关方法、系统研发与工程应用，难以发挥高度信息化下新制造模式的最大优势。

（3）目前，少数自主决策与优化方法的研究仍然建立在通过改进算法或者传统的预-反应式调度策略的基础上，并未真正实现向"预测+调控"决策新模式的转变，且缺乏针对不可预测扰动或异常预测偏差的自主决策方法研究，难以适应实际工程应用需求。

五、重点发展方向

（一）大数据感知分析与异常工况预测

（1）研究面向业务应用的多源异构制造数据感知分析方法，重点分析跨时空尺度制造数据的关联性和耦合作用机理，构建制造数据的关联模型，挖掘制造过程性能演化规律，实现全过程、全要素、跨时空状态的制造大数据混合感知与分析。

（2）研究基于多模态数据融合的制造过程异常工况预测方法，探索小样本数据下考虑多种异常工况的数据增强策略，分析制造数据分布特性变化下对数据融合与处理的影响，实现交期变化、订单变更、机器故障等典型制造异常事件的精准预测。

（3）研究面向复杂制造场景下深度神经网络等新一代人工智能技术的收敛性、泛化性及可解释性提升，结合振动、位移与速度、功率、温度、压力、视觉等多传感器信息融合，实现面向个性化、服务化和智能化的制造大数据分析与异常工况预测应用。

（二）问题建模与知识发现

（1）研究生产性能的多维描述方法，围绕制造过程主动决策问题，基于大量相互关联的制造数据统计表征，借助制造数据复杂网络关系模型，建立面向多种性能指标的统一多维评价模型，准确评估生产性能变化。

（2）研究制造过程中各种扰动发生的根本原因，将扰动分为可预测扰动与不可预测扰动，融合智能制造场景中人-机-料-法-环等多要素，构建不同扰动类型的工艺、生产、物流等多环节协同主动决策模型。

（3）研究生产方案的解空间地形特征，设计种群在解空间中的均布方式；分析与挖掘主动决策模型的领域知识，设计高效邻域结构；基于AGV运行的先验完全信息和栅格地图模型，探索路径分区方法，分析解空间中可裁剪区域，设计局部避碰规则等。

（三）自主决策与优化

（1）研究数据与知识融合驱动的主动决策优化方法，分析规避预测异常事件对优化的影响，设计基于领域知识的优化算子，建立工艺、生产、物流等典型生产环节的协同优化机制，实现制造过程全局优化。

（2）研究基于深度强化学习的主动调度规则生成与选择机制，结合历史数据分析与智能训练探索不同运行状态下主动调度规则的性能变化规律，实现不可预测扰动突发事件的快速响应与异常事件预测不准确的决策结果修正。

（3）研究云边端协同的制造全流程自主决策与优化框架，结合云边端协同框架建立数据与知识融合驱动的智能决策机制，深层次挖掘生产性能演化规律，设计生产性能在线调控策略，实现制造过程自主决策与优化。

六、阶段性研究内容与预计实现时间

（一）大数据感知分析与异常工况预测

预计到2026年，通过构建多源异构数据集成平台管理包括工艺、生产、质检、仓储、售后等方面的产品制造过程全生命周期数据，获取数据变化规律，建立数据关联模型，实现全要素、跨时空状态的制造数据智能感知与分析处理。

预计到2030年，实现小样本数据下基于多模态数据融合的异常工况预测方法在工艺规划、生产调度、质量检测等不同制造环节的广泛应用，精准预测交期变化、订单变更、机器故障等制造过程典型异常事件。

预计到2035年，全面提升新一代人工智能技术的收敛性、泛化性及可解释性，构建轻量化网络进一步减少学习时间及应对制造数据规模急剧增加，实现多要素、多维度传感信息融合的个性化、服务化、智能化制造大数据分析与异常工况精准预测。

（二）问题建模与知识发现

预计到2026年，完成构建生产性能多维评价模型和面向工艺、生产、物流等多环节协同的多要素融合主动决策模型。

预计到2030年，完成基于主动决策模型的领域知识分析与挖掘，实现面向工艺、生产、物流等多环节协同优化的生产计划快速生成与评估。

预计到2035年，基于大数据、云计算、物联网等新一代信息技术在制造过程中的应用，挖掘各类型复杂工况下主动决策模型的特征，建立一套成熟的制造过程主动决策建模理论体系。

（三）自主决策与优化

预计到2026年，实现关键生产要素、决策策略与逻辑、生产性能指标的关联描述，基于生产性能演化规律设计云边端协同的自主决策与优化框架，完成基于强化学习的主动调度规则生成与选择机制。

预计到 2030 年，形成数据与知识融合驱动的制造过程决策机制，实现主动决策优化方法在工艺、生产、物流等典型制造环节中的应用，并同时考虑可预测扰动与不可预测扰动的多环节自主决策与全局协同优化。

预计到 2035 年，建立自主决策与优化理论体系架构，完成关键技术、系统研发与工程应用等主要内容研究，实现传统"模型 + 方法"的被动决策模式向"预测 + 调控"的主动决策模式转变。

七、技术路线图

数据与知识融合驱动的制造过程自决策技术路线图见图 4–10。

项目	2023年 ———————— 2026年 ———————— 2030年 ———————— 2035年
需求与环境	随着资源短缺、成本上涨、产品交期缩短、市场需求波动增大等问题出现，生产模式正朝着"多品种、小批量、柔性化"的方向发展。目前，制造过程决策主要为被动决策模式，无法适应制造系统越来越复杂的发展需求。亟须攻克数据与知识融合驱动的制造过程自决策技术，促进整个制造业向高端、智能、绿色、服务的方向发展
重点产品	制造大数据分析平台、制造过程智能管控一体化软件
大数据感知分析与异常工况预测	方向或目标：制造大数据智能感知与数据分析 / 方向或目标：制造大数据融合与制造过程异常工况预测 / 方向或目标：面向个性化、服务化和智能化的制造大数据分析与异常工况预测应用
	途径1：研究制造数据的耦合作用机理，构建制造数据关联模型 / 途径2：探索数据增强策略，分析制造数据分布特性变化影响规律 / 途径3：全面提升新一代人工智能技术的收敛性、泛化性及可解释性，构建轻量化网络以减少学习时间
问题建模与知识发现	方向或目标：多维评价模型和主动决策模型 / 方向或目标：主动决策模型的领域知识分析与挖掘 / 方向或目标：制造过程主动决策的建模理论体系
	途径1：建立制造数据网络关系模型，融合制造过程多生产要素 / 途径2：研究解空间地形特征，设计高效邻域结构，探索解空间可裁剪区域 / 途径3：基于新一代信息技术在生产制造中的应用，挖掘各类型复杂工况下主动决策模型的特征
自主决策与优化	方向或目标：主动调度规制生成与选择机制 / 方向或目标：数据与知识融合驱动的主动决策优化方法 / 方向或目标：云边端协同的制造全流程自主决策与优化框架
	途径1：探索主动调度规则的性能变化规律，实现主动决策修正 / 途径2：分析异常事件的影响规律，建立工艺、生产、物流协同优化机制 / 途径3：深层次挖掘生产性能演化规律，设计生产性能在线调控策略，实现制造过程自主决策与优化

图 4–10 数据与知识融合驱动的制造过程自决策技术路线图

参考文献

[1] 李培根，高亮. 智能制造概论［M］. 北京：清华大学出版社，2021.

[2] 吕佑龙，张洁. 基于大数据的智慧工厂技术框架［J］. 计算机集成制造系统，2016，22（11）：2691-2697.

[3] KUSIAK A. Smart manufacturing must embrace big data［J］. Nature，2017，544（7648）：23-25.

[4] 国家制造强国建设战略咨询委员会.《中国制造2025》重点领域技术创新绿皮书：技术路线图［M］. 北京：电子工业出版社，2016.

[5] 汪俊亮，高鹏捷，张洁，等. 制造大数据分析综述：内涵、方法、应用和趋势［J］. 机械工程学报，2023（12）：1-16.

[6] Liu J，Qu F，Hong X，et al. A small-sample wind turbine fault detection method with synthetic fault data using generative adversarial nets［J］. IEEE Transactions on Industrial Informatics，2018，15（7）：3877-3888.

[7] Gao J，Li P，Chen Z，et al. A survey on deep learning for multimodal data fusion［J］. Neural Computation，2020，32（5）：829-864.

[8] Wen L，Gao L，Li X. A new deep transfer learning based on sparse auto-encoder for fault diagnosis［J］. IEEE Transactions on systems，man，and cybernetics：systems，2017，49（1）：136-144.

[9] 张洁，秦威，高亮. 大数据驱动的智能车间运行分析与决策方法［M］. 武汉：华中科技大学出版社，2020.

[10] 赖李媛君，张霖，任磊，等. 工业互联网智能调度建模与方法研究综述［J］. 计算机集成制造系统，2022，28（7）：1966-1980.

[11] Wang J，Xu C，Zhang J，et al. Big data analytics for intelligent manufacturing systems：A review［J］. Journal of Manufacturing Systems，2022（62）：738-752.

[12] Houssein E H，Gad A G，Wazery Y M，et al. Task scheduling in cloud computing based on meta-heuristics：review，taxonomy，open challenges，and future trends［J］. Swarm and Evolutionary Computation，2021（62）：100841.

[13] 陶飞，张萌，程江峰，等. 数字孪生车间——一种未来车间运行新模式［J］. 计算机集成制造系统，2017，23（1）：1-9.

[14] 姚锡凡，周佳军，张存吉，等. 主动制造——大数据驱动的新兴制造范式［J］. 计算机集成制造系统，2017，23（1）：172-185.

编撰组

组　长：李新宇

成　员：高　亮　张　洁　吕佑龙

　　　　陈浩杰　张春江　汪俊亮

第十一节 云边协同的工业互联网技术

一、发展愿景

工业互联网是新一代信息技术与制造业深度融合的产物,是当前全球范围内正在进行的人与机器、机器与机器、机器实体与数字虚体等全面连接的新一轮技术革命[1]。工业互联网通过人、机、物的全面互联,构建起连接全要素、全产业链、全价值链的新型工业生产制造和服务体系,成为支撑智能制造的关键综合信息基础设施[2]。

当前,工业互联网与制造产业深度叠加,涵盖制造业数字化转型的各个方面,加速制造业数字化、网络化、智能化转型升级的历史进程,展现出难以估量的潜力和发展空间[3]。然而,随着工业互联网的不断发展,传感器、底层设备接入的数量越来越多,各类型的数据呈现爆炸式增长,导致难以实时处理大量的数据。因此,为提高数据处理的效率和灵活性,亟须发展云边协同的工业互联网技术,利用云计算提供大规模数据存储和处理能力,利用边缘计算将计算能力从云端转移到离数据源更近的本地设备,通过云端和边缘计算之间的高效协同,实现对整个生产过程的实时监控、分析与决策,以推动工业智能化的进程[4]。

二、未来发展需求

(一)云边协同技术

云边协同是指云端和边缘端之间的协作机制,旨在通过将云计算的大规模数据处理能力和边缘计算的实时性、低延迟相结合,以提高算力服务品质和利用效率[5]。随着5G、人工智能、物联网的发展,数据呈现爆炸式增长态势,直接运用云端的大规模算力,容易在带宽、延时方面付出大量成本。因此,亟须加快推进云边协同技术,通过在边缘端灵活部署具有自主决策能力的计算节点,支撑具有极低时延需求的业务应用,同时通过在云端建设高性能的数据中心,提供公共算力资源,降低算力使用成本,推动企业深度上云用云,实现算力可持续发展。

(二)安全可信的行业数据空间

安全可信的行业数据空间作为行业数据流通的载体,为各企业提供一种主体可信、流程先进、安全可靠的数据管理服务[6]。行业数据空间利用区块链、隐私计算、数据分析、数字孪生等先进技术手段,从底层解决因缺乏行业数据支持而造成的技术研发与场景应用"卡脖子"问题,通过提供多业务场景下数据的高可用、高复用能力,提高企业管理效率和数据安全性,促进产业链价值链上下游企业之间的数据共享、数据交换和数据协同,通过跨企业跨地域数据汇集与融通,实现产品全生命周期数据管理与追溯,推动以行业数据空间为驱动的产业变革与生态创新。

(三) 分布式计算资源优化

分布式计算资源优化是指将计算资源扩展到边缘设备或云中心进行使用,以分布式优化算法创新推动算力水平提升[7]。随着工业数字化转型过程,传感器、移动设备、可穿戴设备、机器人等边缘设备会产生大量分散耦合且价值密度偏低的数据,难以通过高带宽数据传输对这些规模庞大的数据进行云端计算分析。因此需要发展高效灵活、安全可靠、智能协作的分布式计算资源优化架构和算法,在边缘设备中集成预处理、统计、检测等算法,就近实现数据可视化、异常识别等实时分析工作,在云中心部署组件化的分类、预测、优化等模型,深入实现规律发现与诊断等业务应用,从而降低数据传输、数据存储与数据计算成本,以提高计算效率和资源利用率。

(四) 工业互联网服务体系

工业互联网服务体系驱动企业经营方式由传统的产品为中心向以新的服务为中心的模式转变,以摆脱对资源、能源等要素的重度依赖,灵活拓展服务增值手段,实现服务效应最大化[8]。目前的工业互联网服务体系对隐私数据的安全保障能力不足,缺乏规范化的数据和模型组件,难以构建跨行业跨领域互信共享的工业互联网服务平台。因此,需要探索联邦学习等创新共享机制,提供更加灵活安全的数据存储、数据访问、算法学习、模型共享等手段,打造资源富集、跨层协作、持续演进的服务共享平台,培育多方联动、协同创新的工业互联网平台服务生态体系。

三、研发水平现状及与国际比较分析

(一) 云边协同技术

云边协同技术能够保障边缘业务能够稳定高效的运行,为云服务提供稳定的算力基石[9]。国际上,美国 IBM 公司推出的边缘应用程序管理器(Edge Application Manager)平台可以实现设备上的应用程序之间的协同和迁移;英特尔的 OpenVINO 工具套件,提供对多个端设备(如智能手机、电视、车载设备等)的协同支持。在国内,华为公司的 Atlas 人工智能边缘计算平台将人工智能算力向边缘延伸,以实现

"端边汇聚"的数据协同；中兴通讯发布了 M-ICT 框架，以云边融合为核心，实现数据的高效流转和处理；联想和得到 APP 合作推出的微力研究所开放了可自主选择云端或本地端进行数据分析、模型训练的机器学习平台。

（二）安全可信的行业数据空间

安全可信的行业数据空间为全产业链、价值链活动提供可靠、可复用、可追溯的数据基础[10]。国际上，德国巴斯夫（BASF）公司通过合作伙伴共享数据，优化了整个产业价值链。德国西门子利用行业数据空间技术开发了一种可孪生的智能化制造工业数据管理系统，帮助企业监测生产过程的每一个环节。在国内，中国第一汽车集团公司在其自主品牌升级计划中已将行业数据空间技术应用于汽车生命周期管理。

（三）分布式计算资源优化

分布式计算资源优化是一种主动式按需计算的方法，能够很好解决数据和模型计算实时性的问题，同时缓解了云中心的工作负载[11-12]。国际上，谷歌、亚马逊和微软等公司都已经具备了较高水平的分布式计算技术，篮球运动装备的制造商开发了物联网（internet of things，IoT）系统 Lateetud，基于大量边缘传感器收集的数据，以监测分析球员的表现。瑞典 ABB 公司推出了名为 Ability 的云平台，通过分布式计算技术帮助行业客户实现实时监测、通信和控制等功能。在国内，中国移动通信集团公司利用分布式计算技术，将数据采集和处理推向边缘，实现对物联网数据的实时监控和远程管理。阿里云推出的 MaxCompute 云计算服务已成国内领先的大数据处理平台之一，可实现无硬件依赖的数据管理。

（四）工业互联网服务体系

工业互联网服务体系能够加快供给和需求双向迭代，是高端制造、智能制造发展的必然选择[13-14]。国际上，德国西门子公司在工业自动化领域拥有较高的市场占有率，其开发的 MindSphere 提供了从数据采集、存储、分析到应用决策等端到端的工业互联网服务；美国通用电气公司推出的 Predix 平台、日本三菱电机公司推出的 MiCLOUD 工业互联网平台都旨在为企业提供数字化转型和智能化升级服务。在国内，阿里巴巴开源了一个名为 PAI Federated 的联邦学习平台，为企业阳光数据隐私和合规性提供了保障；腾讯推出了腾讯工业互联网平台（TIoT）；华为联合多方发布了基于"华为云+边缘计算"的工业互联网服务解决方案；百度推出了面向工业的智能盒子产品 Apollo。

四、发展的制约因素分析

（一）云边协同技术

（1）处于网络边缘的工业现场设备，由于缺乏轻量级的计算框架，无法在边缘进行实时响应。

（2）边缘端缺乏自主决策的能力，无法对数据的聚合、过滤、预测，导致难以与云端充分协同。

（3）云边协同过程中涉及的任务存在静态和动态多种复杂模式，传统的任务调度方法无法适用云边协同的工业互联网，容易产生计算节点负载不均衡的问题。

（二）安全可信的行业数据空间

（1）工业互联网涉及的设备和系统来源广泛，数据类型和格式各异，导致数据来源分散，难以统一管理和利用，难以保障企业数据的可获取性、可用性、质量保障和一致性。

（2）在产品设计、生产、总装、试验测试、维保等独立环节产生的数据大多分散保存在各个系统或企业中，难以将业务相关数据汇聚后进一步挖掘数据价值。

（3）产业链上下游企业之间存在大量的数据共享与交互需求，却面临数据泄露、数据篡改、数据被滥用等数据安全问题，缺乏去中心化、透明、可追溯的安全可信解决方案。

（三）分布式计算资源优化

（1）边缘端设备众多，数据较为分散，亟须实现跨边缘设备的分布式数据协同计算。

（2）传统的集中式计算架构将所有的高性能计算卡集中在一起进行运算管理，导致资源不能快速部署，进而不能灵活运用算力资源。

（3）大量空闲计算资源未被利用，资源利用率不高，计算资源、存储资源、网络资源等多类型资源难以高效地分配，数据计算效率和性能有待提高。

（四）工业互联网服务体系

（1）工业互联网跨界融合的知识难度、细分市场的专业性要求都更高，运营商、设备商、工业互联网企业间的行业壁垒较高。

（2）工业互联网服务体系复杂，工业应用场景多样，开发工具不足、行业机理模型缺失。

（3）工业互联网的人、机、物多维度、跨层次互动带来一系列不确定性，难以构建可共享、可复用的数据和模型组件。

五、重点发展方向

（一）云边协同技术

（1）构建高能效、高可用、可扩展的云边协同体系架构，以应对超大规模的计算需求[15]。

（2）研究具有自主感知与决策能力的边缘设备，从而提高作业执行效率，降低成本。

（3）形成生产过程云边协同管控体系，实现计算资源协同、数据协同和服务协同。

（二）安全可信的行业数据空间

（1）构建人机物全要素群智按需互联的新型行业数据空间体系架构，实现企业多模态数据多类别共融的数据空间管理。

（2）构建多场耦合式虚拟孪生模型，实现跨企业多类型产品全生命周期追溯[16]。

（3）突破多工业场景时空演化下制造全流程知识获取与智能服务技术，实现行业数据空间的协同安全交互。

（三）分布式计算资源优化

（1）构建层次化、分布式的边缘计算节点，在生产现场提供低延迟数据处理及分析的响应能力。

（2）突破分布式资源协同配置技术，根据应用场景需求，有效分配计算资源，满足业务对计算资源的差异化需求[17]。

（3）自主研发融合云边资源的分布式计算系统，提供动态的算力、数据处理和分析能力。

（四）工业互联网服务体系

（1）构建工业互联网服务平台，以需求为牵引，实现企业"制造+服务""产品+服务"的转型升级。

（2）打造联邦学习服务生态，有效解决 AI 协作与联合建模中的隐私保护和数据安全问题，实现"数据不动模型动，数据可用不可见"。

（3）形成数据与知识混合驱动的工业互联网服务模式，实现生产制造全要素全流程优化。

六、阶段性研究内容与预计实现时间

（一）云边协同技术

预计到 2026 年，形成基于异构 GPU 硬件的云边协同架构，实现在数据接入、数据存储、数据分析挖掘、数据共享交换、数据展现等多个环节的加速应用。

预计到 2030 年，自主研发集机器视觉、听觉、嗅觉、触觉于一体的边缘智能传感器，通过多模态数据跨域融合感知与分析，实现边缘端自主决策。

预计到 2035 年，完成构建轻量化的云边协同管控平台，突破基于边缘的多协议转换与智能处理算法、预测性边缘服务迁移决策、云边协同任务调度等技术。

（二）安全可信的行业数据空间

预计到 2026 年，完成构建具有内生安全动态防御能力的行业制造空间架构，突破工业边缘节点的异步可信协商、轻量级数据加密与防护、多模态数据混合存储模型、支持复杂语义要素的数据管理引擎等技术。

预计到 2030 年，完成构建面向人机物三元融合、全要素智能互联的通信技术（communication technology，CT）、信息技术（information technology，IT）与运营技术（operational technology，OT）深度融合的新型工业互联网数字孪生体，形成产品快速集成创新与高质量制造的数字孪生服务新模式。

预计到 2035 年，突破基于行业数据空间的智能协同预测、决策和管控方法，支撑生产全要素、全产业链和全价值链的网络化协同。

（三）分布式计算资源优化

预计到 2026 年，构建面向多边缘设备的分布式计算方法，突破嵌入式边缘智能计算、异步分布式深度学习等技术。

预计到 2030 年，突破跨时空多粒度分布式计算资源优化调控技术，在边缘端实现数据可视化和异常识别，在云端实现运行规律发现与诊断。

预计到 2035 年，完成构建异构分布式高性能并行计算平台，形成基于并行模型、并行数据、异构模型、异步数据的分布式 AI 算法库。

（四）工业互联网服务体系

预计到 2026 年，完成构建模块化、组件化、服务化的工业互联网低代码平台，突破工业互联业务语义建模、多模态本征模型度量、构件动态组合与数据关联等技术。

预计到 2030 年，完成构建面向制造企业的纵向联邦迁移学习算法框架，突破跨企业 AI 联合建模、无监督联邦学习、多源异构数据可信共享与安全服务等技术。

预计到 2035 年，形成平台化设计、智能化制造、个性化定制、网络化协同、服务化延伸、数字化管理等工业互联网服务新模式。

七、技术路线图

云边协同的工业互联网技术路线图见图 4–11。

项目	2023年 ——————— 2026年 ——————— 2030年 ——————— 2035年			
需求与环境	云边协同的工业互联网技术是支撑智能制造的关键综合信息基础设施。将人、机、料、法、环等生产要素全面互联，实现工业环境中的数据闭环，促进数据端到端的流通和集成，通过云端和边缘计算之间的高效协同，构建覆盖产品全生命周期的数据管理和服务能力，驱动工业数字化、网络化、智能化发展			
重点产品	云边协同、安全可信的行业数据空间、分布式计算资源优化、工业互联网服务体系			
云边协同技术	方向或目标：高能效、高可用、可扩展的云边协同体系架构	方向或目标：具有自主感知与决策能力的边缘设备	方向或目标：生产过程云边协同管控体系	
	途径1：基于异构GPU硬件的云边协同架构	途径2：集机器视觉、听觉、嗅觉、触觉于一体的边缘智能传感器、多模态数据跨域融合感知与分析	途径3：基于边缘的多协议转换与智能处理算法、预测性边缘服务迁移决策、云边协同任务调度等技术	
安全可信的行业数据空间	方向或目标：行业数据空间体系架构	方向或目标：跨企业多类型产品全生命周期追溯	方向或目标：行业数据空间的协同安全交互	
	途径1：工业边缘节点的异步可信协商、轻量级数据加密与防护、多模态数据混合存储模型、支持复杂语义要素的数据管理引擎等技术	途径2：构建面向人机物三元融合、全要素智能互联的CT、IT与OT深度融合的新型工业互联网数字孪生体	途径3：基于行业数据空间的智能协同预测、决策和管控方法	
分布式计算资源优化	方向或目标：层次化、分布式的边缘计算节点	方向或目标：分布式资源协同配置	方向或目标：融合云边资源的分布式计算系统	
	途径1：嵌入式边缘智能计算、异步分布式深度学习等技术	途径2：跨时空多粒度分布式计算资源优化调控技术	途径3：构建异构分布式高性能并行计算平台，形成基于并行模型、并行数据、异构模型、异步数据的分布式AI算法库	
工业互联网服务体系	方向或目标：工业互联网服务平台	方向或目标：联邦学习服务生态	方向或目标：数据与知识混合驱动的工业互联网服务模式	
	途径1：工业互联业务语义建模、多模态本征模型度量、构件动态组合与数据关联等技术	途径2：纵向联邦迁移学习算法框架、跨企业AI联合建模、无监督联邦学习、多源异构数据可信共享与安全服务	途径3：形成平台化设计、智能化制造、个性化定制、网络化协同、服务化延伸、数字化管理等工业互联网服务新模式	

图 4–11　云边协同的工业互联网技术路线图

参考文献

[1] Sisinni E, Saifullah A, Han S, et al. Industrial internet of things: Challenges, opportunities, and directions [J]. IEEE transactions on industrial informatics, 2018, 14 (11): 4724-4734.

[2] 陶飞, 戚庆林. 面向服务的智能制造 [J]. 机械工程学报, 2018, 54 (16): 11-23.

[3] 臧冀原, 刘宇飞, 王柏村, 等. 面向 2035 的智能制造技术预见和路线图研究 [J]. 机械工程学报, 2022, 58 (4): 285-308.

[4] Ding C, Zhou A, Liu Y, et al. A Cloud-Edge Collaboration Framework for Cognitive Service [J]. IEEE Transactions on Cloud Computing, 2022, 10 (3): 1489-1499.

[5] Wu Y. Cloud-edge orchestration for the Internet of Things: Architecture and AI-powered data processing [J]. IEEE Internet of Things Journal, 2020, 8 (16): 12792-12805.

[6] Franklin M, Halevy A, Maier D. From databases to dataspaces: a new abstraction for information management [J]. ACM Sigmod Record, 2005, 34 (4): 27-33.

[7] Kshemkalyani A D, Singhal M. Distributed computing: principles, algorithms, and systems [M]. Cambridge: Cambridge University Press, 2011.

[8] Malik P K, Sharma R, Singh R, et al. Industrial Internet of Things and its applications in industry 4.0: State of the art [J]. Computer Communications, 2021 (166): 125-139.

[9] 白昱阳, 黄彦浩, 陈思远, 等. 云边智能: 电力系统运行控制的边缘计算方法及其应用现状与展望 [J]. 自动化学报, 2020, 46 (3): 397-410.

[10] Guo J, Cheng Y, Wang D, et al. Industrial Dataspace for smart manufacturing: connotation, key technologies, and framework [J]. International Journal of Production Research, 2021: 1-16.

[11] F Foukalas, A Tziouvaras. Edge Artificial Intelligence for Industrial Internet of Things Applications: An Industrial Edge Intelligence Solution [J]. IEEE Industrial Electronics Magazine, 2021, 15 (2): 28-36.

[12] 汪俊亮, 高鹏捷, 张洁, 等. 制造大数据分析综述: 内涵、方法、应用和趋势 [J]. 机械工程学报, 2023 (12): 1-16.

[13] 任杉, 张映锋, 黄彬彬. 生命周期大数据驱动的复杂产品智能制造服务新模式研究 [J]. 机械工程学报, 2018, 54 (22): 194-203.

[14] Younan M, Houssein E H, Elhoseny M, et al. Challenges and recommended technologies for the industrial internet of things: A comprehensive review [J]. Measurement, 2020 (151): 107198.

[15] Ren J, Zhang D, He S, et al. A survey on end-edge-cloud orchestrated network computing paradigms: Transparent computing, mobile edge computing, fog computing, and cloudlet [J]. ACM Computing Surveys (CSUR), 2019, 52 (6): 1-36.

[16] 张超, 周光辉, 李晶晶, 等. 新一代信息技术赋能的数字孪生制造单元系统关键技术及

应用研究[J]. 机械工程学报, 2022, 58 (16): 329-343.
[17] Elgendy I A, Zhang W, Tian Y C, et al. Resource allocation and computation offloading with data security for mobile edge computing[J]. Future Generation Computer Systems, 2019 (100): 531-541.

编撰组

组　长：张　洁

成　员：高　亮　李新宇　吕佑龙
　　　　高艺平　陈浩杰　汪俊亮

第十二节　废旧产品再资源化制造关键技术

一、发展愿景

再资源化也称资源化，指对无法重用或再制造后重用的废旧产品，通过环境友好、高效的工艺技术，最大限度地回收其可再利用的零部件和材料，或转化为其他可再利用物质与能源。再资源化是绿色制造的关键技术之一，是缓解资源短缺、降低碳排放以及环境负荷的关键举措。2015 年，国务院提出"坚决贯彻减量化、再利用、资源化的生态文明发展道路"，将再资源化作为国家可持续发展的战略目标之一[1]。

对于金属材料、热塑性塑料等材料及其制品，其再资源化技术与装备发展较为成熟，但对高纯材料、复合材料、热固性塑料等难回收材料以及电动汽车、光伏发电设备等复杂产品，还缺少可产业化应用的再资源化技术，因此这也是目前再资源化领域研究的热点方向，预计未来一段时间将会有较大的技术突破。

二、未来发展需求

（一）电动汽车关键部件再资源化技术

电动汽车的关键部件包括动力电池、电机等车身部件及充电设施等外置部件，由于未来 15 年将是电动汽车逐步代替传统燃油汽车的关键时期，其数量将呈现爆发性增长，因此电动汽车及其关键部件的再资源化技术与装备存在重大的市场需求。汽车动力锂电池的使用寿命一般为 5~7 年，废弃的锂电池含有大量钴、铜、锂等有价金属和六氟磷酸锂等有毒有害物质，如处理不当会对环境造成严重污染[2]，同时其中的金属钴、镍是国际公认的战略物资，还包含大量易于回收的铜、铝、钢铁等金属及塑料，资源性特点显著。此外电动汽车电机和汽车充电设施的核心部件寿命均显著长于产品本身，存在较高的重用或再制造后重用的价值，即使不能重用的部分也可回收大量的有色金属和稀土材料。因此，对电动汽车关键部件进行资源化处理，既具有经济效益，同时兼有显著的社会效益和环境效益[3]。

（二）光伏电池再资源化技术

光伏发电作为清洁能源行业的典型代表，其市场规模在过去 20 年里呈快速增长态势。光伏发电设备的寿命为 20~30 年，在未来 15 年将逐渐进入报废期，大量的光伏发电设备亟待回收，如不能得到有效回收，将极大降低光伏发电所带来的环境增益，其中光伏电池的高效资源化目前还存在较大的技术短板。光伏电池按材料可分为单晶硅、多晶硅、砷化镓等多种类型，其中多晶硅材料的光伏电池由于性能较为优越且综合成本较低，应用最为广泛，由于多晶硅材料的提纯与结晶过程能耗很大、污染较大，而光伏电池板属于高纯度的多晶硅材料，因此对光伏电池进行回收再利用具有重要的经济价值和环境价值。此外生产光伏电池板时的棒料切割工艺产生了大量由多晶硅和碳化硅磨料粉末组成的废弃物，其中的多晶硅回收价值很高，但由于将两者彻底分离的难度很大，资源化的成本和碳排放很高。因此，对废旧光伏电池及其生产废弃物的高效资源化，成了光伏发电行业可持续发展的重要支撑。

（三）热固性高分子材料回收技术

我国橡胶、热固性塑料、热固性纤维增强复合材料等热固性高分子材料的年消费量超过两千万吨，且还在逐年递增。然而，这些热固性高分子材料在废弃后的再利用难度很大，部分废弃的橡胶和热固性塑料得到破碎后降级利用或热解法回收，部分热固性塑料被焚烧后回收能量，但绝大部分热固性高分子材料及其复合材料仍缺少经济而环境友好的回收技术，被填埋处理或集中堆放以待在未来得到回收，不仅占用了大量的自然资源和工农业用地，而且长期填埋或露天堆放对环境也构成了一定威胁。这些问题正在成为阻碍热固性高分子材料进一步应用和发展的瓶颈，加之法律法规对废弃物处理日渐严格的规定，热固性高分子材料行业要持续健康地发展下去，就必须着手解决其废弃物的回收与再利用问题。

三、该技术研发水平现状及与国际比较分析

（一）电动汽车关键部件再资源化技术现状及与国际比较分析

电动汽车拆解是电动汽车再资源化的重要环节。目前，主要利用自动化拆解技术对电动汽车进行拆解，一些企业和研究机构已经开始研发和应用拆解机器人，用于自动化拆解电动汽车。这些拆解机器人可以通过计算机视觉、力传感器等技术实现对电动汽车蓄电池和其他部件的定位、拆解和分离。自动化拆解技术还面临一些挑战和限制。例如，电动汽车结构和部件的多样性导致了拆解过程的复杂性，需要针对不同型号和规格的电动汽车进行不同的拆解方法和设备的开发。此外，电动汽车动力电池中的高压电系统和有害物质也增加了拆解过程的安全风险。同时，自动化拆解设备的成本较高，需要进行经济效益评估和成本优化。

动力电池的再资源化是电动汽车再资源化最重要的一环。目前，汽车动力电池绝大部分都属于锂离子电池，主要包括磷酸铁锂电池和三元锂电池两类。由于锂离子电池相对其他电池对环境污染小，回收处理的成本与收益都很高，所以对锂离子电池的回收处理工艺一直是研究的热点[4]。干法回收技术、湿法回收技术和生物回收技术，这些工艺研究也适用于大部分锂电池。当前使用的回收工艺大多是几种方法的组合，各有利弊。干法回收技术能耗较高并且得到的产物大多为混合物，仍需后续的湿法冶金等方法进行精制，以获得高纯度的目标产品。湿法回收工艺发展得较为成熟且效率较高，对正极材料中的有价金属元素可采用湿法进行有效回收，但因消耗大量的酸、碱及沉淀剂等而易形成二次污染[5]。相比而言，生物回收技术可实现有机废物与废旧电池的综合治理，但技术尚不成熟，有待进一步研究发展。此外通过再生处理，使失效电极材料重新作为电池材料二次使用也有很大的优势。现有的废旧锂离子电池的资源化回收利用方法主要集中在钴、锂、镍等少数贵重金属元素上，需要进一步拓展回收范围。同时，对于电池中的电解质缺乏相应的无害化和资源化利用技术，需要进一步的关注[6]。

相比于国际的先进技术，我国在以下几个方面存在一定的差距：

（1）回收体系。欧盟、日本和韩国等国家和地区已经建立了电动汽车回收体系，并实施了相关政策和法规，推动电动汽车动力电池的回收和再利用。目前，我国的电动汽车回收体系还不够健全。

（2）自动化拆解技术。在电动汽车高效率、高精度的拆解设备、智能化的

输送线、机器人操作系统等智能化设备的开发与应用上,我国与欧美等国家存在差距。

（3）标准与规范。国际上对电动汽车资源化技术的标准与规范较为完善,一些发达国家已经建立了严格的标准体系,包括废弃锂电池的分类、处理、回收等方面的标准。我国在电动汽车再资源化技术的标准与规范方面还需要进一步完善。

（二）光伏电池再资源化技术现状及与国际比较分析

光伏电池板是光伏发电设备的核心,一般是由玻璃面板、EVA胶、电池片、线路网格、塑料背板、铝合金框架、密封硅胶等组成的复合结构,由于其中EVA胶和线路、背板等材料在紫外线下逐渐老化,其正常使用寿命仅有20~25年,随着早期投建的太阳能发电设备逐渐达到设计寿命,未来将有大量的光伏电池板需要进行再资源化。光伏电池板中回收价值最高的是电池片,由纯度高达99.99%~99.9999%的单晶硅或多晶硅片经过掺杂、镀膜制成。由于经过掺杂和镀膜工序,面板破碎后其回收价值将大幅降低,因此需要首先将电池片从光伏电池板中无损拆解出来,再通过化学处理清除其表面残留的EVA胶和铜线,最后检测其表面的氮化硅镀膜,镀膜性能良好的电池片可用于生产新的光伏电池,镀膜性能不合格的需磨去氮化硅膜后重新镀膜[7]。

相比于国际的先进技术,我国在以下几个方面存在一定的差距：

（1）自动化拆解技术与设备。一些国家和地区已经开发了基于机器视觉、机器学习和自动控制等技术的自动化光伏电池片拆解系统,能够实现高效、快速、精准的拆解,并对拆解后的组件进行分类和回收处理。我国大多数光伏电池片的拆解过程仍然需要手工操作。

（2）检测技术与设备。日本等发达国家已经研发了高精度的光伏电池片性能检测设备和方法,能够对回收的电池片进行全面的性能测试,包括光电转换效率、电流电压特性、热特性等方面的检测,以确保回收的电池片的质量和性能。我国的光伏电池片性能检测存在精度和全面性不高的问题。

（三）热固性高分子材料回收技术现状及与国际比较分析

回收热固性高分子材料最大的技术难点在于其具有三维交联网络结构,其黏度比热塑性材料高500~1000倍,不熔不溶。破坏热固性高分子复合材料的网状交联结构是实现其再资源化的关键。目前,热固性高分子材料的回收方法主要有机械物理法、能量回收法、热解回收法、化学回收法[8]。机械物理法是将其切碎到一定的粒径后再利用,该方法通常获得的回收产品价值很低且用途很窄,但也有一些研究发现采用合理的粉碎工艺可以部分破坏橡胶、热固性聚氨酯、酚醛塑料等热固性高分子材料的网状交联结构，使其重新获得较强的化学活性从而产生较高的回收价值。能量回收法是通过焚化和焚烧热固性高分子材料获得热量加以利用，处理后的残渣也可作为制作水泥或混凝土的原材料使用，但焚烧过程中会产生有毒烟雾，尾气处理成本很高，且不适用于环氧树脂材料。热解回收法是通过热裂解、气化和氧化将热固性高分子材料分解为小分子物质，但能量消耗大，设备成本高，且设备容易结焦需定时清理。化学回收法主要用于复合材料的回收，通过气体或化学试剂将复合材料中的树脂基体转变为小分子去除，最终获得其中的纤维材料，该方法包括低温溶解法和超/亚临界流体溶解法，低温溶解法中使用的化学溶剂会对环境产生二次危害，而超/亚临界流体溶解法降低了使用溶剂的环境影响性，是一种清洁生产工艺，具有巨大的发展潜力，但该方法很难回收热固性高分子材料本身，且生产效率较低。

相比于国际的先进技术，我国在以下几个方面存在一定的差距：

（1）回收技术。虽然我国在热固性高分子材料回收技术方面有一些研究和应用，但与欧洲、日本等国家相比，还缺乏一些成熟的、高效的回收技术，尤其是在化学回收、能源回收等高附加值的技术方面。

（2）回收效率。虽然有一些机械回收技术和生物回收技术可以对热固性高分子材料进行回收，但回收效率较低，有待进一步提高。尤其对于复杂的热固性高分子材料，如含有多种添加剂、填料等复合材料，回收技术仍面临一定的难度。

四、发展的制约因素分析

（一）电动汽车关键部件再资源化技术的制约因素

（1）回收体系不完善。电动汽车再资源化需要建立完善的回收体系，包括回收网络、回收流程、设备等。目前电动汽车回收体系尚未形成完善的网络，回收渠道有限，回收效率较低，导致了电动汽车的再资源化难以高效实现。

（2）拆解回收技术复杂。电动汽车的复杂构造和多种材料的组合使得拆解回收技术较为复杂。例如，电池的拆解涉及高度技术密集的操作，包括对高压电池的安全处理、电池单体的拆卸和分选等，需要专业设备和技术支持。目前缺乏足够的专业拆解回收企业和技术人员，限制了电动汽车再资源化的进程。

（3）缺乏标准化和规范化。目前，电动汽车再资源化领域缺乏统一的标准和规范，导致了回收和再利用过程中的技术和方法多样化，难以形成统一的产业链和价值链，从而制约了电动汽车再资源化的推广和应用。

（二）光伏电池再资源化技术的制约因素

（1）自动无损拆解难度大。由于电池片薄而脆，因此实现无损拆解的难度极大，手工拆解效率极低且拆解良率低，人力成本很高，难以实现规模化生产，因此需要开发高度自动化的电池板无损拆解技术与装备。

（2）缺乏高效的检测装备。由于回收电池片在长期使用后性能存在少量衰减，不同电池片的衰减程度不同，重新组装成光伏电池时易产生电流失配缺陷。新品生产时是通过硅片分选机检测掺杂元素的分布，保证将初始光衰率一致的电池片组装在一起，而对于回收电池片不存在初始光衰问题，因此只能一一检测所有电池片的输出功率，按尺寸和功率将电池片分档，保证生产的光伏电池中所有电池片的功率相匹配，由于检测量巨大，需要研发回收电池片的性能高效检测装备。

（三）热固性高分子材料回收技术的制约因素

（1）回收难度大。热固性高分子材料通常通过化学交联或热固化反应形成三维网络结构，分子链之间形成强化学键，导致材料在高温下表现出较高的热稳定性和机械性能。这种交联结构使得热固性高分子材料在回收时难以恢复原有的线性结构，从而使回收难度较大。

（2）缺乏回收标准和技术规范。不同的回收方法和处理条件会导致不同的回收效果和产品质量。缺乏统一的回收标准和技术规范会限制热固性高分子材料回收技术的可靠性、稳定性和可持续性。

五、重点发展方向

（一）电动汽车关键部件再资源化技术

加快健全相关法律法规，规范回收体系，明确电池生产者、整车制造商、消费者、回收企业、再生企业等不同主体在回收利用体系中应承担的责任和义务，建立电动汽车再资源化技术和标准体系，制定电动汽车再资源化技术的标准法规；研发各类型电动汽车的自动拆解和检测装备，形成电动汽车高效再资源化技术与装备；建立一套统一的处理标准和流程，确保不同类型、不同品牌的电池都能够按照相同的处理方式进行再资源化。

（二）光伏电池再资源化技术

提高光伏电池拆解的效率，减少对电池组件的损伤，制定废旧电池片再利用的相关标准；开发可产业化应用的光伏电池板自动拆解装备及电池片高效检测设备，提高光伏电池组件的拆解自动化程度，减少人工成本；建成光伏发电设备的回收线，实现光伏电池板的产业化回收。

（三）热固性高分子材料回收技术

开发橡胶、酚醛塑料、聚氨酯等的效率更高、环境友好的机械物理法回收技术与设备，研究基于水射流磨碎或机械粉碎的热固性高分子材料规模化回收关键技术；从设计源头考虑，研发可降解固化剂，在常压下通过环境友好的试剂或微生物破坏其大分子链段的交联键，从根本上解决热固性高分子材料难回收的问题。

六、阶段性研究内容与预计实现时间

（一）电动汽车关键部件再资源化技术

2026 年，完善废旧电动汽车回收的政策、标准和回收体系，减少其回收成本和政策阻碍；2030 年，形成电动汽车高效再资源化技术与装备；2035 年，形成动力电池统一的再资源化处理标准和流程。

（二）光伏电池再资源化技术

2026 年，实现光伏电池板实验室级的回收与再利用，开发自动拆解装备的原理样机，制定废旧电池片再利用的相关标准；2030 年，完成可产业化应用的光伏电池板自动拆解装备及电池片高效检测设备研发；2035 年，建成光伏发电设备的回收线，实现光伏电池板的产业化回收。

（三）热固性高分子材料回收技术

2026 年，建立废旧热固性塑料回收相关标准体系；2030 年，实现对橡胶、酚醛塑料、聚氨酯的规模化回收，全面推广相关技术成果，形成其资源循环再利用产业；2035 年，从设计源头考虑，研发可降解固化剂，在常压下通过环境友好的试剂或微生物破坏其大分子链段的交联键，从根本上解决热固性高分子材料难回收的问题。

七、技术路线图

废旧产品再资源化制造关键技术路线图见图 4-12。

项目	2023年 —— 2026年 —————— 2030年 —————————— 2035年
需求与环境	再资源化是绿色制造的关键技术之一,是缓解资源短缺、降低碳排放以及环境负荷的关键举措,被作为国家可持续发展的战略目标之一
重点产业	电动汽车关键部件再资源化技术 光伏电池再资源化技术 热固性高分子材料回收技术
电动汽车关键部件再资源化技术	目标:回收政策、标准和回收体系　　　目标:统一的再资源化处理流程 途径1:建立电动汽车关键部件回收利用技术的标准　　途径2:研发新型动力电池及其材料 途径3:开发智能化、柔性化的汽车动力电池拆解设备　　途径4:建立统一的处理标准和处理流程
光伏电池再资源化技术	目标:电池板实验室级回收与再利用　　目标:高效电池板回收技术 途径1:开发自动拆解装备的原理样机　　途径2:建立可产业化的光伏电池板自动拆解、检测装备 途径3:制定废旧电池片再利用的相关标准　　途径4:建立光伏电池板回收的工程示范
热固性高分子材料回收技术	目标:橡胶、酚醛塑料、聚氨酯等热固性复合材料回收技术 途径1:建立废旧热固性塑料回收的相关标准体系　　途径2:开发可连续回收复合材料的技术及设备 途径3:研究新型可降解热固性高分子材料　　途径4:建设橡胶、酚醛塑料、热固性聚氨酯回收的工程示范

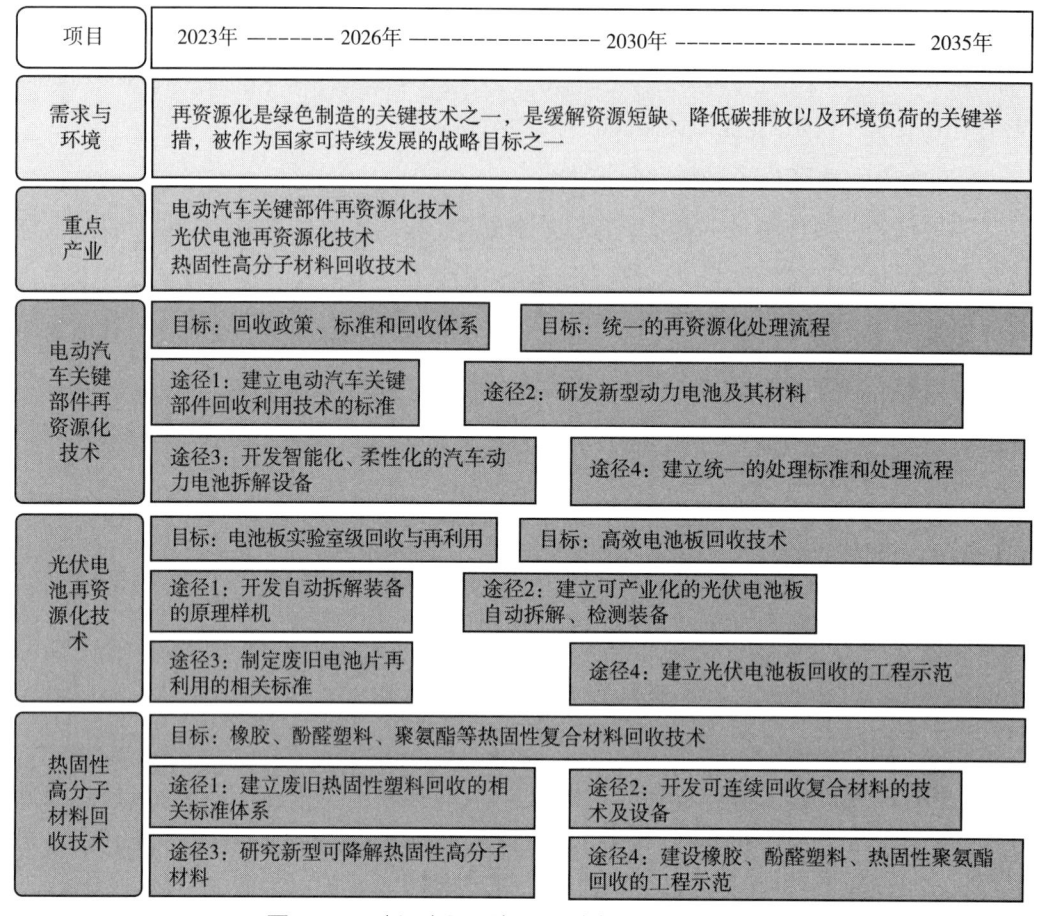

图 4-12　废旧产品再资源化制造关键技术路线图

参考文献

[1] 中华人民共和国国务院. 中国制造 2025 [S]. 2015.

[2] 祖丽德孜, 李金惠, 曾现来. 短程高效回收废锂离子电池中铜金属的技术及机理研究 [J]. 中国科学:技术科学, 2018, 48 (9): 991-998.

[3] 龙立芬, 张西华, 姚沛帆, 等. 废锂离子电池石墨负极材料利用处理技术研究进展 [J]. 储能科学与技术, 2022, 11 (10): 3076-3089.

[4] Jiahu Fang, Zhengping Ding, Yang Ling, et.al. Green recycling and regeneration of LiNi0.5Co0.2Mn0.3O2 from spent lithium-ion batteries assisted by sodium sulfate electrolysis [J]. Chemical Engineering Journal, 2022, 440 (15): article 135880.

[5] 张岙. 废旧锂离子电池三元正极材料的回收与再利用研究 [D]. 哈尔滨:哈尔滨工业大学, 2018.

[6] 谭燚, 缪畅, 聂炎, 等. 废旧锂离子电池三元正极材料的回收与再利用工艺研究进展 [J].

人工晶体学报，2020，49（10）：1944-1951.
[7] 罗平，朱祖荣. 光伏电池回收利用技术及应用[M]. 北京：化学工业出版社，2018.
[8] 黄维. 高分子再生利用技术[M]. 北京：化学工业出版社，2010.

编撰组

组　　长：刘志峰

成　　员：黄海鸿　李新宇　符永高
　　　　　张　雷　柯庆镝　朱利斌

第十三节　绿色低碳设计技术及系统集成

一、发展愿景

随着世界各国对于"绿色发展"的重视和一些关键政策的出台，绿色设计的理念受到了全世界各个行业的高度重视，建筑、装备制造业、电子产品制造业、钢铁行业、汽车行业、能源行业、轻工业等领域均针对自身行业的特点提出了相应的技术路线。

我国作为制造大国，尚未摆脱高投入、高消耗、高排放的发展方式，资源能源消耗和污染排放与国际先进水平仍存在较大差距。为实现我国二氧化碳排放力争于2030年前达到峰值，努力争取2060年前实现碳中和的目标，降低机械产品生命周期碳排放与环境影响刻不容缓。全面推行机械产品绿色设计，对缓解当前资源环境瓶颈约束、加快培育新的经济增长点具有重要意义。

绿色设计的内涵和技术体系自提出以来不断延拓，发展成为一种综合考虑环境影响和资源能源效率的设计模式，其目标是通过绿色设计，使产品减少资源环境负荷，同时使经济效益和社会效益得到协调优化。相比于传统的产品设计模式，绿色设计在成本、节能、节材、减排等方面优势明显，高度契合了国家绿色发展战略和制造强国战略，是我国实现"双碳"目标的有效技术手段之一。

二、未来发展需求

（一）建立中国机械产品绿色设计基础数据库

我国传统的工艺数据库对制造过程中资源消耗和环境影响等与绿色设计相关的数据考虑较少，难以支撑生产过程的资源环境属性分析评价，而目前生命周期评价（Life Cycle Assessment，LCA）工具中的环境影响数据库研究主要是针对产品整个生命周期的评估过程，对机械产品典型制造工艺过程的研究相对匮乏[1]。国外绿色设计数据库具有很强的时域性因素不适合我国国情和制造业水平，国内也缺乏绿色设计数据积累，难以支持典型机械设计制造过程绿色性能评估。因此，建立包括原材料数据库、加工工艺数据库、绿色设计知识库等符合中国机械产品特点的绿色设计基础数据库，可对资源消耗及环境影响评估起到重要支撑作用。

（二）构建我国机械产品绿色设计技术体系

目前，我国对绿色设计重视程度日益提高，但绿色设计技术体系依旧发展不完善，对于绿色设计数据和绿色设计知识没有形成一套有效的反馈机制，造成了机械产品绿色设计知识与设计端衔接脱节的问题，浪费了大量资源。另外，随着国际上对绿色产品相关政策、制度越来越完善，绿色产品评价国家标准将要求产品更加节能，性能指标也比以往的标准更加严格。我国机械产品亟须明确相应的绿色设计评估标准，同时针对典型的机械产品也需要建立生命周期绿色设计评价示范。为此，需要研发产品生命周期绿色设计数据动态反馈技术，形成产品绿色设计动态知识网络，重点考虑如何组织、管理、重用产品设计知识，实现产品绿色设计知识的系统化重复利用（基于知识的产品绿色设计）；面向典型机械产品，开展生命周期绿色设计评价示范工程，形成典型机械产品全生命周期绿色设计评估标准，建立中国机械产品绿色设计评价体系。

（三）建立我国机械产品绿色设计集成开发平台

中国制造强国战略明确提出全面推行绿色制造工程，加快制造业绿色改造升级，提高企业国际竞争力。绿色设计可从源头上解决资源、能源的过度消耗和环境污染问题，是落实绿色制造战略的重要途径[2]。但是，现有的绿色设计研究与应用存在清单数据异构、方法多元、设计流程分散、缺乏集成性、系统性平台工具支持等问题，阻碍了绿色设计在企业中的应用。目前，以网络化、智能化、集成化为特征的绿色设计平台，已经成为绿色设计科学研究和应用的趋势。为此，需要将产品环境影响评价技术与主流三维设计软件的结合，实现产品设计过程的环境影响实时评价；通过识别绿色设计优化潜力，建立评价结果与设计建议的反馈机制，实时指导设计人员进行产品绿色设计；面向典型复杂机械产品研发绿色设计集成平台，建立核心数据保护与共享机制，实现典型产品绿色设计的流程化、标准化。

三、该技术研发水平现状及与国际比较分析

（一）中国机械产品绿色设计基础数据库现状及与国际比较分析

建立符合国际规范和国情的生命周期数据库成为非常紧迫的任务。建设全国统一的 LCA 数据库作为国际通用的环境管理工具，目前已成为企业绿色设计、绿色制造、清洁生产、工艺改进实施，以及政府部门制定政策、实现节能降碳和环保目标的重要工具[3]。国际上通用的十余个 LCA 数据库大多由欧美发达国家开发，因国内尚未建立公开而完善的 LCA 数据库，不仅大大增加企业负担，而且数据也难以精确地反映国内产品的生产过程、数据质量，影响政策决策[4]。通过量化的数据质量评估指标，为数据收集、案例研究、产品认证等提供数据质量判断依据和控制方法，避免数据收集工作和模型上的不一致，从而保证数据库的质量和统一。完善的清单数据和系统化的绿色设计知识是支撑绿色设计平台的重要基础资源。目前国外研发了大量的产品全生命周期清单数据库，形成了瑞士 Ecoinvent、荷兰 SimaPro、德国 GaBi 等数据库和工具系统，广泛应用于复杂系统生命周期建模分析、产品生命周期评价及报告以及生态效率与设计。SimaPro 和 GaBi 两款软件绿色设计数据库范围大，可辅助产品设计人员在设计过程中对产品环境影响进行实时评估。

相比于国际的先进技术，我国在以下几个方面存在一定的差距：

（1）对于某一特定的产品来说，产品所在地域、所在领域、产品周围环境的变化以及产品的迭代性等都会影响产品的实际状态，使得产品生命周期环境影响的评价结果产生偏差。因此综合考虑产品的领域、地域等因素，我国缺少具有中国机械产品特点的绿色设计基础数据库。

（2）生命周期数据涉及的知识领域广、信息分散，且数据量大，我国缺乏对产品制造和服役过程数据的收集和处理技术。

（3）对于已采集的绿色设计数据，我国缺少数据管理系统软件，同时对相应的维护更新管理机制的研究不深入。

(二)我国机械产品绿色设计技术体系现状及与国际比较分析

国内研究机构围绕机械产品绿色设计技术体系已开展了大量的研究工作,对绿色产品设计理论与方法、产品可拆卸性设计、绿色产品评价理论等方面进行了较为深入的研究,并取得了阶段性研究成果。随着大数据时代的来临,与产品相关的各种数据(如客户需求、设计历史信息、设计知识、产品生命周期数据等)均可以进行有效的存储和获取。目前,云制造、"互联网+"、大数据等技术手段已不断被引入产品设计领域。在产品绿色设计过程中,产品设计者不仅需要各种设计资源的支持,而且需要这些设计资源能够适时、有序、精准的对其进行推送。

相比于国际的先进技术,我国在以下几个方面存在一定的差距:

(1)面对海量的与产品绿色设计有关的资源数据,缺少界定、分类并按其参与绿色设计的特征进行存储与调用技术。

(2)对于已储存的组织、管理、重用产品设计知识,缺少完整的绿色设计数据动态反馈技术,还未实现产品绿色设计知识的系统化重复利用。

(3)面向典型机械产品,很少有开展生命周期绿色设计示范工程案例,尚未形成典型机械产品全生命周期绿色设计评价标准。对于这些问题仍需展开深入研究,从而构建一套适应我国机械产品的绿色设计技术体系。

(三)我国机械产品绿色设计集成开发平台现状及与国际比较分析

绿色设计已经在国内外得到广泛的认可和重视,绿色设计的相关研究已在国内外特别是国际上广泛开展。但是,由于"绿色设计"理念的提出和研究历史较短,而且绿色设计涉及制造技术、环境技术、管理技术等多个技术领域,自身技术内涵复杂,因而目前其理论体系、技术体系和实施方法还没有形成[5]。绿色集成制造系统是一种可持续发展的企业组织、管理和运行的新模式,因此集成开发平台是支撑绿色设计平台业务实现的关键。在绿色设计集成开发平台的研发应用方面,目前欧美、日本等发达国家已经逐步开展绿色设计的企业级应用,如日本丰田汽车公司应用功能质量展开工具系统进行混合动力汽车概念设计和绿色性优化。美国空客在 A380 飞机方案设计阶段建立了生命周期评估工具小组,利用 GaBi、SimaPro 等生命周期评估软件,进行飞机材料和结构配置的环境影响分析。达索公司在 SolidWorks 软件中集成了简化 LCA 模块,在进行产品建模的同时获得其全生命周期绿色属性。

相比于国际的先进技术,我国在以下几个方面存在一定的差距:

(1)目前我国在绿色设计模型及其应用机制依然处于探索阶段,如何在集成平台系统中，将各阶段绿色信息进行有效集成，建立统一的、集成的、可重构、可扩展的产品全生命周期绿色设计架构，支持产品的全生命周期绿色设计仿真、优化和决策等应用研究尤为薄弱。

（2）国内针对可回收设计、可拆卸设计、轻量化设计、长寿命设计等开发了大量DFX软件工具，但多集中在对生命周期某阶段绿色性进行分析和改进，缺乏系统性考量，与企业产品的开发设计流程集成度低，无法集成在网络平台中运行。因此建立我国机械产品绿色设计集成平台尤为重要。

四、发展的制约因素分析

（一）我国机械产品绿色设计基础数据库构建的制约因素

（1）我国本土机械产品绿色设计数据库缺失。我国开展绿色设计数据库相关研究的时间较早，但是绝大多数研究方向都集中于材料、环境和能源等方面，对基础工艺数据、设计案例及设计知识库的研究不够充分，缺乏完善的本土化机械产品绿色设计数据库是国内广泛开展绿色设计研究与应用的主要障碍。

（2）缺乏对产品制造和服役过程数据的收集和处理。随着物联网和云技术在企业的大规模应用，如何基于物联网实现产品服役过程清单数据动态收集和处理，形成更加完善的产品全生命周期清单数据，为产品绿色设计提供网络化的基础数据服务，是研究建设绿色设计平台的重要任务之一。

（3）数据管理系统软件功能不完善。机械产品绿色设计数据库构建方面，已有的数据管理系统软件对碳排放影响评价及解释说明阶段的支持还不完善，还需要进一步的研究使数据管理系统软件的功能更加全面。同时，数据库缺少实时更新维护管理机制，对数据采集、数据管理及质量保证等相关技术的研究也需要持续进行，为数据库更新和扩展提供技术支持。

（二）我国机械产品绿色设计技术体系的制约因素

（1）基于产品生命周期碳排放及环境影响数据反馈的绿色设计机制匮乏。产品生命周期碳排放及环境影响数据反馈技术对产品绿色设计至关重要，过去利用生命周期碳排放及环境影响数据反馈技术与产品绿色设计相关联的工作有限。产品绿色设计包括多个不同阶段的数据，不同阶段的数据有不同的反馈技术，很难对其进行快速准确的识别和分类，在进行优化决策时，往往需要对大量数据进行综合权衡和分析，需要有效手段的指导，因此如何构建统一系统化的反馈技术体系对产品绿色设计过程进行支撑，显得尤为重要。

（2）可实际应用的绿色设计知识支撑技术相对较少。目前关于产品绿色设计知识表达与重用技术的研究较少，没有形成通用化的知识表达与重用技术；对于非结构化和模糊化的产品绿色设计知识没有得出成熟的研究理论，也没有形成准确高效的表达方法；针对绿色设计知识本体进行知识表达与重用，却未结合应用场景的层次性和关联性。

（3）绿色设计工程规范信息反馈过程缺失。很多企业存在着对工程规范信息反馈程度不高的问题，由于绿色设计工程规范涉及大量的温室气体排放、废水处理、能源使用等数据，而这些数据受限于生产环节各个方面的监控和调控情况，导致其反馈程度难以满足实时在线监测的要求。如何利用产品生命周期碳排放及环境影响数据反馈技术，定量导出工程规范并将其应用到产品绿色设计中，也是产品绿色设计需要重点关注的领域。

（三）我国机械产品绿色设计集成开发平台的制约因素

（1）产品绿色设计集成开发平台安全机制不完善。一方面，产品数据涉及企业的商业秘密和个人隐私，需要加强对数据的保护和管理；另一方面，平台的不安全可能会导致黑客攻击和信息泄露等问题，对企业造成严重损失。产品绿色设计平台需要建立可靠的安全机制，以保证企业用户可以放心提供产品设计相关信息。

（2）产品绿色设计集成开发平台通用性不高。由于各行业的特殊性和差异性，不同企业、不同产品之间存在很大的差异性，需要具体问题具体分析，提供专门的解决方案。设计平台需要有一定的普遍适用性，能够兼顾不同型号、不同种类的产品绿色设计，减少设计平台的搭建成本，降低使用难度、提升设计平台的普及率。

（3）产品绿色设计集成开发平台可嵌入性程度低。在实际应用中，由于各个企业和行业的数据系统和信息资源都具有一定程度的专业性和保密性，使得产品绿色设计平台的可嵌入性不够，很难将平台与企业现有的数据系统进行有效的对接和嵌入，从而限制了整个平台的功能发挥和推广应用。需要对现有主流产品设计软件进行研究，获取相应数据接口和系统调用技术，提升产品绿色设计集成开发平台对设计软件的兼容性。

五、重点发展方向

（一）构建中国机械产品绿色设计基础数据库

建立中国机械产品绿色设计基础数据库，实现对机械产品设计阶段的资源消耗、能源消耗及环境影响等关键绿色性能指标的测算，保证基础数据的精确化和时效性。

（二）面向绿色设计的产品生命周期数据反馈技术

加强多源数据采集和挖掘能力，通过各类多源大数据平台，捕获产品设计不同阶段的相关数据，实现产品全生命周期碳排放及环境影响数据向设计端的有效反馈；结合人工智能、大数据、云计算等技术开发基于数字化技术的生命周期分析与评价软件，提高产品质量、降低生产成本，并减少对环境的影响。

（三）机械产品绿色设计知识通用表达与重用技术

根据绿色设计领域知识的特征和应用特点，建立通用知识表达的数据模型；针对典型机械产品，建立可用于产品绿色设计的动态知识网络，构建产品绿色设计的知识重用技术体系，以支持基于知识的机械产品绿色设计水平的提升。

（四）基于大数据与知识工程的机械产品绿色设计集成平台的开发技术

在现有产品设计集成平台的基础上，开发具有我国自主知识产权的基于大数据与知识工程的机械产品绿色设计集成服务平台；建立系统的知识管理机制，优化产品知识体系结构，实现不同领域之间知识的贯通与共享。

六、阶段性研究内容与预计实现时间

（一）中国机械产品绿色设计基础数据库构建

2026 年初步完成中国机械产品绿色设计基础数据库的构建，2030 年达到绿色设计基础数据的精确化和时效性的阶段性目标。

（二）面向绿色设计的产品生命周期数据反馈技术

2030 年初步完成通过各类多源大数据平台，获取产品绿色设计不同阶段的相关数据，实现产品全生命周期碳排放及环境影响数据向设计端的有效反馈。

（三）机械产品绿色设计知识通用表达与重用技术

2030 年，根据机械产品绿色设计领域知识的特征和应用特点，建立通用知识表达的数据模型；针对典型机械产品，建立可用于产品绿色设计的动态知识网络，构建产品绿色设计的知识重用技术体系，以支持基于知识的产品绿色设计水平的提升。

（四）机械产品绿色设计集成服务平台的开发技术

2035 年之前，在现有产品设计集成平台的基础上，开发具有我国自主知识产权的机械产品绿色设计集成服务平台。

七、技术路线图

绿色低碳设计技术及系统集成技术路线图见图 4-13。

项目	2023年 —————— 2026年 —————— 2030年 —————— 2035年
需求与环境	在"碳达峰"和"碳中和"的背景下，全面推行机械产品绿色设计，降低其对环境的负面影响，已成为产品制造行业的重大需求和全社会的共识
重点产品	机械产品绿色低碳设计技术及系统集成
中国机械产品绿色设计基础数据库构建	目标1：本土化机械产品绿色设计基础数据库 目标2：数据采集、数据管理和数据质量保证和其他相关技术 途径1：建立多维属性的中国机械产品绿色设计动态基础数据库 途径2：建立符合中国生态系统的机械产品绿色设计评价体系
机械产品绿色设计技术体系	目标1：产品生命周期碳排放及环境影响数据反馈绿色设计机制 目标2：通用化的知识表达与重用　　目标3：绿色设计工程规范信息反馈与评价 途径1：完善现有的反馈技术 途径2：建立通用知识表达的数据模型 途径3：建立不同数据类型下的产品绿色设计知识表达系统 途径4：构建产品绿色设计的知识重用与评价技术体系 途径5：定量导出工程规范并将其应用于产品绿色设计与评价
产品绿色设计集成服务平台的开发技术	目标：具有我国自主知识产权的机械产品绿色设计集成服务平台 途径1：完善产品绿色设计平台安全机制 途径2：提升产品绿色设计平台通用性 途径3：研究数据接口和系统调用技术

图 4-13　绿色低碳设计技术及系统集成技术路线图

参考文献

[1] 吴秀丽，马隆洲，向东，等. 面向退役机电产品全生命周期的知识图谱统一建模方法研究 [J]. 中国机械工程，2023，59（7）：52-67.

[2] 高古月，王瑞昌，张先燆，等. 复杂产品绿色设计集成管理框架研究 [J]. 机械设计与研究，2022，38（3）：152-157.

[3] He Y, Zhang J, Wang X, et al. A process scenario oriented Life Cycle Assessment framework for

machining processes［J］. Procedia CIRP，2017（105）：332-338.

［4］Proske M，Finkbeiner M. Obsolescence in LCA-methodological challenges and solution approaches［J］. The International Journal of Life Cycle Assessment，2020，25（3）：495-507.

［5］刘培基，刘飞，王旭，等. 绿色制造的理论与技术体系及其新框架［J］. 机械工程学报，2021，57（19）：165-179.

编撰组

组　长：张　雷

成　员：鲍　宏　胡嘉琦　李　磊　彭开元

第十四节　核心基础零部件抗疲劳制造技术

一、发展愿景

随着装备制造不断向着高功率、高速、重载、高可靠性与耐极端服役环境等方向进行技术突破与更迭，如海上风力发电机组迈入16MW级装机容量、第六代航空发动机预计推重比将高达20，燃气温度超过2300K、深海深地深空领域装备初步形成万米级深潜，万米级超深地资源开采与火星探测等技术突破，轨道交通、运载装备以及各类工程机械、石化装备、能源装备等也都不断向着更高速度、更大载重等方向刷新纪录。

重大装备与主机中的一些齿轮、轴承、导轨丝杆、连接件、密封件、紧固件及其他关键承载件，具有下面基本特性：决定装备的主要功能，体现装备的寿命与可靠性，失效会酿成灾难性后果，疲劳是其主要失效模式[1]。这些基础零部件属于核心基础零部件，高端装备的发展离不开核心基础零部件性能的提升。21世纪以来，国内外各类高端装备功能拓展、性能指标的突破，也正是建立在自20世纪70年代以来核心基础零部件材料、设计、制造与抗疲劳性能大幅提升的基础之上。随着高端装备设计指标的不断攀升，对核心基础零部件性能和可靠性的要求已越来越趋近于其设计与制造边界。当前，核心基础零部件的设计与制造水平已成为制约高端装备代际提升的关键技术瓶颈,如何进一步提高核心基础零部件性能、质量和可靠性,支撑高端装备突破现有技术边界,已成为当前国内外装备制造的重点攻关方向。

抗疲劳制造技术是通过控制表面完整性与变质层,以疲劳强度为判据的先进制造技术,是推动核心基础零部件向高端化发展的新一代制造技术。抗疲劳制造技术能够最大限度地发挥材料的潜力,拓展基础零部件承载能力边界,大幅提高关键构件的服役寿命,从根本上解决机械装备可靠性低、寿命短的问题。

二、未来发展需求

核心基础零部件不仅直接决定了高端装备的性能与可靠性,而且其价值量在高端装备整机价值量中的占比也很高。例如,齿轮和轴承等核心基础零部件在整个风电机组中的价值量占比超过20%,在汽车整车价值量中的占比为7%~15%,在盾构/全断面隧道掘进机(tunnel boring machine,TBM)价值量中的占比也接近7%。

2021年我国装备制造业产业规模超过28万亿元,实现十年内年均增长8.2%[2]。装备制造业的飞速发展也带动了齿轮、轴承等核心基础零部件产业规模的快速提升,2021年国内齿轮和轴承的市场规模分别超过3000亿元和2000亿元,均位居世界前列。目前,我国齿轮、轴承等基础零部件产品基本能满足国产整机的一般性配套要求,风电齿轮箱、高速动车组齿轮箱、舰船用齿轮箱等高端装备用核心基础零部件也在逐渐实现国产化替代。国内机械基础零部件可基本满足为国内装备制造业提供通用核心基础零部件配套的需求,部分产品还出口至欧美及东南亚地区[3]。然而,在许多高端装备领域,我国核心基础零部件性能差、结构重、寿命短、可靠性低等问题仍然较为突出,部分关键零部件仍严重依赖进口,如航空发动机主轴轴承、高速动车组轴承、大型盾构/TBM主驱动减速器与主轴承、工业机器人轴承与摆线减速机、高端数控机床主轴轴承、超精密转台、滚珠丝杠与直线导轨等。

总体来看,我国装备制造业正处在向中高端迈进的关键阶段,已初步建成了全球产业门类最齐全、产业体系最完整的装备制造产业链,产业规模连续13年居全球首位,有200多种工业产品产量排世界第一。但与世界工业强国相比,与高质量发展要求相比,我国产业基础不牢、地基不稳的问题仍然突出,特别是在核心基础零部件、先进基础工艺、关键基础材料、产业技术基础、工业基础软件等方面,对外依存度高,产业基础投入不足,许多产业面临"缺芯""少核"的窘境。进入新时代,国家确定并倾力推进制造强国战略,加快建设制造强国、加快发展先进制造业已成为我国的国家战略。

《国家"十四五"规划和2035年远景目标纲要》明确提出,实施产业基础再造工程,加快补齐基础零部件与元器件、基础软件、基础材料、基础工艺和产业技术基础等瓶颈短板[4]。在国家及地区各类科技计划的支持下,机床、汽车、飞机、工程机械、风力发电装备、高速列车等重点领域、重大装备已陆续开展核心基础零部件的自主研发和产业能力建设,进行了高性能核心基础零部件设计-材料-工艺-检测等共性和关键技术的研究,形成了以国家实验室、国家工程研究中心、高等院校和科研院所为核心的研发体系。我国核心基础零部件产业已从仿制和引进消化阶段迈进自主设计和探索创新阶段。大力推动核心基础零部件抗疲劳制造技术,促进核心基础材料、基础工艺和产业技术基础的提质升级,实现高端装备所需的高性能、高质量、高可靠性核心基础零部件的自主可控,已成为我国由工业大国迈向工业强国的必由之路。

未来一个时期内,以国家装备制造业高质量发展和重大技术装备需求为导向,围绕高端装备核心基础零部件产业的转型升级与强链补链,重点针对工业母机、工业机器人、航空航天装备、海洋装备、新能源装备、轨道交通装备、工程机械装备等重点领域、重大装备所需的高速重载齿轮、高端精密轴承、高承载精密导轨丝杆、高可靠性密封件、高效长寿命液压件、高适应性连接件、高端紧固件等核心基础零部件,加快高端装备核心基础零部件抗疲劳制造技术研发与推广应用,推进技术与质量标准体系建设,促进核心基础零部件产业的高质量发展,为我国装备制造业转型升级提供坚实保障。

三、该技术研发水平现状及与国际比较分析

抗疲劳制造作为一个系统性制造技术体系,是机械基础零部件在历经"成形"制造、"表面完整性"制造之后发展而来的新一代制造技术。抗疲劳制造是在保证加工精度和表面完整性的基础上,进一步通过表层改性技术调控工件表层与亚表层材料形成具有无损伤或强化状态的表面变质层,抑制切削加工中产生的应力集中效应对疲劳强度的影响,是以疲劳性能为主要判据、提高疲劳强度的制造技术,实现关键构件表面无缺陷、无应力集中,疲劳寿命几倍至百倍的大幅提升[5]。

抗疲劳制造技术是解决国产核心基础零部件寿命短、可靠性低和结构重"三大问题"的关键技术。在2013年中国工程院发布的《中国热处理与表层改性技术路线图》[6]中,中国工程院赵振业和潘健生院士以相变、应变-硬化及疲劳为理论基础,构建了

抗疲劳制造技术体系，并对国内外发展状况进行了对比分析。抗疲劳制造技术是设计-制造-材料三位一体的技术集成，包括表层硬化技术、抗疲劳机械加工技术、高能表层改性技术、无应力集中装配技术、整体制坯技术、精密热处理技术、长效腐蚀防护技术、试验与疲劳寿命评价技术、检测技术9项关键技术。我国较国外表面硬化技术的差距主要体现在：①表层硬化技术方面，国外齿轮、轴承等核心基础零部件硬度普遍达到62～64HRC，正在提高到68～72HRC，而国内硬度普遍为58～62HRC；国外大力发展脉冲渗碳、渗氮、复合渗碳氮等以及正在发展的离子渗碳、渗氮、复合渗碳氮等技术，国内虽然对各类热处理技术均有所涉及，但未形成体系[7]；②材质方面，国外开始广泛应用先进VIM+VAR技术的二代、三代高纯轴承、齿轮钢[8]，而国内则普遍采用一代轴承钢和齿轮钢；③表层改性方面，国外在19世纪70年代便开发了表面喷丸强化方法并开展广泛应用，并在1985年前后又发明了激光冲击、超声冲击等表层改性方法，进一步提升了关键构件的疲劳寿命[9]；我国在20世纪60年代初才开始研究发展喷丸强化技术，随后又发展了孔挤压和螺纹滚压改性等技术，用于飞机、发动机关键构件抗疲劳制造并取得了显著效果。但国内大多数制造企业仅将表面改性技术作为解决一些特定部件、特定问题的手段，未形成完整的表面改性制造技术体系，也未在多数核心基础零部件制造中进行普遍应用。以上技术差距，使国外高性能齿轮、轴承等基础零部件服役寿命达到数千、数万乃至十多万小时，而国内有些齿轮、轴承等核心基础零部件服役寿命普遍仅有数百小时，致使高端齿轮、轴承等关键构件长期依赖进口。

近年来，抗疲劳制造已得到业界的广泛重视，并对提升我国装备制造业水平，实现"极限寿命""极限可靠性""极限减重"三个极限，解决核心基础零部件"三大问题"起到了积极的推动作用。2015年，中车戚墅堰所自主研制的高速动车组齿轮箱通过30万千米运营考核，打破了国外技术垄断，快速实现了高铁齿轮箱的国产化替代[10]；2022年，国内采用新型轴承齿轮钢M50NiL研制的航空主轴承抗疲劳寿命突破5万小时，打破国际同类产品2万小时未失效的纪录[11]；超大型盾构机用直径8米主轴承研制成功，从材料和加工精度入手，打通了全流程技术链条，开发了低氧稀土钢，拉压疲劳寿命提高40多倍，接触疲劳寿命提升40%[12]。核心基础零部件抗疲劳制造技术的突破，支撑了我国高端装备业的蓬勃发展，近十年来国内在海洋装备、能源装备、工程机械、矿山装备、冶金装备、石化装备等领域相继涌现大批国际首台套重大装备，在工业母机、新能源汽车、工业机器人、医疗装备等领域也纷纷取得长足进步,"中国制造"核心竞争力不断提升,装备工业实现了进一步的高质量发展。尽管取得了长足的进步,但直至今日,我国抗疲劳制造技术的发展仍只是初窥门径,部分装备、部分零部件的技术突破并未能带动核心基础零部件产业制造理念和制造水平的整体提升,"成形"制造惯性依赖、技术路径单一、基础理论与数据积累薄弱、产学研用技术脱节等问题仍普遍存在,致使高端装备制造领域的核心基础零部件依赖进口的格局仍未得到彻底改变。

四、发展的制约因素分析

实现抗疲劳制造是一场制造业的技术革命,不仅涉及新技术、新工艺的应用,车间的升级改造,还包括制造理念、管理理念和从业者观念的变革。我国装备制造业受长期形成的"重主机、轻配套"的思想影响,对基础零部件的重视和投入力度不足。基础零部件制造企业困囿于低价竞争恶局,自我改造升级能力差,自主创新动力不足,导致市场中低端产品同质化严重,高端核心基础零部件产品缺乏竞争力。基础零部件制造长期滞留于"成形"制造,缺乏对抗疲劳制造的认识。大量的基础零部件制造企业的产品工艺流程中很少甚至没有表层改性工序,即使喷丸强化这种常规的表面改性技术在实际工程上也因存在问题较多而应用效果不够理想,更谈不上建立齐全的抗疲劳制造工艺技术体系。制约我国核心基础零部件抗疲劳制造技术发展的主要因素有:

(一)基础研究不足,核心技术缺失

抗疲劳制造技术的开发与应用建立在对关键构件疲劳损伤机理和强化机制有着充分认识的基础之上[13-14]。只有综合应用各类分析手段,深入揭示关键构件的疲劳损伤机理与损伤薄弱点,才能有针对性地开发应用抗疲劳制造技术解决关键构件的疲劳失效问题。然而,由于国内当前在核心基础零部件的疲劳损伤机理与各类表面强化/改性技术的抗疲劳强化机制等的研究基础仍很薄弱,基础理论、仿真分析软件、新技术/新工艺及其装备开发,以及制造企业内相关高层次人才储备等仍较国外存在较大差距。基础研究的不足和核心技术的缺失导致从业工程技术人员难以从根源上识别核心基础零部件"三大问题"的来源并提出行之有效的解决措施,进而使抗疲劳制造成为浮于表面、悬置于空的技术概念,从根源上制约了我国核心基础零部件抗疲劳制造技术的发展与推广应用。

（二）疲劳寿命试验欠缺，基础数据积累薄弱

美欧日等制造强国自 20 世纪 40 年代便开始广泛开展齿轮、轴承等核心基础零部件的疲劳性能测试，建立了大量的包含不同材质、制造工艺以及与表面完整性、表面变质层指标相关的疲劳数据集，形成了以数据驱动的核心基础零部件正向设计与抗疲劳制造技术体系，奠定了坚实的抗疲劳制造技术在工业领域应用落地的数据基础[15]。我国对齿轮等基础零部件疲劳极限的测试在 20 世纪 80 年代进行过，后来中断近 30 年，个别研究机构和企业所做的材料疲劳极限试验工作缺乏系统性、专业性。尽管自 21 世纪以来一些机构和企业开始大力推动核心基础零部件疲劳性能测试数据建设[16]，但对各类表面改性技术的疲劳性能测试和数据积累仍十分欠缺，基础零部件制造企业仍普遍存在"无数据可参照，技术可行性未知"等问题。

（三）技术体系庞大，推广应用难度大

抗疲劳制造作为一种涵盖热处理与各类表面强化、表面改性的综合性技术体系，包含 3 个基础技术体系、9 项关键技术，其技术途径在近 30 年的发展中已初步形成了涵盖物理方法、化学方法、机械方法和高能技术等四大范畴，是跨学科技术，包含深层渗碳/渗氮、表面涂层、超声滚压/挤压、喷丸强化，以及各类高能或高能复合改性等数十种技术方法[17-18]，然而各类强化/改性技术在不同类型基础零部件乃至同类基础零部件不同应用场合的适用性、经济性以及应用效果尚无可供参考的技术标准或指南。基础零部件制造企业需要投入大量的人力、物力与时间成本去评估、验证适配于公司产品的抗疲劳制造技术，而企业经大量资源投入获得的新技术、新工艺又会马上成为公司商业机密进行限制传播，阻碍了抗疲劳制造技术在行业的推广。因此，亟须行业协会或骨干科研机构牵头，通过整合行业优势资源，协同攻关，优选若干种适用性强、效果佳的工艺技术方法，以标准或指南等形式形成可供推广的技术标准、方法体系和工艺装备等。

五、重点发展方向

针对我国核心基础零部件抗疲劳制造技术发展现状和关键制约因素，应做好如下重点工作：研究揭示核心基础零部件疲劳失效机理、高强韧材质与精密热处理技术开发、表层改性技术及工艺装备开发应用、完善抗疲劳制造检测技术及评价方法、能力提升与数据库建设、抗疲劳制造标准体系建设等重点工作[19-22]。以重点突破与整体提升相结合，快速形成适用于我国工艺技术水平的核心基础零部件抗疲劳制造发展格

局,支撑核心基础零部件产业的转型升级与高质量发展。

(一)研究揭示核心基础零部件疲劳失效机理

在影响核心基础零部件疲劳寿命的结构–工况–材料三大要素体系中,目前对于结构和载荷要素的认识相对成熟,但对于高温/高寒/腐蚀/粉尘/辐射等极端环境工况要素,以及材料微观组织–内部缺陷–残余应力–硬化层–改性层耦合的材料要素的影响认识相对不足。实现核心基础零部件的抗疲劳设计制造还需要进一步完善基于各类表面完整性和表面变质层参数表征的疲劳失效理论,包括考虑多源耦合和多源损伤的疲劳失效模型、极端服役条件下的材料性能退化与疲劳损伤机制、跨尺度下的材料性能表征及构件疲劳寿命预测等。

(二)高强韧材质与精密热处理技术开发

加快推进第二代、第三代高强韧、高纯度齿轮和轴承钢研发与推广应用,发展与抗疲劳制造相适应精密热处理技术,采用先进的工艺、设备与检测体系精准控制相变组织、精密表面、精密残余应力场、精密轮廓尺寸等。重点开发真空渗碳、离子渗碳、深层渗碳/渗氮、碳氮共渗、感应淬火等绿色先进热处理技术,建立典型核心基础零部件材料–成形–热处理的全流程工艺协同调控与质量均一性控制等关键技术体系,实现核心基础零部件表面硬化层的硬度梯度、残余应力场、微观组织结构以及热畸变控制。

(三)表层改性技术及工艺装备开发应用

针对典型基础零部件与典型疲劳失效问题,定向开展急需的表面改性技术及工艺装备的攻关与示范应用,以点带面,推动喷丸强化、超声滚压强化、挤压强化、表面光整、表面织构、激光冲击强化、射流强化等表面改性技术在基础零部件制造中的推广应用。以高能或高能复合表层改性为导向,进一步研究和发展激光冲击、超声滚压、多相射流、激光固态相变强化、激光表面熔凝处理、激光表面合金化、高能离子注入、表面气相沉积等新型抗疲劳制造表层改性技术及工艺装备,建立健全核心基础零部件抗疲劳制造工艺技术体系。

(四)完善抗疲劳制造检测技术及质量评价方法

研究开发基础零部件表面硬化层或变质层微观组织结构、内生缺陷、残余应力、关键力学性能等性态指标的无损、在线检测技术,建立表面性态指标与基础零部件抗疲劳性能的映射关系,形成可检测、可度量、可评价的基础零部件抗疲劳制造质量检测评价方法,为核心基础零部件抗疲劳制造技术研究与工艺技术的应用落地奠定检测技术基础。

（五）疲劳性能试验能力提升与数据库建设

一方面，面向高性能、长寿命核心基础零部件疲劳性能试验测试需求，进一步提高疲劳试验装备的加载能力、高速模拟能力、极端服役环境模拟能力以及试验过程中多维度服役性能监测能力，提高基础零部件载荷谱拟实试验能力，提高基础零部件疲劳损伤定量检测能力；另一方面，加强核心基础零部件的基础制造数据采集与疲劳性能试验，建立各类核心基础零部件的抗疲劳加工工艺，表面、次表面性能和疲劳性能评价等数据库，奠定数据驱动的核心基础零部件抗疲劳设计与制造数据基础。

（六）健全抗疲劳制造标准体系

推进核心基础零部件抗疲劳制造技术研究与推广应用，需要充分整合基础零部件行业与上下游产业的优势资源进行协同攻关，优选技术成熟、适用性强、效果佳的工艺技术方法，以发布标准或指南等方式推动技术普及，逐步形成涵盖基础材料–热处理–加工–强化/改性–检测评价等为一体的抗疲劳制造标准体系。

六、阶段性研究内容与预计实现时间

未来 3~5 年：①完成核心基础零部件疲劳失效机理的研究，完善基于表面完整性的核心基础零部件疲劳失效理论；②优化提高真空渗碳、离子渗碳、感应淬火等精密热处理技术，进一步挖掘材料潜力；③开展第二代、第三代齿轮和轴承钢的国产化研发；④全面推进改性技术在核心基础零部件制造领域的推广应用并形成产业化；⑤研究开发表面变质层性态指标的无损、在线检测技术；⑥开发具备更高模拟能力的疲劳试验装备与方法；⑦优选技术成熟度较高的抗疲劳制造技术，在齿轮、轴承等核心基础零部件领域进行标准体系建设。

未来 6~10 年：①深入研究核心基础零部件疲劳失效理论中环境工况要素和材料要素的影响，建立成熟的核心基础零部件疲劳失效理论与寿命预测模型；②完成新一代高强韧、高纯净材质与精密热处理技术的开发，实现硬度梯度、残余应力场、微观组织结构以及热畸变控制；③突破高能或高能复合改性技术并实现产业化应用；④研究揭示表面性态指标与抗疲劳性能之间的映射关系；⑤开发疲劳试验过程中的疲劳损伤定量检测技术，完成各类核心基础零部件及抗疲劳制造工艺体系下的疲劳试验；⑥完成抗疲劳制造标准体系，实现标准化推广应用。

未来 15 年：①形成体系成熟、结构–工况–材料等多要素融合的疲劳失效理论；

②掌握高性能、长寿命核心基础零部件材料-热处理工艺技术，并在核心基础零部件制造领域内实现普及性应用；③建立以高能或高能复合改性技术为重点的核心基础零部件抗疲劳制造技术体系，核心基础零部件性能与疲劳寿命达到国际领先水平；④建立完备的抗疲劳制造质量检测与评价方法；⑤建立抗疲劳制造基础工艺数据与疲劳试验数据库，实现以数据驱动的核心基础零部件抗疲劳设计与制造；⑥建立覆盖各类核心基础零部件、涵盖基础材料-热处理-加工-强化/改性-检测评价等为一体的抗疲劳制造标准体系。

七、技术路线图

核心基础零部件抗疲劳制造技术路线图见图 4-14。

项目	2023年 —————— 2026年 —————— 2030年 —————— 2035年
需求与环境	我国装备制造业的高质量发展与转型升级亟须突破高速重载齿轮、高端精密轴承、高承载精密导轨丝杆、高可靠性密封件、高效长寿命液压件、高适应性连接件、高端紧固件等核心基础零部件的抗疲劳制造关键技术
重点产品	工业母机传动系统、精密工业机器人传动装置、大型盾构/TBM主驱动系统、高速动车组传动装置、大兆瓦风电机组增速齿轮箱、航空发动机关键构件、大型舰船齿轮传动装置、大型燃气轮机关键构件、民用航空超高速液压泵等
核心基础零部件疲劳失效机理	目标：完善疲劳失效理论 目标：构建疲劳失效理论与寿命预测模型 目标：构建成熟的疲劳失效理论体系 疲劳失效机理研究　　材料要素的深化与完善 环境工况要素的完善　　多要素融合的疲劳模型
高强韧材质与精密热处理技术	目标：完成新一代齿轮轴承钢与热处理技术研发与应用　　目标：建立高性能、长寿命核心基础零部件材料-热处理表层硬化技术体系 高强韧高纯净材质冶炼技术　　材料-工艺-性能协同调控 先进热处理技术及工艺装备开发 精密热处理技术及工艺装备的普及性应用
表层改性技术及工艺装备	目标：完成2~3种表面改性技术及工艺装备的开发与应用　　目标：建立高能或高能复合改性技术体系 传统表面改性技术推广应用　　高能复合改性技术推广应用 高能复合改性技术及工艺装备开发与应用 构建抗疲劳制造工艺技术体系

图 4-14　核心基础零部件抗疲劳制造技术路线图

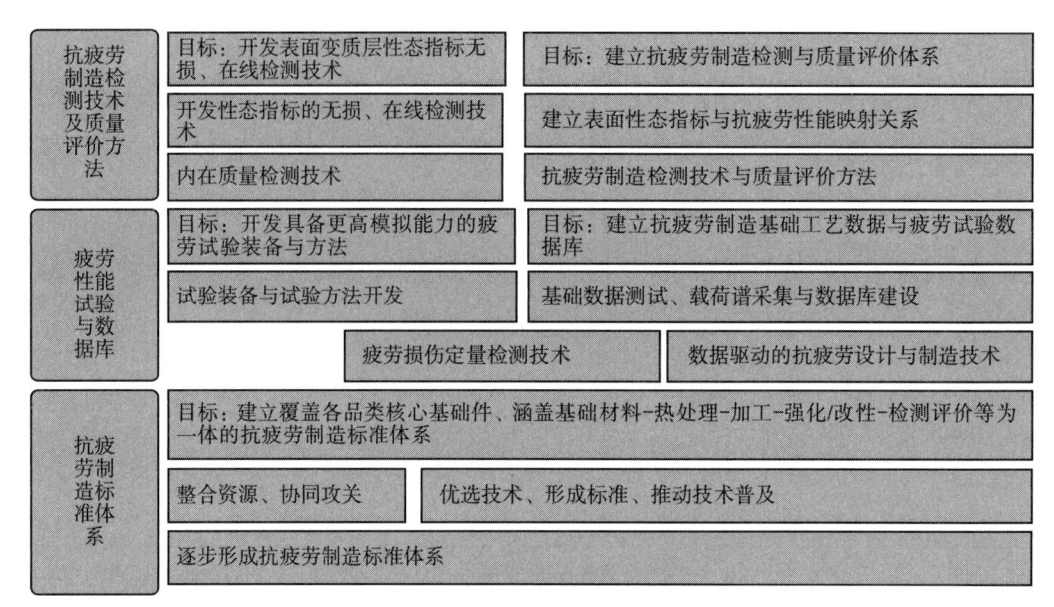

续图4-14 核心基础零部件抗疲劳制造技术路线图

参考文献

[1] 赵振业. 发展热处理和表面改性技术，提升国家核心竞争力[J]. 金属热处理，2013，38（1）：1-3.

[2] 中华人民共和国工业和信息化部. 一图读懂十年来我国推动装备制造业高质量发展工作情况[EB/OL]. （2022-09-06）. https://www.miit.gov.cn/zwgk/zcjd/art/2022/art_a177222ba0584617a51921ca782eaaea.html.

[3] 杨艳明，朱明皓，邵珠峰，等. 我国基础零部件和元器件发展对策研究[J]. 中国工程科学，2017，19（3）：117-124.

[4] 国务院. 中华人民共和国国民经济和社会发展第十四个五年规划和2035年远景目标纲要[EB/OL]. （2021-03-13）. http://www.gov.cn/xinwen/2021-03/13/content_5592681.htm.

[5] 高玉魁，赵振业. 齿轮的表面完整性与抗疲劳制造技术的发展趋势[J]. 金属热处理，2014，39（4）：1-6.

[6] 赵振业，潘健生. 中国热处理与表层改性技术路线图[R]. 北京：中国工程院，2013.

[7] 卢金生，李宝奎. 齿轮的精密热处理及抗疲劳制造探讨[J]. 机械传动，2019，43（3）：170-175.

[8] Townsend D P，Bamberger E N. Surface fatigue life of M50Nil and AISI9310 gears and rolling contact bars [J]. Journal of Propulsion and Power，1991，7（4）：642-649.

[9] 王珉. 抗疲劳制造原理与技术[M]. 南京：江苏科学技术出版社，1999.

[10] 轨道交通装备与技术编辑部. "复兴号"上的"风火轮"中车戚墅堰所齿轮传动系统摘得

国家科学技术进步奖二等奖［J］. 轨道交通装备与技术，2018（2）：1.

[11] 央视新闻. 我国航空发动机关键构件疲劳寿命超5万小时 我国高端装备制造技术取得全新突破［EB/OL］.（2022–11–03）. https://tv.cctv.com/2022/11/03/VIDEcuTPMKZqh7OUsjmKEq5k221103.shtml.

[12] 科学网. 我国首套盾构机用超大直径主轴承研制成功［EB/OL］.（2022–12–15）. https://news.sciencenet.cn/htmlnews/2022/12/491151.shtm.

[13] Liu G L，Huang C Z，Zhao B，et al. Effect of Machined Surface Integrity on Fatigue Performance of Metal Workpiece：A Review［J］. Chinese Journal of Mechanical Engineering，2021，34（6）：197–212.

[14] Kang J-H，Hosseinkhani B，Rivera-Daz-Del-Castillo P E. Rolling contact fatigue in bearings：Multiscale overview［J］. Materials Science and Technology，2012，28（1）：44–49.

[15] Koster W P，Field M，Fritz L J，et al. Surface integrity of machined structural components［R］. Technical report，AFML-TR-70-11.

[16] 刘怀举，张博宇，朱才朝，等. 齿轮接触疲劳理论研究进展［J］. 机械工程学报，2022，58（3）：95–120.

[17] 罗红专. 现代抗疲劳制造原理与技术概论［J］. 中国科技信息，2005（6）：128–129.

[18] 张明，王珉，左敦稳. 抗疲劳制造技术的研究现状与发展趋势［J］. 机械设计与制造，2002（2）：100–101.

[19] 毕超，刘祎，杜海涛，等. 抗疲劳制造技术的发展及其在高端轴承制造中的应用［J］. 航空精密制造技术，2017，53（1）：1–6.

[20] 别文博，赵波，王晓博，等. 超声加工在齿轮抗疲劳制造中的研究综述与展望［J］. 表面技术，2018，47（7）：35–51.

[21] 杨健，刘国良，魏磊，等. 航空发动机高温合金涡轮盘抗疲劳制造评价方法研究［J］. 航空材料学报，2014，34（1）：86–93.

[22] 王振，陈龙，郑楠，等. 基于残余应力的轮齿齿根强化对弯曲疲劳强度影响研究综述［J］. 机械传动，2019，43（12）：161–168.

编撰组

组　　长：刘忠明

成　　员：王长路　叶　军　师陆冰

第十五节　高性能微纳传感器批量产品化关键技术

一、发展愿景

传感器是能感受到被测量的信息并将其按一定规律转换成可用输出信号的器件或装置，在作为信息源头技术的信息获取中，传感器技术占据着越来越突出的重要作用。随着传感器集成化与微小化制造技术的发展，高性能微纳传感器在先进制造、航空航天、环境资源、健康医药、物联网乃至智慧地球等众多领域，都有着广泛的重大需求，美、欧、日等发达国家和地区都纷纷把传感器作为"21世纪优先发展的十大顶尖技术之一"[1-3]。

随着"互联网+"、大数据/云计算、智慧城市、智慧农业、物联网、智能手机与可穿戴装备等的快速发展，高性能微纳传感器的应用获得爆炸式的增长，主要的应用新兴市场包括：①智能手机、无人机、可穿戴等智能消费类电子产品；②汽车电子、自动驾驶及新能源汽车；③5G乃至第六代移动通信网络（6th Generation Mobile Networks，6G）通信模式下的物联网万物互联，包括环境和安全监控；④智能机器人及"互联网+"支撑下的智能工业控制；⑤医药设备及"互联网+"大数据、云计算支撑的大众健康事业；⑥真正自主地满足国家重要装备需求；等等。据预测，未来全球每人将平均拥有数千只传感器，这些传感器存在于手机等个人终端中、智能化的家居内、自动驾驶的汽车上、办公和工作环境中、社会公共场所里等[4]。

据法国Yole发展公司的调研和预测，目前微型传感器和执行器的产业规模已经超过了整个半导体产业的10%，据不完全统计已经达到了数百亿美元的年产值，并且还在以接近15%的年增长率快速增长[5]。

近几年国产传感器得到了较大的发展，不少传感器新品发布，部分传感器产品在关键性能参数上并不弱于国外大品牌相关产品。然而，根据《中国传感器发展蓝皮书》披露，中国传感器芯片进口率高达90%以上。国产传感器的批量制造技术问题不在参数，而是出在产品的可靠性、一致性、稳定性上，这才是许多大项目畏惧使用国产传感器的原因，并且这也是未来传感器行业发展的目标。

二、未来发展需求

随着物联网技术的发展，传感器扮演的角色越来越重要。目前，高性能微纳传感器产品需求大幅增加，根据中国信通院数据显示，近年来中国传感器市场规模保持较快增长，2019 年中国传感器整体市场规模达到 2188.8 亿元，同比增长 12.7%；2021 年市场规模达到 2951.8 亿元，增速达 17.6%。未来，随着工业互联网、智能制造、人工智能等战略的实施，以及智慧城市建设、智能制造、智慧医疗的发展，为高性能微纳传感器市场带来了新的发展机遇，微纳传感器正逐步向创新化、智能化、规模化的方向快速发展[6]。微纳传感器已在国民经济和国防建设中发挥了不可或缺的支撑作用，并将进一步引领未来信息技术和人工智能的发展[7]。

高性能微纳传感器代表了未来传感器的发展方向。高性能微机电系统（micro electro mechanical systems，MEMS）三维集成传感器具有体积微小、功耗低、一致性高等特点，可大批量、低成本制造，大大拓宽了传感器的应用领域。在国家的"十四五"规划中，MEMS 传感器行业的发展将继续承担转型升级迈向数字经济的重担[8]。含有硅通孔（through-silicon vias，TSV）结构的三维集成（3D 封装）技术被认为是超越摩尔定律的有效保障，3D 封装作为一种系统级架构的新方法，内部含有多个平面器件层的层叠，并经由硅通孔在垂直方向实现相互连接，大幅度缩小了芯片尺寸，提高了芯片的晶体管密度，改善了层间电气互联性能，提升了芯片运行速度，降低了功耗，是未来纳米集成电路发展的重要发展趋势，并为智能设备的发展奠定了重要的技术基础，亦是物联网的重要组成部分[9]。利用多物理场耦合及神经网络等联合对传感器结构进行优化，可大大提高传感器的测量精度。从长远来看，具有自我校准功能的传感器具有非常高的成本效益。通过自动校准，可以减少传感器的维护次数和时间。另外，可自我修复的传感器将使维护成本更低，特别是在发生各种灾难和风险时将大有用处。

"瓦森纳协定"是西方国家对中国实行高科技封锁的基础，以美国为首，英国、法国、德国、日本、印度、俄罗斯、韩国等共计 42 个国家参与其中。在"瓦森纳协定"中，传感器与激光器是被禁技术种类最多的类目，条目多达 40 页。这还不包括分布在导航与航空电子、航空与推进器等其他类目，如角速率传感器（陀螺仪）、力和扭矩传感器等传感器类别，传感器的重要性可见一斑。美国对于传感器技术如此看重的原因是因为传感器作为信息科学的基石，在先进制造业中发挥着重要作用[10]。

目前，我国80%以上中高端传感器和90%以上中高端传感器芯片需要进口。我国传感器受制于人，对于国防安全、关键工业，以及制造强国战略的发展具有极大的影响，因此对于高性能微纳传感器的研制具有迫切的需求[11]。

三、该技术研发水平现状及与国际比较分析

我国传感器产业在不同方面均存在不小的差距，但在某些方面差距已经拉近，其中传感器封测是差距较小的领域。封装结构和封装材料会影响传感器的迟滞、时间常数、灵敏度、寿命等性能，从制造成本看，传感器的封装成本通常为总成本的30%~70%。但是国内传感器封测领域也存在一些问题，包括国内传感器封装技术标准化程度较低、没有统一的接口标准、产品外形千差万别，不利于用户选用和产品互换。

相较于先进的集成电路制造工艺（摩尔定律），MEMS制造工艺不单纯追求线宽而注重特色化（超越摩尔定律），利用微纳结构或/和敏感材料实现多种传感和执行功能，工艺节点通常从500nm到110nm，我国自主研发的工艺设备较为全面，可以避开美国的出口管制政策[12]。

由于设计空间、成本和功耗预算日益紧缩，传感器正向着三维集成化、晶圆级封装的方向发展。在同一衬底上集成多种敏感元器件、制成能够检测多个参量的多功能组合传感器逐步成为重要解决方案。TSV填充技术目前市场需求广泛，被应用于许多类型的微纳传感器的三维集成中。我国的TSV填充技术虽然已经较为成熟，但是相对于其他国家，填充率、通孔良率、通孔深宽比等重要参数有待提高。因此未来需要对填充工艺、填充材料、填充设备等进行重点研发，避免出现"卡脖子"的情况[13]。

芯片制造方面，国内最先进的工艺制程是中芯国际的14nm工艺，而三星和台积电5nm已经量产，差距在3代左右。目前芯片制造行业的利润绝大部分都被台积电抢占。国内最大的代工厂中芯国际一年的利润（2023年中芯国际利润为48.23亿元）只勉强够买2台光刻机（High-NA EUV光刻机单价27.59亿元），在这个高技术壁垒行业，可见国内芯片制造商的困境和发展难度。根据市场数据显示，2023年，全球芯片代工市场规模增长至7430亿元，较2022年下滑7.89%，但十大厂商的份额却更高了，达到94.76%。也就是说，芯片代工越来越集中，小代工厂越来越没空间了。台积电依旧是全球最大的芯片代工巨头，独占66.06%芯片代工市场份额。

电子设计自动化（electronics design automation，EDA）方面，国内EDA公司可提

供模拟/数模混合集成设计全流程解决方案、数字片上系统（system on chip，SoC）集成电路（integrated circuit，IC）设计与优化解决方案、晶圆制造专用 EDA 工具和平板显示（flat panel display，FPD）设计全流程解决方案。但在性能和先进工艺的支持上，和国外巨头还无法抗衡。

传感器电路方面，微纳传感器的电路设计行业位于集成电路产业链上游，属于技术密集型产业，对技术研发实力要求极高，具有技术门槛高、产品附加值高、细分门类众多等特点，微纳传感器电路设计能力是一个国家在传感器领域能力、地位的集中体现。按地域来看，目前全球微纳传感器的电路设计仍以美国为主导，中国大陆是重要参与者之一。根据芯途研究院等相关单位的数据统计，在全球集成电路设计领域，美国公司依然处于主导地位，全球市场占有率达到 55%，其次韩国公司为 21%，欧洲公司为 7%，中国台湾地区公司为 6%，日本公司为 6%，中国大陆地区公司仅为 5%。

目前，我国传感器产业发展问题整体分析如下：

（1）高性能传感器研发能力较弱。根据《中国传感器发展蓝皮书》披露，中国传感器芯片进口率高达 90% 以上，这也是我国传感器产业与国外先进水平差距最大的地方，中国做传感器的企业很多，但做传感器芯片设计的企业寥寥无几。一种主流智能传感器芯片研发投入在 10 亿元左右，需要数十人的科研团队 6~8 年的积累，数千万只（甚至上亿只）以上产品批量生产规模才可能盈利。而且传感器芯片研究失败风险较高，一般中小型企业难以承受如此高的代价和风险，即使研发成功，也常常难以形成具有盈利规模的出货量。国内企业基本集中在产业链中下游，具有自主芯片设计能力的企业较少，智能传感器芯片的国产化率不足 10%，核心技术严重滞后于发达国家。此外，本土智能传感器在设计、生产、测试等环节的标准缺失严重，产业链上下游缺乏有效的对接[14]。

（2）制造工艺装备落后，产品可靠性低。近几年国产传感器得到了较大的发展，部分传感器产品在关键性能参数上并不弱于国外大品牌相关产品。然而，国产传感器的问题不在参数，而是出在产品的可靠性、一致性、稳定性上。目前国产器件主要占据中低端市场，可靠性低是影响国产器件大量应用的主要原因之一。传感器高端市场被国外垄断，高端传感器核心制造装备主要依靠进口，"小而散"的国内厂商靠自身积累很难进行设备和工艺更新，虽然具备一批自主研发的工艺和产品，但主要性能指标仍与国外差 1~2 个数量级，使用寿命差 2~3 个数量级。

（3）产品严重依赖进口，研制以仿制跟随为主。很多企业直接引进国外传感器芯片进行封装加工，产品同质化严重，缺乏自主研发产品。国内科技企业大多使用国外传感器，这既有国产传感器稳定性、可靠性不足，传感器产品缺乏创新的原因，也有国内企业缺乏国产化替代的探索决心、一味跟进国外科技巨头进行产品研发的惰性思路[15]。以依赖进口产品最严重的消费电子为例，在智能手机领域，所配置的传感器产品几乎全部为国外产品，这一现象在美国对华为实行制裁前尤为明显。这其中，价格也是一个关键影响因素，由于国际市场较为成熟，国外主流厂商价格已经压得很低，国内厂商没有技术优势，在市场上难有竞争力。

（4）市场对接能力较弱，科研成果转化率较低。从近年来全球主要国家的 MEMS 专利数量来看，中国以 15% 的申请量位列第三，仅次于美国和日本。可以看出，国内高校和科研院所对高技术的跟踪和对高技术附加值产品的研发能力尚可，在关系到国计民生的重大项目上，国产传感器并未缺席。但是，虽然传感器专利的申请量较大，但其成果以样品居多，距产业化较远，缺少科技成果向市场转化的能力和机制。大量传感器成果只以样品或专利文档的形式，封存于各高校和研究院所，没有到企业进行落地，转化成实际生产力。

（5）企业规模较小，产品系列化程度低，难以形成规模应用。根据《中国传感器发展蓝皮书》披露的数据，我国现有 1600 余家传感器企业中，产值过亿元的不足 200 家，约占总数的 13%。我国传感器上市企业大部分集中在百亿元市值以下，各市值空间断层明显，中国传感器产业链不够完整、成熟。传感器企业规模小，造成了国内产品线较为单一，产品品种和系列为国外的 30%~40%，标准化系列化程度较差。另外，由于国内本土企业在产品配套的软件算法环节中渗透率较低，被欧美如博世、应美盛等垂直整合制造（Integrated Design and Manufacture，IDM）企业垄断，提供系统整体解决方案的能力较弱，限制了产业链上价值的获取能力。

（6）无本土传感器设计软件，传感器算法不成熟。传感器设计软件价格昂贵，设计过程复杂、需要考虑的因素众多，目前国内尚无一套具有自主知识产权的成熟好用的传感器设计软件，IntelliSuite、ConventorWare、L-Edit 等国外传感器 EDA 设计软件几乎占领了整个中国市场。这也是中国目前工业软件产业赢弱的一个缩影，不仅传感器行业如此，工业设计、芯片设计等领域也大都使用国外的 EDA 软件。

四、发展的制约因素分析

（1）缺乏高性能微纳传感器的先进设计手段，没有形成材料–结构–工艺–电路–

封测的系统级模拟设计，目前依靠经验式的设计手段，难以满足高性能传感器研制和生产的要求。

（2）缺乏先进的微纳加工设备和工艺制程。因国外封锁，再加上国内相关研究单位起步较晚，造成高端微纳加工设备和先进制程等方面和国外还存在着较大差距。

（3）高性能传感器专用集成电路（application specific integrated circuit，ASIC）以及现场可编程门阵列（field programmable gate array，FPGA）电路技术相对落后。微纳传感器的多样性对其电路系统提出了高要求，"MEMS 与 IC 单片集成"一直是 MEMS 制造研究领域中的热点问题，但却充满了挑战。首先，MEMS 与互补金属氧化物半导体（complementary metal oxide semiconductor，CMOS）制造工艺的兼容性存在问题。其次，集成化是否真的可以降低成本，提高产品的竞争力一直存在争议，通常需要根据具体产品制定集成策略。将 MEMS 与 IC 集成于同一颗芯片上，固然可以减小芯片的总面积，节省一次封装，但是这些所带来的成本优势却可能被一些负面效应所抵消，例如 MEMS 与 CMOS 制造工艺的良率差异导致单片集成芯片的成品率下降；MEMS 与 CMOS 工艺节点不匹配，工艺开发周期较长等。展望未来，MEMS 与 IC 可以通过系统级芯片和系统级封装（system in package，SiP）两种方式合力推进集成化发展，进而形成智能微系统。

（4）缺乏标准化或半标准化的制备工艺，一个产品一套流程，难以适合高性能微纳传感器的批量生产要求。

（5）传感器生产过程中的质量控制，特别是三维集成式高性能微纳传感器的制备过程中的有效检测手段缺乏。目前多采用传感器制备完成后再测试的方式进行传感器质量的检测，导致质量不好的传感器也走完全部流程，结果是传感器的生产成本高，良率低。

（6）微纳传感器的封装。微纳传感器的封装是实现传感器功能的可靠保障。事实上，当传感器的体积缩小到一定程度时，最终产品的物理封装也必须满足极高的要求，才能将信息的获取、处理和执行集成在一起，组成具有多种功能的微型系统，从而大幅度提高系统的自动化、智能化和可靠性水平。微纳传感器在封装过程中会出现材料的热膨胀系数失配，伴随着材料微观组织的改变以及结构变形（翘曲及不平度）和应力的演化。同时封装过程中存在大量具有非线性力学行为的高分子材料和焊料合金，这些材料的力学行为均与温湿度和应变率相关，封装材料和结构的热疲劳会带来孔洞、裂纹，甚至会无法避免地导致界面脱层，给封装带来了巨大的挑战。微纳传感器封装技术不仅面临着上述共性挑战，一些特殊器件还提出了特殊要求，例如真空要求、温度要求等，这使得具有潜在市场应用的器件因没有可靠的封装技术，只能存在于实验室的功能演示阶段。

（7）微纳传感器产业化过程中同样不能忽视产业链中的自动化大批量测试技术。对于集成电路，很多情况下在晶圆级就可以依靠自动测试机软件进行电信号输入和输出间关系的确认，来完成集成电路功能的测试，然而传感器的测试需求更为复杂。物理传感器需要物理变化量的输入，生化传感器甚至需要生化反应变量的输入，这在探针台上是非常难做到的。另外，将传感器芯片与接口电路芯片连接并封装好后进行测试，在传感器被测量输入方面是更容易实现的，但此时判断传感器功能的好坏又显得为时已晚，因为一个传感器芯片的不正常将导致整个封装好的传感微系统报废，对成本影响很大。自动测试补偿技术的高产能、高效率和低成本，是产品能够进入市场的关键。然而目前大部分研究都集中在微纳传感器本身的研制过程，忽略了微纳器件在测试这个环节的特殊性和产品化短板效应。

（8）多学科交叉融合的基础不足。由于传感器的种类繁多，因敏感对象的不同涉及多个学科。如生物传感器往往需要生物技术、纳米技术、信息技术交叉的融合（BNI fusion）。所以，作为信息获取器件的传感器，其发展离不开与相关学科的交叉，特别是先进材料学科中的敏感材料，在传感器中是不可或缺的。此外，对于复杂对象的传感检测，仅仅研究材料和物理层面的科学与技术也是远远不够的，必须充分运用能使传感信息进一步提升和纯化的智能算法等科技手段。

在进行传感器的研发和产品化应用时，需要优越的多学科交叉融合基础。没有一个科技成果是可以单纯在实验室中变成产品的，关键是要通过学科间的合作和产学研用间的反馈与验证，尽快地将新的敏感效应转化成新的传感器产品技术。

五、重点发展方向

高性能微纳传感器的批量产品化是一个复杂的过程，需要考虑先进设计、材料选择、工艺流程、封装技术、测试标准和认证等多个因素。以下是一些可能的重点发展方向。

（一）传感元件与敏感材料技术

高性能微纳传感器的关键组成部分通常是传感元件。因此，选择合适的材料对于传感器的性能至关重要。优化材料的特性可以提高传感器的灵敏度、响应时间和稳定性。例如，与金属纳米材料相比，金属氧化物纳米材料理化性质更加稳定、介电常数更高、抗毒性、分散性更好，因而应用范围更加广泛。此外，在传感器的制造领域，纳米结构的金属氧化物因比表面积大、等电点高，且化学稳定性高、生物相容性好，被广泛使用。近年来，基于碳材料的柔性应变/压力传感器发展迅速，在临床疾病诊断、健康监测、电子皮肤和软机器人等智能可穿戴领域内具有广阔的应用前景。碳纳米材料具有质量轻、比表面积大、导电性高、化学稳定性好等优异性能。例如将金属纳米颗粒固载到碳纳米材料上，并将其应用于电化学生物传感界面的构建，为电化学生物传感器的研究发展提供了更大的空间。

（二）微纳传感器制造工艺与技术

工艺技术是微纳制造过程中的核心，能够直接影响产品的质量和可靠性。因此，对工艺技术的改进和优化是实现微纳传感器批量生产的重要手段。采用新的制造工艺可以提高传感器的制造效率和一致性，从而降低成本并提高产品品质。例如，微纳制造技术作为 MEMS 传感器的实现手段，它直接决定了传感器的性能与制作成本，是传感器可产品化和批量化制造的前提。

封装技术是保护微纳传感器免受外部环境的干扰的重要手段。随着微纳传感器的应用场景不断扩大，传感器的封装形式也需要不断创新和改进。在微纳传感器的批量生产过程中，标准化的测试和认证过程可以保证产品的一致性和可靠性。因此，建立规范化的测试标准和认证流程是实现微纳传感器批量生产的关键。高性能微纳传感器具有广泛的应用场景，如医疗保健、环境监测、智能家居等。因此，开发新的应用场景可以促进微纳传感器的批量生产，并为产业带来新的增长点。

（三）高性能微纳传感器电路设计

微纳传感器将所需的模数转换接口电路、信号处理电路、数据输出电路或者微处理机集成，进行系统级封装，使之不仅具有检查功用，还具有信息处理、逻辑判别、自确诊，以及"思想"等人工智能，被称为传感器的智能化。利用 FPGA 等高端信号处理模块实现信号处理，实现检测、处理一体化，从而大大提高了微纳传感器工作效率。

（四）高性能三维集成封装与测试技术

随着芯片工艺日益精细，最新工艺走到了 2nm（IBM 在 2021 年 12 月推出 2nm 芯片，随后台积电也宣布 2nm 取得重大突破），物理尺寸接近极限，摩尔定律遇到发展瓶颈，但市场对芯片性能的要求却没有降低。在超越摩尔定律这个方向上，主要聚焦的是集成电路的升维与系统级的封装，即通过三维堆叠和先进封装技术可以将分立的处理器、存储器和传感器等不同尺寸、功能和类型的芯片在三维方向上实现灵活的模块化整合与多功能集成，提升单颗传感器芯片的功能和性能。

三维异构集成技术将 MEMS、光电器件、各种传感器、线性和数字电路等组合在一起，它们是建立在不同的制造工艺技术基础上的，因此有着不同的测试要求。此外，这些系统模块的每个组件都需要自己的特殊测试方法，所需的全部测试资源可能会带来成本高昂的问题。例如，电气、机械和热方面需要同时进行测试，虽然目前大多数测试是逐步进行的，但未来的测试设备可能需要提供模块化，以解决大量应用程序的相互依赖性测试问题[16]。自测试、包括内置的自测试，可能是未来测试的首选解决方案，但可能不允许对所有功能进行联合测试。

目前对三维集成的构想，可以通过多物理场耦合对设计方案进行分析，在正式集成之前，对应力、温度、可靠性等进行模拟，提前分析影响因素，避免材料损失。三维集成的方案可以通过硅转接板将多种 MEMS 传感器集成在一起，这样的好处是可以使 MEMS 芯片具有更加全面的性能、更好的环境适应能力和更高的集成度。

三维集成技术的一个挑战是散热仿真问题，芯片在设计前期需要评估系统级别的散热状况，避免在芯片设计完成后出现局部热点，导致封装与系统成本的急剧升高。为了提高封装芯片的可靠性，使其在使用寿命内正常工作，必须合理规划和管理 2.5D/3D 封装的热电，并研究碰撞后或在热循环条件下芯片的损坏程度，即可靠性问题。散热材料的发展和热结构的改进都是改善热管理的重要途径，碳纳米管、石墨烯、硅薄膜和银纳米线等材料也逐渐被用来解决散热问题。

由于传统测试几乎总是对样品进行物理测试，实验作用时间很短且不易控制，并且测量的物理量在空间和时间上获得的连续结果也非常有限，无法完全揭示热分析过程的传递性能和跌落过程的结构响应以及结构振动变形机理。因此，需要研究使用计算机模拟方法来研究封装的可靠性。

另一个挑战是封装生产的问题，由于封装材料的热膨胀系数差异较大，因此在所有加热的状态下，都会产生较大的形变与内应力，导致生产和使用过程中出现良率低和使用可靠性问题。尤其是大规模薄晶圆三维封装、新型柔性基板、发光材料等无法承受传统连接方式的工艺高温，工艺造成的可靠性缺陷较大，导致器件短期失效风险高。由此微连接的主要发展方向在于减小连接过程中的热影响，目前主要有两种途径降低热影响，一是研究低温连接材料，使钎焊过程和烧结过程可以在不影响器件可靠性的温度下发生，二是采用局部加热、加压方法，减小连接接头形成过程中外部能量输入的影响区。

（五）先进设计技术

目前，数字孪生、人工智能、神经网络、机器学习这些概念在整个制造业里非常的火热，但是，这些概念如果没有"模型"作为基础的话，将无法真正落地。因为模型是数字世界与物理世界连接的桥梁，对结构进行建立"模型"的过程被我们称为仿真。仿真技术使得在复杂变化的制造现场可以实现非常多的虚拟测试、早期验证，这极大地降低整个制造业的整体成本，在很多时候，进行建模仿真是必不可少的。

对于高性能微纳传感器产品的开发而言，若不采用建模仿真来进行模型构建，就必须进行大量的物理测试与验证，这个成本是极其巨大的。尽管可以采用测绘的方式，减少测试验证环节的投入，但产品的研发仍然是巨大投入，尤其是具有"高性能"定位的传感器，必须拥有稳定而可靠的性能。

全流程地看待高性能微纳传感器批量产品化的开发，在概念设计、原型设计、测试验证整个流程中，成本最高的环节无疑是测试验证。在整个设计与开发阶段，从概念到需求、功能规范、子系统设计再到实现，各个阶段都有对应的测试与验证，这是为了确保每个流程任务的质量与进度得到控制，顺利完成产品整个的研发过程[17]。而这些过程中，真正需要耗费大量成本的往往是测试验证过程。通过建模仿真所实现的虚拟测试与验证可以使这个环节被提前，缩短整个流程周期。有了建模仿真这样的开发工具，可以实现电气控制与应用软件和机械的并行开发，将极大缩短研发周期。

在进行微纳产品生产过程中，通过仿真对参数进行最优的调整，再下载到物理对象上进行验证，才能更好地实现成本的降低。有了仿真模型后，针对结构可以结合数字孪生、机器学习等技术，完成数据驱动与模型驱动融合，充分发挥其各自优势，基于数据可以发掘潜在的规律，而模型将已有的知识形成控制，两者互补，学习到的新规律可以被融入机理模型，而机理模型又能够为学习奠定基础，对结构进行不断地迭代优化，实现微纳产品结构的灵活设计和高性能设计。

在进行微纳产品生产的结构设计时，需对材料-结构-工艺-电路-封装系统进行传感器全方位的仿真设计，这通常需要进行多个软件的学习以实现生产过程的仿真覆盖，且目前市面上的仿真软件通常相互之间并无端口连接，这对搭建涵盖关键过程的系统级仿真具有极大的阻力，使得在结构设计过程中进行的仿真是模块化的、优化不彻底的。例如对结构加工过程中的误差、封装引起应力变形等只能进行单一模块的分析，对其变化经电路等引出后的输出信号影响、对传感器性能的影响并无系统分析。且目前国内常用的仿真软件，90%以上都为国外设计，国内缺乏对应仿真软件及搭建软件的核心算法。仿真是有关于结构设计的第一步，如果仿真出现问题，后续所有的过程都成为无用付出，将导致巨大的损失。

六、阶段性研究内容与预计实现时间

（一）三维集成技术

2023—2025年：以国外领先TSV填充技术为目标，进行追赶。主要追赶方向是TSV填充材料、填充技术等。

2026—2028年：解决TSV填充过程中遇到的一些问题，比如仿真测试TSV填充率、热应力问题、填充设备问题等，逐渐缩小与国外的差距。

2029—2030年：在解决TSV填充技术问题的技术上，正式追赶上国外的领先水平。

2031—2035年：在TSV填充技术领域正式超越西方先进水平，成为世界领先水平。

（二）芯片设计

2030年，推动骨干企业芯片设计能力进入3nm及以下，打造国家级传感器电子设计自动化（EDA）平台，支持新型指令集、关键核心网际互连协议（internet protocol，IP）等形成市场竞争力。在电路性能方面，将信号处理精度提高到国际领先水平，将电路体积减小，达到国际领先水平。

在制造封测环节，加快先进工艺研发，支持12in先进工艺生产线建设和特色工艺产线建设，争取产能倍增，加快第三代化合物半导体发展；发展晶圆级封装、2.5D/3D封装、柔性基板封装、系统封装等先进封装技术。

2031—2035年，加强微纳传感器应用在人工智能、量子信息、空天信息、类脑计算等关键前沿领域的战略研究和技术融通创新，将我国打造成一个微纳传感器制造大国[18]。

七、技术路线图

高性能微纳传感器批量产品化关键技术路线图见图4-15。

项目	2023年 ——————— 2026年 ——————— 2030年 ——————— 2035年
需求与环境	传感器作为信息科学的基石，在先进制造、航空航天、环境资源、健康医药、物联网乃至智慧地球等众多领域，都有着广泛的重大需求，并逐步向创新化、智能化、规模化的方向快速发展。国内80%以上中高端传感器和90%以上中高端传感器芯片需要进口，受制于人
重点产品	高性能微纳传感器

研究内容1：3D集成技术	方向或目标：追赶国外领先硅通孔填充技术	方向或目标：解决硅通孔填充问题，追赶上国外的领先水平	方向或目标：超越西方先进水平，成为世界领先水平
	途径1：研究硅通孔填充材料、填充技术	途径2：仿真测试硅通孔填充率、热应力问题、填充设备问题	

研究内容2：芯片及电路设计	方向或目标：打造国家级传感器电子设计自动化平台，达到国际领先水平		
	途径1：推动骨干企业芯片设计能力进入3nm	途径2：利用仿真技术实现虚拟测试、早期验证，降低传感器制造的整体成本	途径3：利用FPGA等高端信号处理模块实现检测、处理一体化，提高传感器效率

研究内容3：制造封测工艺	方向或目标：改进工艺流程，研发先进的设备和工艺制程，提高传感器的制造效率和一致性，加快第三代化合物半导体发展		
	途径1：支持12in先进工艺生产线建设和特色工艺生产线建设	途径2：建立规范化的测试标准和认证流程	途径3：发展晶圆级封装、2.5D/3D封装、柔性基板封装、系统封装等先进封装技术

图 4-15　高性能微纳传感器批量产品化关键技术路线图

参考文献

[1] 陈玉祥，屈贤明，李师廉. 美、日、韩先进制造技术的发展战略和工业实践（上）[J]. 世界制造技术与装备市场，1995（3）：7.

[2] 陈玉祥，屈贤明，李师廉. 美、日、韩先进制造技术的发展战略和工业实践（下）[J]. 世界制造技术与装备市场，1995（4）：4.

[3] 李林，杨锋林，何建洪. 主要工业国家先进制造技术优势动态分布与政策性成因——基于技术生命周期的分析[J]. 中国软科学，2022（2）：44-55.

[4] 杨青，钟书华，柳婷. 国外先进制造技术（AMT）的发展研究：一个文献综述[J]. 科学管理研究，2021（4）：150-158.

[5] Ellingsen O, Aasland K E. Digitalizing the maritime industry: A case study of technology acquisition and enabling advanced manufacturing technology [J]. Journal of engineering and technology management, 2019 (54): 12-27.

[6] 李廉水，石喜爱，刘军. 中国制造业 40 年：智能化进程与展望[J]. 中国软科学，2019，

337（1）：1-9，30.
[7] 周佳军，姚锡凡. 先进制造技术与新工业革命[J]. 计算机集成制造系统，2015，21（8）：16.
[8] Ghobakhloo M, Azar A. Business excellence via advanced manufacturing technology and lean-agile manufacturing[J]. Journal of Manufacturing Technology Management, 2018, 29（1）: 2-24.
[9] 北京未来芯片技术高精尖创新中心. 智能微系统技术白皮书[R]. [2020-09-16].
[10] 刘戒骄. 美国促进先进制造技术创新的政策脉络与启示[J]. 国家治理，2023（6）：7.
[11] 黄群慧. 中国的工业大国国情与工业强国战略[J]. 中国工业经济，2012（3）：12.
[12] 卢秉恒. 增材制造产业链创新发展[J]. 企业管理，2023，501（5）：13-14.
[13] 丁思齐，刘国柱. 增材制造及其对国际安全的影响[J]. 国家安全研究，2023，8（2）：67-84，164.
[14] 郭小勇，陈方芳，周瑾，等. 标准体系与技术路线图的关系和协调发展研究[J]. 标准科学，2023（3）：4.
[15] 隗玲，李姝影，方曙. 技术路线图：方法及其应用综述[J]. 数据分析与知识发现，2020，4（9）：1-14.
[16] 额日登桑. 先进机械制造技术现状研究及展望[J]. 内燃机与配件，2021（18）：186-187.
[17] 傅翠晓，庄珺，沈应龙，等. 面向战略需求的产业技术路线图方法体系研究[J]. 科技管理研究，2022，42（7）：137-143.
[18] 臧冀原，刘宇飞，王柏村，等. 面向2035的智能制造技术预见和路线图研究[J]. 机械工程学报，2022，58（4）：285-304.

编撰组

组　长：尤　政　王晓浩

成　员：阮　勇　张　旻

第十六节　高端数控机床可靠性与精度保持性技术

一、发展愿景

数控机床作为制造业的工作母机，是国之重器，是实现制造技术和装备现代化的基石，是保证国民经济高质量发展的战略装备[1]。高端数控机床是指具有高速、精密、智能、复合、多轴联动、网络互联等功能的数控机床，其性能、质量和拥有量已成为衡量一个国家工业化水平与综合国力的重要标志，对于我国实现科技自立自强、塑造国际竞争新优势具有重大的战略意义[2]。然而，目前国产高端数控机床在功能性能方面已经接近国外同类产品，但在可靠性和精度保持性方面还有较大差距[3]。

对于数控机床的可靠性和精度保持性理论和技术，国内外学者已经开展了许多研究和探讨，对于提升高端数控机床的可靠性和精度保持性水平起到了重要的推动作用[4-7]。通过对我国高端数控机床可靠性和精度保持性技术进行综合分析，总结如下：①已有的可靠性和精度保持性技术尚未完全覆盖机床产品的全生命周期，特别是产品设计过程中的可靠性和精度保持性正向设计技术、制造过程中的制造一致性技术尚需加强；②技术成果的成熟度偏低，缺少系统性的顶层设计，研究工作分散、水平参差不齐、成果共享度低；③可靠性和精度保持性数据积累不足，可靠性设计和精度保持性设计的依据不够充分，造成产品的固有可靠性和精度保持性水平先天不足；④产业链的可靠性和精度保持性保障能力不强，缺少完善的可靠性和精度保持性技术标准与平台；⑤研究人员和机构仍然偏少，国家机床专项虽然吸引了一批专家学者和研究机构进入数控机床可靠性和精度保持性技术研究领域，但相比于其他关键共性技术，专门从事该方向的科研机构和人员仍然较少。

提升高端数控机床的可靠性和精度保持性是数控机床行业面对的共性问题，也是数控机床向智能化、高端化发展的必由之路。以国际前沿技术为引领，面向国家重大需求，重点发展面向高端数控机床全生命周期的可靠性和精度保持性理论与工程技术是一项长周期的系统工程，不能一蹴而就，尚需创建一批新方法、攻克新技术。可以预见：通过补齐短板技术和技术反复迭代，不断完善数控机床全生命周期可靠性和精度保持性技术，会不断缩小与国际先进水平的差距。

二、未来发展需求

目前国内高端数控机床的国产化率较低，究其原因是国产机床的可靠性及精度保持性与国外先进水平相比尚存在较大差距，难以满足用户长期稳定生产的需求。数控机床产品的市场竞争力主要依靠高可靠性和精度保持性、优越性能及优质服务，特别是高价值的高端数控机床，若非产品优良，很难受到用户青睐。高端数控机床作为核心装备，是国家战略物资，事关国民经济的产业供应链安全。因此，数控机床的可靠性与精度保持技术已成为机床行业重中之重的关键共性技术，推动产-学-研-用深度融合已成为该产业高质量发展的必由之路。

数控机床可靠性和精度保持性技术在取得了明显进展的同时，呈现如下新的技术需求和发展动态，包括：①基于工业大数据、可解释机器学习、深度学习和数字孪生[8]等技术集合的智能健康状态监测及预测性维护[9]；②针对高端数控机床的"重心双驱"、力矩电机直驱、精密转台、精密摆头等新结构和新部件带来的新的故障模式、故障规律及精度衰退机理，开展专门的试验与分析[10]，从源头理清故障机理和故障消解方法；③为应对高端数控机床在可靠性试验中呈现的劣质数据、甚至是缺失数据问题，开展可靠性数据获取及数据融合方法研究[11-12]；④针对导轨、丝杠等功能部件以及大型结合面，开展精度衰退机理分析；⑤优化基础大件的铸造工艺及时效处理工艺技术，减少残余应力、结构变形；⑥优化装配工艺参数，形成高效的智能装配调控策略等；⑦基于可靠性和精度保持性技术，开发包括零件供应商-功能部件制造商-机床整机企业-机床用户-服役检测的可靠性技术工具软件，推动技术成果的落地应用。

三、该技术研发水平现状及与国际比较分析

长期跟踪和调研数控机床技术发展动态[13-14]，通过采用高端数控机床共性技术差距评价体系，量化表征我国机床技术水平与国际（地区）先进水平的发展层次，其中国产数控机床可靠性、精度保持性技术水平与国际发展水平的对比如图 4-16 所示[15]。

对比可见，我国数控机床的可靠性与精度保持性技术研发水平相对欧洲、日本、美国、韩国差距明显，在"高端数控机床与基础制造装备"国家科技重大专项的推动下，国产数控机床在速度、精度、多轴联动和复合加工等方面取得了明显进步，但是高端数控机床的可靠性与国际先进水平相比仍有较大差距。

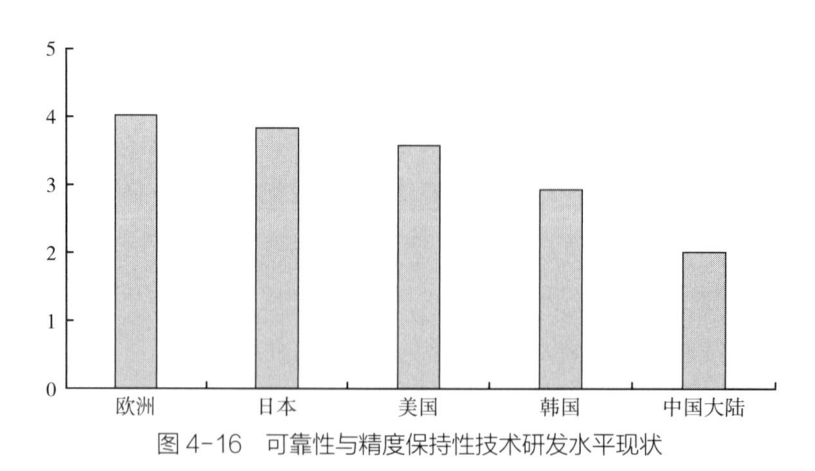

图 4-16 可靠性与精度保持性技术研发水平现状

究其原因是：发达国家长期重视机电系统可靠性和精度保持性研究，相继发展了故障物理、可靠性试验、可靠性设计、可靠性制造、可靠性分析、可靠性管理、精度保持性分析等研究分支，其基础理论与核心技术体系较为完善[16]。例如，自20世纪60年代美国故障诊断预防小组和英国机器保健中心成立以来，机械系统动态监测、诊断与维护技术遍地开花。麻省理工学院综合利用混合智能系统实现核电站大型复杂机电系统的在线监测、故障诊断和预知维修。在NASA倡导下成立的故障诊断和预示研究组，主要研究故障机理研究、检测、诊断和预测技术，可靠性设计和材料耐久性评估。美国密歇根大学、辛辛那提大学等在美国自然科学基金的资助下，联合工业界共同成立了"智能维护系统（intelligent maintenance system，IMS）中心"，旨在研究机械系统性能衰退分析和预测性维护方法。然而，国际上涉及具体产品（包括数控机床）的工程化应用方法则属于企业的核心技术，并不对外公开，无法为我国高端数控机床可靠性技术的发展提供经验借鉴。相较于国际发达国家，国内在可靠性领域研究起步较晚，国内从事可靠性研究的机构主要有吉林大学、国家机床质量监督检验中心、北京航空航天大学、河北工业大学等，在可靠性设计、故障分析等方面积累深厚，特别是对电子产品的可靠性研究已趋向成熟，然而，对于高端数控机床的可靠性研究的基础理论与核心技术体系有待完善，可靠性设计能力薄弱。

四、发展的制约因素分析

高端数控机床是集机械、电气、液压、控制、信息等技术于一体的复杂系统，其可靠性和精度保持性技术涉及数学、物理学、概率与统计、动力学、热力学、不确定理论等不同学科。高端数控机床品种繁多，从设计到装配，乃至服役过程，均需匹配适用的可靠性技术，要求长期的积累和反复迭代。不仅如此，由于研发环节和生产环节衔接不当、产-学-研-用承接不紧、先进技术理论的供给端和需求端疏离、机床企业缺少可靠性技术人才等原因，导致企业没有形成有效且全面的可靠性管理体系或融合可靠性技术的质量管理体系。

上述因素制约了高端数控机床可靠性和精度保持性技术的发展，成为提升高端数控机床可靠性和精度保持性的技术瓶颈。只有实现高端数控机床可靠性与精度保持性的持续增长，并建立我国独有的高端数控机床可靠性与精度保持的正向设计体系，才能实现我国机床行业在国际市场上的"翻盘"和"破局"。

五、重点发展方向

围绕数控机床可靠性水平低、精度保持时间较短的痛点问题,重点研究方向与关键技术应从设计、制造、试验、服役全生命周期的层面展开。

(一)高端数控机床可靠性技术

(1)形成面向高端数控机床小样本、贫数据、运行工况复杂、故障模式多样等可靠性技术特点的可靠性设计理论。

(2)可靠性驱动的高端数控机床加工一致性和装配工艺参数优化技术,形成智能调控的高端数控机床高可靠性制造理论。

(3)立足整机及功能部件故障/失效产生与演化机理,构建机床复杂工况载荷谱作用下的可靠性加速试验载荷模拟方法和试验优化技术体系。

(4)建立装备全生命周期内性能退化与失效的不确定性传播与耦合演化机制下,模型与数据混合驱动的高端数控机床可靠性分析理论。

(5)发展几何-物理-行为-工况等相结合的数控机床数字孪生建模新技术,建立融合工业大数据与人工智能的高端数控机床全寿命、多层级预测性维护理论与方法体系。

(二)高端数控机床精度保持性技术

(1)面向高端数控机床设计阶段的技术需求攻克高端机床静/动态精度链设计技术,形成高端数控机床精度保持设计理论与设计方法。

(2)立足机床关键功能部件设计与制造双重阶段的迫切需求,攻克高端数控机床核心功能部件自主研发策略与创新设计理论及制造技术体系。

(3)明晰多场域信息融合下高端数控机床高性能的装配机制,研究高端数控机床装配工艺调整策略并形成装配工艺参数自适应调整理论与方法体系。

(4)探索时变使役工况下高端数控机床的异常磨损机理,攻克异常磨损诱导下的精度衰退机制,形成高端数控机床的精度保持控制理论与方法体系。

(5)立足机床设计-制造-装配-服役全生命周期闭合的精度保持机理,建立高端数控机床误差精准检测标准与高效辨识方法及多轴连动插补技术体系。

六、阶段性研究内容与预计实现时间

(一)高端数控机床可靠性技术阶段性研究内容

可靠性技术阶段性研究内容与预计实现时间见图4-17。

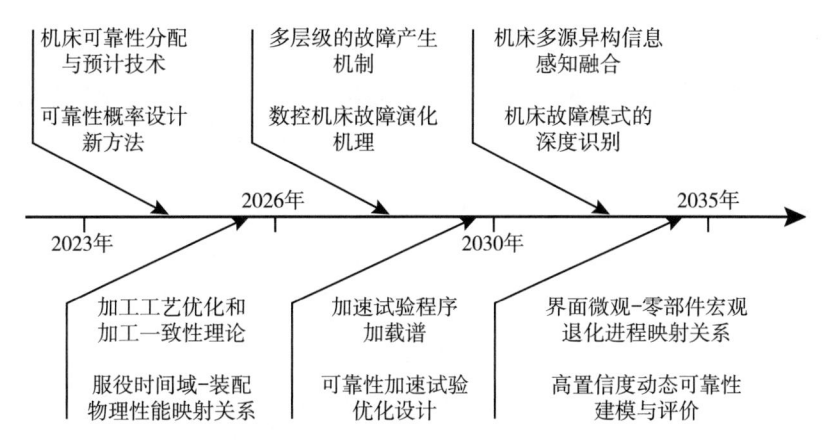

图 4-17　可靠性技术阶段性研究内容与预计实现时间

1. 高端数控机床广义可靠性设计技术

基于不确定性理论的机床可靠性分配方法，实现有限成本内的可靠性优化分配；考虑不同载荷工况影响，建立小样本、贫数据的数控机床系统级可靠性预计模型；将切削载荷、冷却润滑条件、环境因素等纳入广义应力范畴，基于广义应力-强度/刚度干涉理论的可靠性概率设计新方法，提高高端数控机床的固有可靠性。

2. 高端数控机床可靠性制造技术

探索跨尺度残余应力与变形调控、结构和材料缺陷抑制等先进加工工艺，形成以可靠性为目标的加工工艺优化和加工一致性理论框架；挖掘服役时间域演变-装配物理性能映射关系，优化装配结构型面、尺寸精度、形位公差、装配载荷及分布等工艺参数。

3. 高端数控机床及功能部件性能退化机理

在切削载荷、振动、运动（直线运动和旋转运动）等复杂工况载荷耦合作用下构件、部件、系统多层级的故障产生机制，探索数控机床故障机理在子系统、组件、零件多层次间传播的合理描述，量化和构建故障传播模型，揭示高端数控机床故障演化机理。

4. 基于非线性累积损伤的高端数控机床可靠性加速试验技术

考虑负载工况的复杂性、多样性及耦合性，构建高频率、大幅值可靠性加速试验程序加载谱，为可靠性试验模拟载荷加载提供依据；基于任务剖面的动作单元划分方法和敏感载荷排序，开展整机及功能部件可靠性加速试验优化设计，显著提高试验效率。

5. 高端数控机床多源异构信息感知融合与故障诊断

发展内源多物理量集成感知与同步传输技术,以及海量高维时变数据的智能压缩与多源异构信息数据融合分析技术,探索数据驱动与机理模型融合的高端数控机床故障诊断方法,实现机床故障模式的准确与高效识别。

6. 小样本数据下高端数控机床高置信度可靠性评价技术

挖掘复杂极端工况下高端数控机床及功能部件性能退化规律,建立多场强耦合界面微观特性动态演化与零部件宏观外特性退化进程的映射关系,构建融合现场数据、实时感知数据的高置信度动态可靠性模型,准确评价高端数控机床可靠性水平。

(二)高端数控机床精度保持性技术阶段性研究内容

精度保持性技术阶段性研究内容与预计实现时间见图4-18。

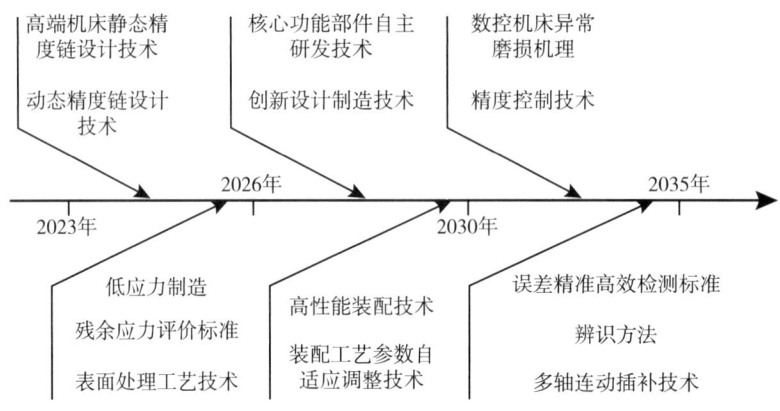

图4-18 精度保持性技术阶段性研究内容与预计实现时间

1. 高端机床静/动态精度链设计技术

探究机床输出精度与各精度链节点静态误差的误差传递关系,明晰公差与公差变动要素变动区间带宽的响应规律,进行机床公差的优化分配,攻克机床静态精度链设计技术;探究机床动态输出精度与子系统动态误差之间的误差传递关系,进行动态精度链设计,形成数控机床动态精度链设计技术。

2. 低应力制造与残余应力评价与表面处理技术

发展高端机床关重件低应力制造技术及内应力高效时效技术,建立数控机床制造残余应力评价方法与评价标准体系;研究数控机床滑动/滚动典型传动部件接触表面处理技术,均化机床制造阶段导致的残余应力,提升滑动与滚动等传动部件表面的耐磨性、耐腐蚀性等性能。

3.高端机床核心功能部件自主研发与创新设计制造技术

电主轴、滚动功能部件（滚珠丝杠副、直线导轨副）、摆角铣头、刀库、刀塔等核心功能部件，严重影响了高端数控机床精度保持性水平，掌握核心功能部件的自主研发、制造等技术，是攻克高端机床精度保持性技术的必经阶段。

4.高性能装配与装配工艺参数自适应调整技术

研究时间维度的装配界面接触特性和力学行为表征方法，分析微动磨损、应力重分布、装配载荷变化等因素对装配连接力学性能的影响规律；研究场域信息融合下高端机床装配性能提升技术，分析装配性能形成及演变规律，研究高端数控机床装配工艺参数自适应调整策略。

5.揭示服役工况的磨损机理与精度控制技术

制造、装配阶段的非均布残余应力造成机床产生非正常磨损，异常磨损不同于正常磨损，使机床运动部件过早产生较大的磨损量，导致精度衰退加快。研究数控机床使役工况的异常磨损机理，揭示非正常磨损的演变规律，攻克异常磨损诱导的数控机床精度控制技术。

6.数控机床误差检测标准与辨识方法以及多轴联动插补技术

围绕高端数控机床静/动态误差，形成静/动态误差的精准高效检测方法。研究高端数控机床静/动态误差的自适应辨识方法，攻克高端数控机床多轴联动插补技术。

七、技术路线图

以航空、航天、航发、舰船、核电和汽车等高端制造领域的迫切需求为牵引，以解决数控机床可靠性与精度保持性技术难题为目标，制定高端数控机床可靠性与精度保持性技术路线图（图4-19）。

项目	2023年 --------------- 2026年 --------------- 2030年 --------------- 2035年
需求与环境	航空、航天、航发、舰船与核电等国防战略领域迫切需求，可靠性与精度保持性的痛点已成为高端数控机床技术攻关的核心问题
重点产品	航天高效高精螺旋研磨加工中心、航发特种特加工中心、龙门五面加工中心工作母机、大型龙门五轴加工中心、高效高精度磨齿机

图4-19 高端数控机床可靠性与精度保持性技术路线图

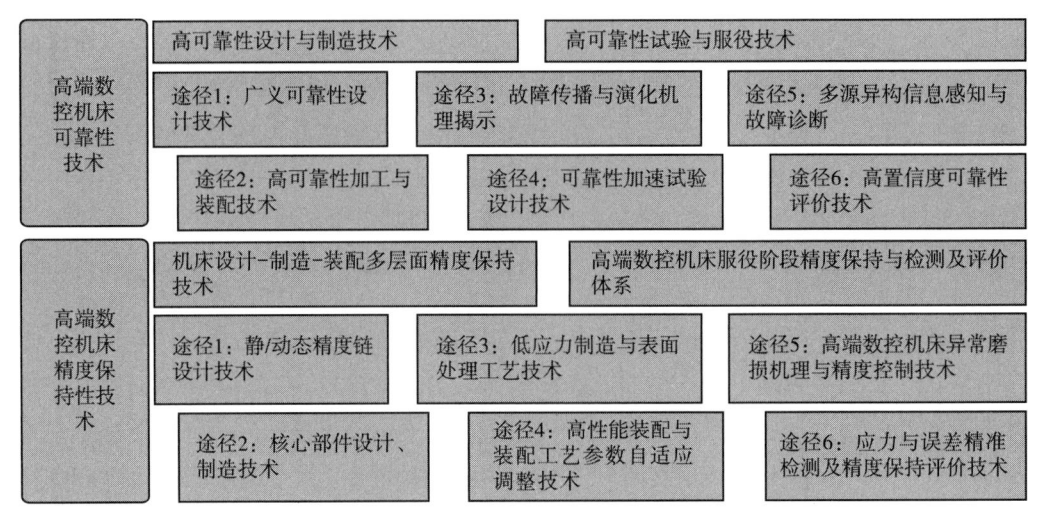

高端数控机床可靠性技术	高可靠性设计与制造技术		高可靠性试验与服役技术	
	途径1：广义可靠性设计技术	途径3：故障传播与演化机理揭示		途径5：多源异构信息感知与故障诊断
	途径2：高可靠性加工与装配技术	途径4：可靠性加速试验设计技术		途径6：高置信度可靠性评价技术
高端数控机床精度保持性技术	机床设计-制造-装配多层面精度保持技术		高端数控机床服役阶段精度保持与检测及评价体系	
	途径1：静/动态精度链设计技术	途径3：低应力制造与表面处理工艺技术		途径5：高端数控机床异常磨损机理与精度控制技术
	途径2：核心部件设计、制造技术	途径4：高性能装配与装配工艺参数自适应调整技术		途径6：应力与误差精准检测及精度保持评价技术

续图 4-19　高端数控机床可靠性与精度保持性技术路线图

参考文献

［1］杨兆军，陈传海，陈菲，等. 数控机床可靠性技术的研究进展［J］. 机械工程学报，2013（20）：130-139.

［2］张建涛，刘志峰，李彦生，等. 基于相似理论的重型数控机床-基础系统位移变形研究［J］. 机械工程学报，2022，58（7）：309-316.

［3］刘阔，韩伟，王永青，等. 数控机床进给轴热误差补偿技术研究综述［J］. 机械工程学报，2021（57）：156-173.

［4］Pengjia Wang, Hongjun Wang, Xiumei Chen. Research on reliability comprehensive evaluation method of five-axis CNC machine tools based on AHP and extension theory［J］. The Journal of Engineering, 2019（23）：8599-8603.

［5］Zongyi Mu, Genbao Zhang, Yan Ran, et al. A Reliability Statistical Evaluation Method of CNC Machine Tools Considering the Mission and Load Profile［J］. IEEE Access, 2019（7）：115594-115602.

［6］Yanbin Li, Yingjie Zhang, Ning An. Accuracy reliability analysis of CNC machine tools considering manufacturing errors degrees［J］. Computers&Industrial Engineering, 2022（163）：107834.

［7］Yaguo Lei, Naipeng Li, Liang Guo, et al. Machinery health prognostics: A systematic review from data acquisition to RUL prediction［J］. Proceedings of the Institution of Mechanical Engineers, Part O: Journal of Risk and Reliability, 2018（104）：799-834.

［8］薛瑞娟，黄祖广，王金江，等. 数控机床数字孪生标准体系研究［J］. 制造技术与机床，2023（3）：39-50.

［9］朱斌，王立平，吴军，等. 面向不完全维修数控机床的可靠性建模与评估［J］. 清华大学

学报（自然科学版），2022，62（5）：965-970.
[10] 赵钦志，王军见. 数控机床可靠性试验技术发展鉴析[J]. 世界制造技术与装备市场，2022（3）：14-21.
[11] 胡炜，陈传海，郭劲言，等. 考虑工况变化的数控刀架运行状态异常检测方法[J]. 吉林大学学报（工学版），2022，52（2）：329-337.
[12] Chuanhai Chen, Bowen Li, Jinyan Guo, et al. Bearing life prediction method based on the improved FIDES reliability model[J]. Reliability Engineering&System Safety, 2022（227）：108746.
[13] 刘强. 数控机床发展历程及未来趋势[J]. 中国机械工程，2021，32（7）：757-770.
[14] 刘云，郭栋，黄祖广. 我国高档数控机床技术追赶的特征、机制与发展策略——基于复杂产品系统的视角[J]. 管理世界，2023，39（3）：140-158.
[15] 苏铮，李丽，许静静，等. 基于模糊数据处理的我国机床技术差距评价体系[J]. 制造技术与机床，2022（6）：84-91.
[16] Hu Wei, Westerlund P, Hilber P, et al. A General Model, Estimation, and Procedure for Modeling Recurrent Failure Process of High-Voltage Circuit Breakers Considering Multivariate Impacts[J]. Reliability Engineering & System Safety, 2022（220）：108276.

编撰组

组　　长：刘志峰

成　　员：陈传海　郭劲言　杨聪彬
　　　　　齐宝宝

第十七节　超精密主轴、导轨和抛光功能头等关键零部件

一、发展愿景

先进制造产业的每个领域都无法离开超精密机床，大到航空航天、航母舰船等的关键零部件，小到手表齿轮、各类精密仪器等。机床是装备制造业的核心生产基础，尤其是超精密机床、高端数控机床等，其技术水平直接反映了一个国家制造业的整体竞争力。

国外精密制造装备仍以德国、日本、美国、瑞士、意大利等发达国家为主要生产

国，机床产品性能和精度全球保持领先[1]。我国超精密设备的研发起步相对较晚，部分技术指标已达到国际水平，但设备的整体性能指标与国际第一梯队仍存在一定差距，其中主要在于超精密主轴等核心零部件的精度不够，可供市场挑选的货架产品相对较少，因此现阶段高端机床大多只能依赖进口。

长期以来我国在机床的产业环境上与国外机床强国存在先天差距，关键基础部件，如超精密主轴、导轨和抛光功能头等阻碍了我国高端机床国产化进程的推进。未来期望在超精密设备摆脱中低端产品趋同的红海竞争，通过"产学研"结合突破关键机床部件自主可控，从而完善高端机床产业链配套，大幅增强基础材料、高性能功能部件竞争力，抓住机遇在高端精密与超精密机床方面实现基本国产化，并提升用户对国产高端机床信任度。

二、未来发展需求

我国在自由电子激光光源、引力波探测、激光聚变系统、空间对地观测、微电子制造、高超声速飞行器等方面的发展，对精密与超精密制造设备及其基础部件提出了迫切的需求。在航空航天方面，关系到现代飞机等的惯导仪表用精密陀螺；在光学系统方面，大型天体望远镜的反射镜和多面棱镜、激光核聚变用的反射镜、各种光学仪器的反射镜；在日常生活中，激光打印机用的多棱镜、复印机的感光鼓、打印机的硒鼓、磁盘的磁头和煤气灶的转阀等；在工业生产方面，精密泵零件、动压马达、高速摄影机和自动检测装备的扫描镜、激光加工机的多曲面反射镜和聚光镜等都需要超精密加工设备进行生产。从某种意义上说，超精密加工装备突破担负着支持最新科学技术进步的重要使命，也是衡量一个国家科学技术水平的重要标志之一。

从高效率看专用机床成为未来精密与超精密制造设备的一个重要发展趋势。手机、导引头、无人飞机和大型科学装置等对精密和超精密零件的需求呈现大批量的趋势，传统用通用机床制造的方法正面临向专用机床制造转变，在提高效率、降低成本、保证质量方面具有明显的优势。比如高精度磨床、快速抛光机床、高精度模压机床、小尺寸零件加工机床等。目前超精密机床品种比较单一，以单点金刚石车、磁流变和离子束抛光机床等代表，价格昂贵，不能满足精密与超精密加工对效率和成本控制的需求。专用机床的设计研制需要有新的设计技术、基础部件和智能化的控制系统等支撑。

精密与超精密加工技术的发展，对工具提出了高精度、高稳定、智能化和新原理等需求。传统超精密加工方面，仍以金刚石刀具为主[2]。数控光学研抛的方法则关键在抛光头。光学抛光中主要依靠具有确定性去除函数工具的作用时间实现修形，去除函数分辨率越高越稳定，时间控制越精准则加工精度越高[3]。目前，光学抛光的精度有待进一步提高，特别是加工前后误差的收敛比不能满足光学制造的要求，感知去除函数变化的手段比较单一，去除函数的效率和分辨率难以兼顾，发展能适应复杂曲面变化，具有很好去除函数调控能力的加工工具是解决问题的可行途径。

三、该技术研发水平现状及与国际比较分析

总体而言，与国外超精密装备关键零部件相比，国内的超精密主轴、导轨和抛光功能头等关键零部件仍然存在一定的差距。包括高速电主轴、精密静压导轨、高精度光栅尺、数控操作系统等关键零部件及软件系统依赖进口，自主生产的上述关键零部件在精度、稳定性、可靠性和使用性能等方面还有不足。总体来看，我国还没有从根本上扭转大量进口超精密装备关键零部件的现状，国内自主生产的超精密装备关键零部件大部分用在较低精度的机床上[4]。

（一）高精度回转轴

高精度回转轴按照其使用用途可以简单分为两类，第一类为直接应用于各类实用装备中的核心部件，第二类为应用于超精密机床中主轴和转台中的芯轴，间接推动X射线望远镜镜筒芯轴、柱面陀螺转子等其他超精密零件的制造。超精密主轴和转台作为超精密机床中的核心部件之一，其自身拥有极高的制造精度。主轴的制造误差以回转误差的形式体现出来，以"误差复映"形式将自身的误差复刻在被加工的零件上。气浮主轴因为其极高的回转精度、低磨损低噪声和无污染等优势，被广泛应用于超精密机床的主轴和转台中，气浮主轴、转台中的芯轴是典型的高精度芯轴。实验结果表明在车削工艺中，由于主轴的回转误差而引入的圆度误差占整个误差数值的30%~70%，且机床精度越高，回转误差对工件加工精度的影响越大。主轴回转误差直接影响到产品的质量和使用寿命，因此主轴的回转精度是评定机床性能的一个重要指标[5]。目前美国普瑞斯泰克和摩尔等公司生产的超精密车床代表了国际上超精密机床的顶尖水平和发展趋势，其配备的气浮主轴的回转精度可达15~50nm。摩尔公司500FG超精密机床的主轴回转精度可达25nm；英国泰勒·霍普森公司的Talyrond 565H圆柱度仪的主轴回转精度可达15nm。

国产主轴的径向回转精度约为50nm，不能适应超精密机床的集成要求；电主轴的电机内装式结构、高转速下的亚微米级高回转精度尚未实现，气体轴承刚度差、承

载能力不足且难以保证高转速下主轴的高回转精度，液体静压轴承在油温控制、油泵减振、油液防泄漏等方面有待提高。

国产转台的径向/轴向回转精度约为25nm，不能完全满足超精密机床的研制要求。超精密回转工作台存在很多问题，如液体静压转台的动态特性不稳定，转台工作精度随着温度升高而降低。

（二）高精度导轨

国内导轨加工仍停留在1μm/m直线度的水平，相应的超高精度导轨没有摆脱进口依赖。气浮导轨承载力低、稳定性差，精密滚动导轨副的抗振性欠佳、机械磨损大，液体静压导轨在温升控制、流量控制等方面存在短板。目前，液体静压导轨的高精度加工制造方法主要有超精密磨削加工和手工研磨加工。超精密磨削加工要求超精密磨床具有高的运动精度（包括导轨运动直线度和砂轮旋转运动精度）和小的进给分辨率，为保证工件的加工精度，一般要求机床的加工精度和进给分辨率比其工件的精度指标高一个数量级，因此采用磨削加工方法加工高精度的导轨无疑将提升导轨的制造成本，并且随着超精密导轨行程不断地增长，其加工难度和加工成本将进一步提升。手工研磨加工相比于超精密磨削加工而言，对加工设备的要求较低，成本也相对较低，但是手工研磨加工需要操作人员具有丰富经验、娴熟的操作手法和精准的判断能力，因此该加工方法的人为不确定因素较多、加工精度难以精准保证、生产周期长，并且随着加工对象尺寸的增加，生产周期将成倍增加，因此手工研磨加工不仅费时费力，而且难以应用于批量生产加工。由此可见，上述的两种加工方法虽然都能加工出高精度的液体静压导轨，但归结起来都不适用于国内现有生产条件，难以满足市场的产品数量需求。

（三）高性能抛光头（抛光工具）

抛光头是制造过程实现材料去除、添加或改性的装置，如砂轮、激光束、离子束等。随着超精密光学制造从以精度为主转向以性能为主，以力作用为主的材料去除加工转变为以力、热、光等多场作用的去除、添加和改性制造。工具的多样性特点逐渐显现，各种能场的复合调控技术层出不穷，比如超声辅助、激光辅助、力控辅助、控时辅助等功能在工具技术中越来越多地被使用。目前从工艺角度说，抛光头已经有了亚纳米精度加工的成功案例，但针对极紫外光刻等更高性能光学系统元件的制造需求，加工零件须全频段面形精度均需达到亚纳米级。德国的蔡司、日本的佳能株式会社和尼康株式会社以及美国翟柯公司具备先进的抛光制造技术和装备，在亚纳米精度制造方面已经获得了一批成果，并且几乎垄断了整个光刻物镜制造的市场。蔡司公司为极紫外光刻物镜制造所建立的生产工艺路线，集成了确定性小磨头抛光（CCP）、磁流变抛光（MRF）和离子束抛光（IBF）等制造技术。通过工艺的不断完善，极紫外光刻机 NXE 3100 实现了商品化，所有的光学零件都为非球面反射镜，其表面误差的低频、中频和高频分别控制到了 0.3nm 以下。日本的佳能和尼康公司在光刻物镜制造工艺上与蔡司公司的最大区别就是引进了弹性发射技术（EEM），以求控制中频误差和获得超光滑表面，并且 EUV 样机的光刻物镜制造精度也都优于 0.1nm RMS。翟柯公司基本上采用了与蔡司相同的制造工艺路线，最新光学元件的制造结果表明其低频、中频和高频误差的 RMS 值分别控制到了 0.13nm、0.16nm 和 0.11nm。从制造角度看，国内现有抛光头、理论和工艺技术在满足极紫外光刻物镜的制造需求上还存在较大难度[6]。

在离子束抛光工具研究方面，前期工艺研究表明，离子束对面形中高频误差的修正能力主要取决于去除函数的稳定性和束径大小，为了进一步提升光学零件的加工精度，美国医学研究所（Institute of Medicine，IOM）通过改变栅网设计、采用离子光阑和加工参数优化等手段对离子束的主要性能指标进行了控制，满足了对离子源长时稳定性的需求，获得了束径为 0.5mm FWHM（半峰值全宽）的细小去除函数。佳能公司和东京理工大学合作研制了离子束抛光装备用以加工光刻物镜，其将离子束抛光去除的误差周期定位在 3~30mm，目标将去除函数束径控制到 1~3mm。在后续的工艺实验中，同样获得了 0.5mm 的细小去除函数，验证了其误差修正截止频率能够达到 0.88mm^{-1}，并且将 ϕ40mm 平面样件的面形精度从初始的 0.359nm RMS 提升到了最后的 0.132nm RMS。同时，佳能公司通过研究指出离子束的有效中和是确保去除函数形状和稳定性的重要因素，并且将去除函数 7 小时的相对变化率控制到了 ±5.4%[7]。

四、发展的制约因素分析

国内的超精密机床在机床运动精度、所加工工件的形状精度、表面粗糙度等方面均与工业发达国家的超精密机床相应指标还存在较大差距，造成该现状的主要因素可以从宏观和局部两个方面做出解释。从宏观上来说，我国超精密加工技术的发展起步晚、基础差，并且长期以来发达国家对我国施行技术封锁和高精度设备、仪器的禁售禁运政策，这导致我国原本就落后于工业发达国家的超精密加工技术水平和超精密设备研发水平，始终与工业发达国家存在较大的差距。从局部来看，我国超精密机床的基础运动部件，如超精密主轴和超精密直线导轨等部件，其研发技术落后、制造水平差，在很大程度上限制了超精密机床加工精度和性能的提升。而随着光学零件的尺寸和精度的不断提升，超精密机床将不断地向着大型化和高精度方向发展，与之配套的超精密液体静压导轨也将不断地向着长行程、高精度方向发展。我国现有的制造方法难以满足长度不断变长的超精密零件的加工需求，迫切需要寻求一种高加工精度、大加工范围的新的加工技术手段来适应大尺寸超精密零件的加工需求，否则国内外的超精密加工技术水平和超精密装备研发水平的技术差距将被进一步拉大。

五、重点发展方向

预计 2035 年前，我国机床业发展的重点是采用精密型机床取代量大面广的普通型机床，进一步淘汰误差 10μm 以上的通用机床；大力开发精密级、超精密级加工中心和专用机床，基本替代进口；逐步建立我国纳米级超精密机床和专用设备的研究、开发与产业化基地，形成产业化能力和商品化系列[7]。

（一）突破基础部件核心精度面加工精度局限

高精度芯轴、高精度导轨面的超精密制造都需要磨削技术的支持，但传统轨迹控制法磨削基于"误差复印"原理在精度上遇到瓶颈。将磨削过程中单位时间内的材料去除量稳定控制并精确建模，控制磨削工具在工件表面不同区域的驻留时间，通过时空四维的联合控制，降低对设备运动精度的要求，实现高精高效的控时磨削。需要在材料稳定去除机理、磨粒磨损理论、磨削函数建模与调控、精度收敛规律等方面开展研究，揭示磨粒磨损、压力和速度对材料去除的影响规律，建立工艺参数与磨削函数的关系模型，构建控时磨削材料去除稳定控制及磨削函数特性调控方法，结合面形误差重构处理和驻留时间解算算法研究，实现磨削加工的误差高效收敛能力，形成圆柱、平面等基础关键几何面控时超精密修磨方法。

（二）突破机械零件面形轮廓测量精度局限

检测是保障制造装备精度要求、提高制造过程可靠性、确保产品性能不可或缺的关键技术手段。随着制造精度和产品服役性能要求的不断提升，检测在精密与超精密加工中的作用日益凸显。精密与超精密制造是基于高精度加工装备、借助特定的工具、通过可控的工艺过程来实现高精度和高性能产品的制造。对于超精密制造的工件，通常是利用三坐标测量机、波面干涉仪、轮廓仪和扫描探针显微镜等对零件的形状、尺寸、表面粗糙度等进行检测。波面干涉仪精度高，但只能检测达到光学级粗糙度的表面。三坐标测量机可以适应不同的复杂形状，传统的三坐标测量技术基本上停留在微米精度，还不能解决纳米精度测量问题。开展基于误差分离原理的测量技术研究，形成几何形貌高密度纳米精度测量方法。

（三）突破高性能抛光头等制造工具

以光学抛光工具为例，传统抛光工具以脆性材料去除为主，抛光过程会引入亚表面缺陷、结构缺陷等加工缺陷，影响光学元件的服役性能。为了抑制加工缺陷的产生，出现了以剪切去除为主的磁流变抛光工具和以离子溅射效应为主的离子束可控柔体抛光工具。其中，磁流变抛光工具利用磁性非牛顿流体在材料表面实现纯剪切力去除，可有效地去除表面、亚表面加工缺陷，同时能够有效控制面形精度。离子束抛光工具基于物理溅射效应，工件表面材料在原子量级上去除，抛光可以达到原子量级的加工精度，由于加工过程是非接触式加工，加工中工件不承受正压力，加工后无亚表面损伤。为进一步提高低缺陷、高表面质量等光学制造性能，新原理和新方法的抛光工具还将不断涌现，如激光抛光、剪切增稠抛光、弹性力抛光和振动抛光等，其中剪切增稠抛光将抛光压力限制在弹性、弹塑性域，增大剪切力和化学作用，有助于实现超光滑无损表面。另外，抛光工具将添加更多的传感器，感知加工过程压力、速度、流量、温度、黏度等物理量变化，并实现精确调控，提高加工的精度和性能。此外，多工具融合也是高性能制造工具的发展趋势，材料去除、添加和改性往往需要不同的工具，融合不同工具，有效将去除、添加和改性等过程有效组合加工，相比传统单一工艺方法可大大降低价格能耗、提高效率和性能。比如激光辅助超精密切削单晶硅，在实现高精度时获得纳米表面粗糙度，有效减少后续加工量。超声辅助切削，提高效率同时减低损伤，解决硬脆材料的高性能加工难题[8]。

六、阶段性研究内容与预计实现时间

（1）超精密部件设计，关键零部件制造原理突破，高精度金属零件检测评价技术突破，抛光头实现原理与方法研究。预期实现时间：2026年12月。

（2）典型超精密部件集成，回转类、直线运动类部件超精密运动精度检测，典型高性能抛光头集成。预期实现时间：2030年12月。

（3）高性能专用超精密装备批量产业化技术。预期实现时间：2035年12月。

七、技术路线图

超精密主轴、导轨和抛光功能头等关键零部件技术路线图见图 4-20。

项目	2023年 —————— 2026年 —————— 2030年 —————— 2035年
需求与环境	自由电子激光光源、引力波探测、激光聚变系统、空间对地观测、微电子制造、高超声速飞行器等方面的发展,对精密与超精密制造设备及其基础部件提出了迫切的需求。手机、导引头、无人飞机和大型科学装置等对精密和超精密零件的需求呈现大批量的趋势,传统通用超精密装备正面临向专用超精密装备转变
重点产品	超精密主轴、超精密转台、液体静压导轨等基础零部件,磁流变、离子束、电子束等高性能光学抛光头
基础部件核心精度面加工技术	方向或目标:主轴、转台等回转部件回转精度优于10nm / 方向或目标:直线运动部件直线运动精度优于0.1μm / 途径1:圆柱轮廓高密度大数据量高精度建模 / 途径2:平面轮廓在位高精度比对检测 / 途径3:圆柱面精度进化的磨削工艺 / 途径4:金属平面计算机控制光学表面研磨修形技术
机械零件面形轮廓测量技术	方向或目标:回转体圆柱形貌检测精度优于0.1μm / 方向或目标:回转轴检测精度优于10nm / 途径1:形位公差统一模型与建模 / 途径2:圆度及主轴回转运动误差在位测量 / 途径3:多传感器数据融合及误差分离技术
高性能抛光头技术	方向或目标:抛光头去除函数1~20mm可调,抛光去除效率24小时波动≤5% / 方向或目标:全频段加工精度优于0.1nm / 途径1:离子源放电、光学系统模型建立 / 途径2:离子溅射参数与短波光学表面微观形貌特征的关联关系 / 途径3:离子源运行参数与去除函数特性的关联关系建立 / 途径4:误差收敛与离子束抛光工具及工艺条件的映射模型

图 4-20 超精密主轴、导轨和抛光功能头等关键零部件技术路线图

参考文献

[1] 袁巨龙, 张飞虎, 戴一帆, 等. 超精密加工领域科学技术发展研究 [J]. 机械工程学报, 2010 (15): 161-177.

[2] Liang Y C, Chen W Q, Sun Y Z. A mechanical structure-based design method and its implementation on a fly-cutting machine tool design [J]. The International Journal of Advanced Manufacturing Technology, 2014, 70 (9): 1915-1921.

[3] P Shore, P Morantz, X Luo, et al. Big OptiX ultra precision grinding/measuring system [J].

SPIE Optical Systems Design，2005（5965）：241-248.
［4］梁迎春，陈国达，孙雅洲，等．超精密机床研究现状与展望［J］．哈尔滨工业大学学报，2014（5）：28-39.
［5］李圣怡，戴一帆，王建敏，等．精密和超精密机床设计理论与方法［M］．长沙：国防科技大学出版社，2009.
［6］中国机械工程学会．中国机械工程技术路线图（2021版）［M］．北京：机械工业出版社，2022.
［7］徐明进．强光元件离子束修形工艺与本征特性演变规律研究［D］．长沙：国防科技大学，2017.
［8］Li Y，Ye H，Yuan Z，et al. Generation of Scratches and Their Effects on Laser Damage Performance of Silica Glass［J］．Scientific Reports，2016（6）：34818.

编撰组

组　长：戴一帆

成　员：关朝亮　彭小强　熊玉朋
　　　　刘俊峰

第十八节　工业机器人高性能加工技术

一、发展愿景

随着我国综合国力的逐渐提升，航空、航天、能源、轨道交通等领域装备核心零部件呈现尺寸越来越大、精度越来越高、结构越来越复杂、产能需求越来越大的发展趋势[1-2]。传统手工打磨或人工修配的制造方式效率低、产品质量难以保证、且劳动强度大，严重制约了关键装备的服役性能与列装规模[3-4]。针对大型复杂构件的高效高质量加工需求，建立以机器人化、小型化、便携式为主要特征的机器人原位一体化智能制造模式，研制高功率密度线性致动器、轻量化五轴并联加工单元等核心功能部件，攻克大型构件加工机器人行为顺应性与高刚度设计、加工过程力交互与精度自主调控、测量-加工一体化智能柔性工艺等关键技术，形成以小型机器人为加工核心的移动式串联、混联加工机器人、龙门桁架式加工机器人等系列化高性能加工装备，覆盖航空、航天、交通、船舶、能源等领域多品类大型复杂构件的打磨、铣削加工工艺需求，解决重点制造领域的痛点问题，提升国家核心竞争力。

二、未来发展需求

大型复杂构件是航空、航天、交通、能源等重点制造领域装备的核心零部件,具有尺寸大、形状复杂、加工精度要求高的特点。

在航天领域,"十四五"期间,北斗导航、高分辨率对地观测、新一代通信卫星等重大工程中的大型卫星[5]预计年产50颗,卫星结构以及贮箱支架等的尺度通常在3~9m,超出现有加工装备的行程,目前采用分体加工-组装-测量调试的修配式制造模式,效率低且难以稳定达到IT8的精度等级要求。

在航空领域,飞机梁肋等结构[6]具有大长宽比特征,加工精度要求优于0.15mm,长度在2~8m,现有装备需进行多次变位装卡分段加工,效率和精度的保证难题制约了产能的进一步提升;飞机蒙皮表面钉头凹凸量是决定飞机隐身性能的关键参数,目前国内蒙皮与骨架连接均为人工作业,存在劳动量大、效率低、精度低等问题。

在交通领域,新能源汽车铝合金车架等的长×宽尺寸不小于1m×0.5m,精度要求优于0.1mm,加工特征角度跨度不小于90°,现有装备灵活性及柔性不足,需结合辅助工装进行多次装卡,高效柔性化制造技术的欠缺导致企业难以应对巨大市场体量和爆发式增长需求。

在能源领域,风电叶片[7]具有尺寸超大(通常≥50m)、型面复杂以及刚性弱等特点,目前主要采用人工作业的制造方式,对工人技术水平要求高,且劳动强度大,严重影响工人的身体健康,此外,人工作业还存在效率低、产品质量及一致性无法保证等问题。

为此,亟须探索变革性的机器人加工技术,攻克机器人设计、精度保证、智能柔性工艺等关键技术,突破核心功能部件瓶颈,研制新型高性能加工机器人装备,实现大型复杂构件的高效高质量加工,缩短加工周期、提高加工质量、降低生产成本,推动加工制造向智能化和自动化方向发展。

三、该技术研发水平现状及与国际比较分析

以航空、航天、船舶、轨道交通、能源、汽车等为代表的高端制造业体现着国家科学技术的核心竞争力,是国家安全和国民经济的重要保障,体现了国家重大需求。航天器舱体、飞机梁肋零件、舰船大型部件、风电叶片等大型复杂结构件具有尺寸超大、型面复杂、加工精度要求高等特点,对现有加工工艺和装备提出了严峻挑战。对

于尺度大于 4m 的超大构件，由于超出了机床的加工行程，目前只能被迫采用人工作业，加工效率和加工质量一致性均无法保证；对于尺度 4m 以内的大型构件，当前主要采用大型专用机床粗加工与人工打磨精加工相结合的方式，存在制造成本高、柔性差、工件装卡复杂、效率低等问题，此外，大型高端数控机床属于紧缺装备，且长期受国外技术封锁，严重制约了国家战略装备的服役性能与研制进度。

近年来，随着机器人技术的进步，移动机器人原位加工模式逐渐兴起，将小型加工单元搭载在移动平台上，提高了机器人的加工可达性、环境适应性和制造柔性，从而可以实现对大型构件的原位加工[8-9]。这种采用小型机器人加工大尺度零件的移动加工模式逐渐成为航空航天零部件高品质制造的新趋势，被列为国外国防制造技术二十大动向之一[10]。以串联机械臂为加工核心，德国 Fraunhofer 研究所开发了移动式机器人系统（图 4-21a），应用于长度为 6m 的大型飞机尾翼制孔[11]；美国电冲击（Electric Impact，EI）公司与空客公司合作研制了一套机器人自动钻削系统 ONCE（图 4-21b），应用于机翼后缘襟翼的钻孔及锪窝[12]；华中科技大学开发了移动式磨抛机器人（图 4-21c），并在时代新材（风电叶片厂）实现了大型风电叶片磨抛加工[13]；北京卫星制造厂研制了移动式串联加工机器人（图 4-21d），应用于卫星太阳翼压紧面的整体铣削[14]。

a. Fraunhofer 研究所移动加工机器人 　　b. 美国 EI 公司机器人制孔系统

c. 华中科技大学机器人磨抛系统 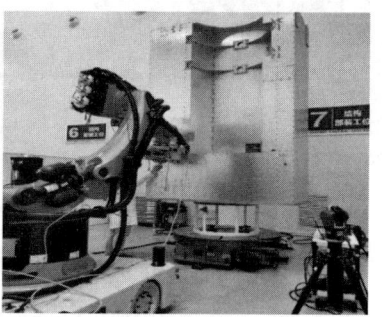　　d. 卫星制造厂机器人加工系统

图 4-21　基于串联机械臂的机器人加工装备

与串联机器人相比，并联机器人在结构紧凑性、刚度、精度等方面具有一定优势，可以通过模块化设计将其作为移动式加工装备的铣削加工单元。例如，西班牙龙信（LOXIN）公司设计了三自由度并联定位机构，结合 AC 摆角头，研发了轻量化的五轴混联加工机器人 Tricept（图 4-22a）[15]，并针对大型复杂构件的制造需求，集成滑台和高精度转台，开发了移动式钻孔装备，已成功应用于 A350XWB 飞机壁板的高效钻孔；天津大学研制了一款采用"三自由度并联机构 +AC 摆角头"构型的五自由度混联加工机器人 TriMule（图 4-22b）[16]，结合全向移动平台开发了用于大型构件加工的移动式混联装备，已成功应用于大型卫星结构外围载荷压紧面铣削；清华大学研制了五轴并联加工模块 DiaRoM，结合定位机械臂与全向移动平台，构建了移动式混联加工机器人系统（图 4-22c）[17]，该机器人已在天舟货运飞船舱段结构、整舱结构、卫星整星结构的原位铣削加工中得到了应用（图 4-22d），6m 范围内全局加工精度优于 0.1mm。

a. LOXIN 移动式制孔机器人 　　　　　　b. 天津大学移动式加工机器人

c. 清华大学移动式混联加工机器人 　　　　d. 机器人应用于天舟货运飞船的建造中

图 4-22　基于并联模块的机器人加工装备

综上所述，目前国内外在机器人加工技术方面均取得了显著成效，呈现以下发展趋势。

（1）基于并联模块的高性能混联加工装备。针对大型复杂构件的加工制造以及大型设备的异地维修对高性能柔性加工系统的需求，融合现有加工装备的优势，研制轻量化高精度并联加工模块并开发移动式/吸附式/龙门式混联加工装备是大型结构件高效高质量加工的理想解决方案，逐渐成为加工装备发展的新趋势。

（2）"测量-加工"一体化柔性工艺[18]。不同于传统机床，移动装备采用"固定零件、移动母机"的加工方法，装备与工件之间无法通过工作台直接确定相对位姿关系，因此，针对大型构件复杂型面特征的加工需求，需要构建跨尺度位姿测量系统，增强加工装备对大型复杂构件的"空间感"和"全局观"，实现"测量-加工"一体化柔性工艺。

四、发展的制约因素分析

在技术方面，目前国内外在高性能加工机器人本体设计技术、大型结构件加工工艺技术等方面已经取得了显著成效，出现了多款代表性的机器人产品以及大型结构件原位加工应用案例，充分证明了大型复杂构件机器人加工技术的可行性。但机器人智能化程度仍有所欠缺，工艺过程复杂，制约了技术的推广应用，未来需要攻克大场景下高精度测量、高精度交互力控制、机器人精度保证与性能自持等关键技术，并开发加工机器人操作软件，提高机器人的性能与操作便捷性。

在市场方面，大型航天器舱体、重型火箭贮箱筒段、飞机梁肋零件、铝合金车体框架、大型风电叶片、盾构刀盘等大型复杂构件是航空、航天、交通、能源等战略支柱行业的核心关键部件，市场需求量巨大，技术变革动力足，市场风险较低，具体的实施障碍和困难体现在以下两点：①市场上一般需要技术应用成熟、服务配套完善的产品，再叠加行业惯性，总体上对新兴技术接受度不高，因此，对本技术的成熟度要求较高且在扭转市场惯性方面需要一定时间；②大型复杂构件机器人加工作为一种新兴的技术，国内外均处于技术探索阶段，未形成成熟的产品，研发成本高昂，在技术被市场广泛接受之前难以实现盈利，技术进步依赖于国家的持续投入。

五、重点发展方向

（一）机器人化、小型化、便携式加工机器人装备

以机器人化、小型化、便携式为主要特征的加工装备已成为大型构件加工装备的重要发展趋势。一方面，具有姿态耦合运动特点的全并联五轴加工模块具有结构紧凑、

重量轻、刚度高、动态特性好等潜在优势，通过尺度综合、高刚度质量比设计等优化设计方法，可以实现加工模块的高性能；另一方面，模块化便携式的设计使得五轴并联加工模块具有可重构配置的特点，可根据实际加工场景需求搭配真空吸附装置、磁吸附装置、龙门、高刚度机械臂以及移动底盘等移动单元重构成多种形式的大型构件加工装备，如真空吸附式加工机器人（图4-23a）、电磁吸附式加工机器人（图4-23b）、龙门桁架式加工机器人（图4-23c）、移动式混联加工机器人（图4-23d）等，从而拓宽加工模块的工作空间或加工可达性，提升加工单元对不同加工场景的适应性，进而实现大型复杂构件的高效高精加工。

a. 真空吸附式加工机器人 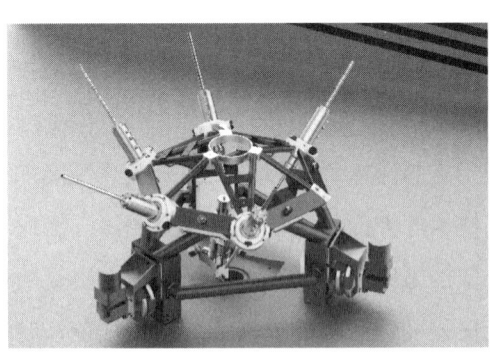　　　　b. 电磁吸附式加工机器人

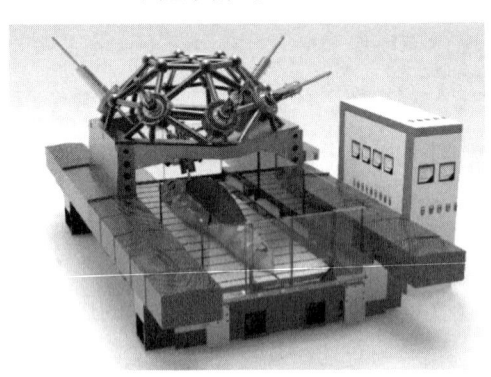

c. 龙门桁架式加工机器人 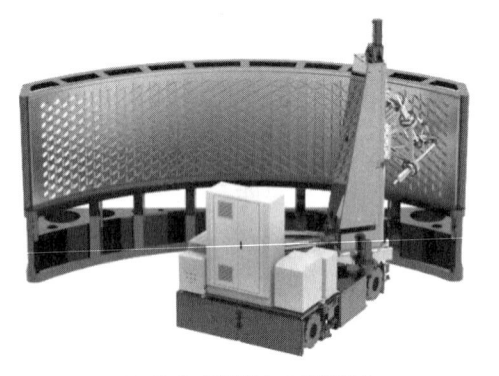　　　　d. 移动式混联加工机器人

图4-23　基于五轴并联模块的机器人加工装备构想

（二）多机器人原位智能协同制造

随着复杂构件大型化设计以及高效加工需求的不断增长，多机原位智能协同加工的制造模式应运而生。面向复杂构件表面特征的多元化加工需求，采取"蚂蚁噬骨"式多机器人原位协同加工方法，充分发挥加工装备小型化特点，构建并行式、阵列式、镜像式等多类型机器人化装备智能协同加工系统，实现大型复杂构件以及复杂型

面特征的原位加工（图4-24）。随着新一代信息通信技术与先进制造技术的深度融合，将推动制造模式由单机制造向多机网络化协同、智能化加工方向发展。

a. 多机器人多工艺工序协同加工　　　　b. 多机器人协同打磨

图4-24　多机器人原位协同制造

（三）"测量-加工"一体化智能柔性制造

面向大型构件复杂型面特征的加工需求，研究并联模块高精度铣削控制技术与高精度力控磨抛技术（手）、大场景下高精度测量技术（眼）、机器人智能决策技术（脑），构建场景信息融合、在线加工有机结合的"手-眼-脑"协同制造体系（图4-25），使机器人具有一定的自主识别与自主决策功能，以实现大型构件各类表面特征的一体化高效加工和检测。加工装备可实现大场景、复杂工序下的视觉/激光自主导航和加工特征的自动配准，加工过程中进行在线加工质量评估，并实时修正工艺参数。融合多源信息的机器人协同加工系统，可实现"测量-加工"一体化，进一步结合数字孪生技术，从而形成虚实交互、数据信息共享、实时优化决策、精准控制的生产系统和生产过程，使加工制造全程可控。

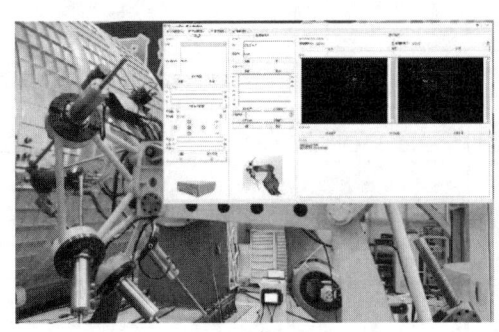

a. 机器人铣削　　　　b. 机器人打磨

图4-25　"测量-加工"一体化

六、阶段性研究内容与预计实现时间

2023—2026 年，研制高功率密度线性致动器与轻量化五轴并联加工模块，攻克机器人性能保障关键技术。

2027—2030 年，研制大范围精密测量系统，攻克"测量-加工"一体化柔性加工工艺，形成系列化的移动式串联/混联加工机器人、龙门桁架式加工机器人等装备，在北京卫星制造厂有限公司、航空工业成都飞机工业（集团）有限责任公司、首都航天机械有限公司、中航工业西安飞机工业（集团）有限责任公司等重点企业开展示范应用。

2031—2035 年，攻克机器人性能自检与自修复技术，实现加工机器人的高可靠性，并在军工、能源、交通、船舶、盾构等制造业领域进行技术大范围推广应用，形成规模化效应。

七、技术路线图

工业机器人高性能加工技术路线图见图 4-26。

项目	2023年 —————— 2026年 —————— 2030年 —————— 2035年
需求与环境	航天器舱体、飞机梁肋零件、舰船部件、风电叶片等大型复杂构件是国家战略装备的核心零部件，具有尺寸超大、型面复杂、加工精度要求高等特点，对现有加工工艺和装备提出了严峻挑战
重点产品	高功率密度线性致动器、轻量化五轴并联加工功能模块、大范围高精度测量系统，移动式串联加工机器人、移动式混联加工机器人、龙门桁架式加工机器人等装备
机器人化、小型化、便携式加工机器人装备	目标：加工模块轻量化、高动态响应与智能化 ｜ 目标：高性能移动式混联加工机器人装备 途径1：并联机器人型-性-度交互设计方法，机器人高刚度质量比优化设计 ｜ 途径2：驱动单元与加工模块多传感器融合，精度主动调控、性能自检与自恢复 ｜ 途径3：机器人行为顺应性设计，系统集成与型号产品加工示范应用
多机器人智能原位协同制造	目标：多机协同加工系统 ｜ 目标：大型构件多机器人高效加工 途径1：可覆盖打磨、铣削、制孔等工艺的系列化移动式串联、混联加工装备研制 ｜ 途径2：多机器人多工艺工序自主规划、多机智能协同、多机自律控制
"测量-加工"一体化智能柔性工艺	目标：跨尺度精密测量系统 ｜ 目标：智能柔性工艺 途径1：多模式测量系统融合 ｜ 途径2：加工单元动态引导跟踪 途径3：多源异构数据融合 ｜ 途径4：测量数据驱动的全闭环高精度控制

图 4-26　工业机器人高性能加工技术路线图

参考文献

[1] Wang G, Li W L, Jiang C, et al. Simultaneous calibration of multi-coordinates for a dual-robot system by solving the AXB = YCZ problem [J]. IEEE Transactions on Robotics, 2021 (37): 1172-1185.

[2] 谢福贵, 梅斌, 刘辛军, 等. 一种大型复杂构件加工新模式及新装备探讨 [J]. 机械工程学报, 2020, 56 (19): 70-78.

[3] 张霞, 高立国, 刘汉良, 等. 大型航天器结构离线组合加工误差分析及控制 [J]. 航天制造技术, 2018 (3): 5.

[4] Chong Z H, Xie F G, Liu X J, et al. Design of the parallel mechanism for a hybrid mobile robot in wind turbine blades polishing [J]. Robotics and Computer-Integrated Manufacturing, 2020 (61): 101857.

[5] 张加波, 刘海涛, 乐毅, 等. 面向大型卫星的可移动混联机器人加工技术 [J]. 航空学报, 2022, 43 (5): 92-100.

[6] Hao X Z, Li Y G, Zhao Z W, et al. Dynamic machining process planning incorporating in-process workpiece deformation data for large-size aircraft structural parts [J]. International Journal of Computer Integrated Manufacturing, 2019, 32 (2): 136-147.

[7] Fan Q, Tao B, Gong Z, et al. Fast global collision detection method based on feature-point-set for robotic machining of large complex components [J]. IEEE Transactions on Automation Science and Engineering, 2022 (20): 470-481.

[8] Tao B, Zhao X W, Ding H. Mobile-robotic machining for large complex components: A review study [J]. Science China-Technological Sciences, 2019, 62 (8): 1388-1400.

[9] Kim S H, Nam E, Ha T I, et al. Robotic machining: a review of recent progress [J]. International Journal of Precision Engineering and Manufacturing, 2019 (20): 1629-1642.

[10] 北方科技信息研究所. 国外国防制造技术发展报告 2020 [J]. 国防制造技术, 2021 (1): 2.

[11] Moeller C, Schmidt H C, Koch P, et al. Real time pose control of an industrial robotic system for machining of large scale components in aerospace industry using laser tracker system [J]. SAE International Journal of Aerospace, 2017, 10 (2): 100-108.

[12] Devlieg R, Sitton K, Feikert E, et al. ONCE (ONe-sided Cell End effector) Robotic Drilling System [C]//SAE 2002 Automated Fastening Conference&Exposition, Chester, ENGLA. SAE Technical Papers.

[13] Zhao X, Tao B, Han S, et al. Accuracy analysis in mobile robot machining of large-scale workpiece [J]. Robotics and Computer-Integrated Manufacturing, 2021 (71): 102153.

[14] 周莹皓, 张加波, 乐毅, 等. 移动机器人技术在航天制造业中的应用 [J]. 机械设计与制造工程, 2018, 47 (2): 5.

[15] Palpacelli M, Palmieri G, Carbonari L, et al. Experimental identification of the static model of the HPKM Tricept industrial robot [J]. Advanced Robotics, 2014 (28): 1291-1304.

[16] Dong C, Liu H, Yue W, et al. Stiffness modeling and analysis of a novel 5-DOF hybrid robot [J]. Mechanism and Machine Theory, 2018 (125): 80-93.

[17] Xie Z H, Xie F G, Zhu L M, et al. Robotic mobile and mirror milling of large-scale complex structures [J]. National Science Review, 2023, 10 (5): 188.

[18] 何雨镐, 谢福贵, 刘辛军, 等. 大型构件机器人原位加工中的测量方案概述 [J]. 机械工程学报, 2022, 58 (14): 1-14.

编撰组

组　长：刘辛军

成　员：谢福贵　陶　波　张　驰

第五章

促进先进制造产业与技术发展的政策建议

一、围绕国家总体目标，加强先进制造重点产业领域和关键技术领域的战略谋划和前瞻部署

（一）加强对先进制造领域的关键技术预测研究

围绕国家中长期发展规划纲要，瞄准国家先进制造"十四五"重大专项、重大规划、重大工程，持续开展先进制造领域的关键技术预测和重大技术选择，深入开展先进制造各重点产业领域和技术领域的技术路线图研究，把握先进制造领域的技术发展方向，明确先进制造产业的发展重点，为国家和各级政府制定先进制造业科技发展战略、规划提供依据，为各类先进制造科技专项计划提供备选项目内容，为科研单位和企业技术发展和产品开发方向以及投资重点提供信息服务和导向。

（二）加强战略性竞争领域的超前布局

应针对先进制造业高质量发展的关键技术领域，加强战略谋划和前瞻部署。一是大力推进智能制造系统研制，重点研发高安全、高可信的实时工业操作系统，在先进轨道交通装备、高端船舶和海洋工程装备等领域推广应用。二是推进工业软件研制应用，加强工业数据分析软件以及工业智能解决方案开发，研发覆盖产品全生命周期和制造全业务活动的工业大数据系统。三是加快工业互联网建设，推进智能监测、远程诊断管理、全产业链追溯等工业互联网新应用，促进制造业全要素连接和资源优化配置。四是大力推进重大技术装备的攻关。对于已经达到国际领先或先进水平的重大技术装备，通过制定普惠政策，强化基础研究、共性技术研究以及基础产品的攻关，使这些重大技术装备真正成为中国制造的长板，保持并扩大在国际上的领先优势。对于与发达国家差距巨大的重大技术装备，单靠市场化手段难以改变现状，必须发挥社会主义集中力量办大事的优势，由国家组织实施专项行动计划，尽快予以突破。

（三）布局具有国际领先水平的先进制造国家实验室，打造科技和产业创新高地

世界主要工业国家通过国家实验室建设获得先进制造技术领先优势的历史经验，均表明国家实验室建设在包括先进制造等在内的前沿科技创新中具有重要作用。根据我国先进制造技术优势结构化分布状况，在超精密加工技术、材料成形工艺技术、仿生制造技术、数控机床、计算机辅助设计技术、工业机器人等处于成长期的子技术领域中布局国家实验室建设，通过实施一批具有前瞻性、战略性的国家重大科技项目，加快关键核心技术攻关，突破在航空发动机、高端轴承钢、医学影像探测器、自主研发的操作系统、芯片、顶级光刻机等技术领域建立起开放的前沿技术研发平台，为先进制造业的发展提供强有力的科技创新支撑，满足我国经济转型升级战略需要。

二、设立先进制造产业技术系列专项，加强科技计划专项之间的组织实施与衔接合作

（一）做好顶层设计，有序设立先进制造产业技术系列专项

做好顶层设计，有序多层次地设立先进制造产业技术专项。着重安排一批国民经济与社会发展亟待解决的重大关键技术攻关项目，抓好一批涉及面广、能带来重大影响的综合性研究项目，适当安排若干项跟踪国际领先水平、前沿性的研究项目，以及为增强创新能力的共性基础性研究项目。持续设立"高性能制造技术与装备""关键基础零部件""高端工业设计软件""智能传感器""高端数控机床""智能机器人""智能制造""绿色制造"等重大专项，推进先进制造业高端化、智能化、绿色化发展。

（二）制定《先进制造业基础科学研究规划》，设立先进制造业基础科学专项，突出发展重点

将先进制造业领域基础科学研究前移，强化"根""源"力量，制定《先进制造业基础科学研究规划》。瞄准重大装备和重大工程的制造需求，支持底层方法/原理/机制研究、"卡脖子"技术基础研究；面向发展前沿，重点支持新原理、新方法、新机制、颠覆性技术等相关的基础科学研究；注重交叉融合，设立"先进制造业基础科学交叉融合专项""先进制造业基础科学研究专项""先进制造业基础科学研究优先发展清单"。开发源头创新，设立"空白计划""牛刀计划"等。重视科研创意和创新理念的激励，鼓励和支持青年科研人员大胆尝试、勇于创新。

（三）加强科技计划专项之间的统筹实施与衔接合作

在科技计划的组织保障上，相关重点任务根据各自定位和特点，分别通过国家重点研发计划、国家科技重大专项、技术创新引导专项（基金）等各类科技计划多渠道分类型有序组织实施，加强相关科技计划的衔接和合作，提升科研效率和成果质量。优化一批国家制造业基础科学研究机构，明确研究任务，布局重点培育和发展方向，做到精准投入、集中持续攻关。实施"总分总"创新模式，加强分散资源的有效整合与尖峰集成，先进设计、工业软件、先进制造技术、服务能力等围绕国家重大工程开展集中化创造，建立举国体制的"攻坚战"组织机制。

三、发挥地区资源优势，推动先进制造产业集群进一步发展，形成先进制造发展新格局

（一）科学合理地推进先进制造产业集群的产业布局

发展先进制造产业集群有利于发挥地区优势资源集成作用，集中发力，是促进区域生产效率的重要途径，是提升区域竞争力的重要方式，是抑制地区产业结构趋同化的重要抓手。近年来，根据各地不同优势条件引导区域差异化发展，以区域和城市为主体单元，打造了一批具有区域特色的制造业产业集群。由发展与改革、科技、财政、工信、商务等相关部门共同建立跨部门协作机制，充分考虑不同类型产业集群发展不平衡的状况和差异性，分类施策，协同推动先进制造产业集群的科技支持体系培育工作，同时坚持"因地制宜"差异化发展原则，避免产业集群同质化、低水平无序竞争。

（二）集中区域优势资源，培育若干世界级先进制造业集群

充分挖掘区域先进制造业发展潜力，集中地区优势资源、培育若干世界级先进制造业集群。各省市要集中资源，可以选择最有优势特色的一两个产业集群，向世界级产业集群迈进。不要大水漫灌，而是精准灌溉。切忌以浮躁的心态打造世界级产业集群，与世界知名产业集群对标，进一步明确集群培育方向和具体路径，逐步解决区域重复建设、低水平竞争等产业结构性矛盾，构建具有分工协作的全球网络组织形态，提升制造业品牌国际影响力和竞争力。完善支持先进制造业发展的政策体系，搭建集群培育交流平台，建设专业化集群发展促进组织，探索跨区域协同培育集群模式，着力提升集群综合实力和产业链韧性水平。

（三）培育中小企业特色产业集群，进一步助力构建现代化产业体系

聚焦区域经济，立足本土特色资源和产业基础，进一步明确主导产业定位，以专精特新中小企业为主体，完善中小企业梯度培育体系。提升产业链关键环节专业化配套能力，强化产业链协同能力增强供应链的本土化，提升供给效率，提升集群治理水平，进一步促进中小企业高质量发展。逐步夯实制造产业基础，推进高水平对外开放，促进先进制造业向全球价值链中高端发展。

四、实施制造业人才科学素养行动计划，壮大先进制造业人才队伍

（一）实施制造业基础素质培养行动计划，夯实先进制造业人才根基

将先进制造业的职业素养培育纳入义务教育，从青少年抓起，吸引更多的人才投身制造业，培养支撑先进制造业发展所需的高素质人才基础。将先进制造技术的关键概念、基础知识和技能纳入小学和中学科学、技术、工程和数学的课程改进议程，为学生提供令人兴奋的、学习密集型的课程，组织中小学生参加先进制造企业基地相关活动，推广普及先进制造技术，结合基础教育了解先进技术发展、培养兴趣、参与发明等，提高学生对多种职业道路的认识。在小学阶段侧重先进制造业启蒙教育和职业感知，初中阶段侧重职业体验和职业生涯的初步规划，在职业高中和普通高中后阶段开展先进制造的模拟活动等混合课程，以及使用先进制造业中的尖端设备和方法，让更多的学生更多地接触先进制造业，为先进制造业发展培养未来更多的后备人才。建议建立学校、行业协会、企业等组成的合作协调机制，研究和制定推进义务教育阶段先进制造业职业素养培育的方案和措施；由政府部门制定相关方针、激励政策并建立稳定的经费投入保障体系；企业负责先进制造业启蒙教育基地的建设和运行；学校负责培育的具体组织和实施。

（二）实施院校制造业创新能力培养行动计划，构建面向先进制造产业需求的多层次多结构人才培养教育体系

根据院校功能定位实施不同的专业课程改革模式。研究型工业大学主要是培养研究开发型人才，通过学习、教育和研究相结合进行培养，使之具备掌握科学知识和开发研究的能力；应用技术大学主要培养擅长实践动手能力的应用型人才，面向实践应用进行教育和培养，建立职业学校和企业共同培养科技人才的"双元制"教育制度体系。加强重点核心专业和人才培养基地的建设，推进行业企业参与高校专业课程改革，在院校教学指导委员会中增加行业企业专家比例。深入了解企业、产业的发

展需求，以"大工程教育"为理念，面向产业需求开展院校学科专业调整。推进先进制造职业技术教育的现代化，鼓励支持企业参与职业教育，加强制造工程实践教学和学习，提高学生的参与度和学习成果，增强先进制造产业的认可度和吸引力；提升加强院校师资/培训师队伍建设，能够使用最新的教学方法教授先进制造业的学术知识和技能；支持大学生竞赛活动，提供先进制造业所需的技能，激发学生对先进制造业的职业兴趣，实现职业技术教育的现代化和规模化。

（三）实施先进制造产业人才科学素质提升行动计划，扩大和丰富先进制造业人才队伍

以提升技术技能素质为重点，提高先进制造产业人才的职业技能和创新能力，打造一支有理想守信念、懂技术会创新、敢担当讲奉献的先进制造高素质人才队伍。提供定制式企业在职人员培养方案，打造模块化、系统化的在职人员能力提升平台，采用"购买课程"模式为在职人员提供多层次的证书类培养环节，利用虚拟现实技术创新人才培训教育新模式。搭建产教融合服务信息平台，探索校企合作平台与高等学校、科研院所、企业共建共享的新模式。构建产业人才能力认定、测试和提升的工作模式和评价体系，追踪不断变化的职业要求，为新的先进制造职业制定证书标准和要求，鼓励对新兴制造技术的模块化、受行业认可的证书和认证进行激励和投资。设立先进制造企业人才专项，提高制造企业高端人才的海内外引进力度，创新企业人才激励政策，构建多元化的吸引和留住先进制造业人才的薪酬保障体系，加大企业自主与高校和科研机构的人才联合培养力度，不断壮大先进制造企业的高层次人才队伍。

编撰组

组　　长：田利芳

成　　员：刘艳秋　韩清华　于宏丽
　　　　　袁俊瑞

索 引

B

表层改性 1，35，58，185~189，192

C

产品生命周期 20，28，34，44，58，175~181

超材料增材制造 32，56，129，130，132~134，136

超精密制造 1，25，26，28，30，31，39，54，59，102，216，220

成形制造 1，25，28~30，39，48，88~91，93

传感器 25，26，31，47，49，51，55，57~59，69，72，78，84，105，110，112~114，136，145，155，159~161，164，169，194~205，221，234

D

大数据感知分析 56，150，152，154~156

大数据平台 181

电动汽车关键部件再资源化 35，57，167，169，171~173

短波长光学元件 106

F

废旧产品再资源化 51，57，167，173，174

分布式计算 34，57，160~164

分析仪器 47，55，113，114

复合材料增材制造 32，55，118，119，121，123，125

复杂装备 29，49，50，53，69，73，76~80，82~86

G

高端化 Q7，Q8，12，15~18，39，43，58，59，68，184，207，234

高端数控机床 2，9，17，18，24，25，28，36，37，42~46，51，59，78，184，206~215，225，234

高品质摩擦焊 48，50，53，93，94，99，100

高性能加工 51，60，221，223，224，

227，230

高性能模拟　50，51，66~70，75

工业互联网　2，6，34，44，47，51，57，87，142，158~165，195，233

工业机器人　5，9，19，25，28，36，42，45，46，51，60，68，71，72，74，121，184~186，223，230，234

工业软件　9，16，18，25，29，33，42，43，44，46，47，50，51，56，66~68，70，71，74~76，140~147，198，233，235

固态电池增材制造　32，56，128，130，131，133~135

惯性摩擦焊　30，54，94~101

光伏电池再资源化　35，57，168，170，172，173

光学检测　47，55，110，112

J

基础零部件　Q7，9，16，25，28，35，36，42，45~48，51，58~60，183~192，234

加工机器人　46，60，223~228，230

建模仿真引擎　56，140，141，143，144，146，147

金属增材制造　32，55，117，119，122，123，127

近净成形　92

精度保持性　36，43，44，46，51，59，78，206~210，212~214

精密热处理　35，36，47，58，186，188~190，192

精益设计　66，67，69，71，74

H

行业数据空间　34，57，159~164

K

抗疲劳制造　35，36，47，51，58，183~193

可靠性管理　29，77，81，84，85，209

可靠性技术　36，39，46，49，59，80，83~85，208~211，214

可靠性评估　77，80，83，85

可靠性设计　36，44，59，77~79，81，83，85，207，209~211

L

绿色化　Q7，Q8，1，6，12，15，16，20~22，28，39，42，43，77，234

绿色设计　15，20，21，28，34，58，175~182

绿色制造　Q8，9，11，15，20~22，24，26，28，34，35，39，41~44，46，49，51，130，167，176，177，183，234

P

疲劳失效机理　35，47，58，188~190

R

热固性高分子材料回收　35，57，168，170~173

人工智能　5~7，9，12，14，15，18，19，23，29，33，49，51，56，67，68，71，73~75，77，79，84，85，110，124，134，137，140~142，144~151，154~156，159，160，181，195，201，203，204，210

S

三维集成封装与测试　201

生物医疗器件增材制造　56，129，130，132~134，136

声学检测　47，55，110，114

W

微电子电路增材制造　32，56，128，129，131，133~135

微服务化　56，140，142，143，145~147

微纳制造　1，25，26，28，31，32，39，134，201

问题建模　56，150，151，153~156

无机非金属材料增材制造　32，55，118，123，125

X

系统集成　15，17，31，47，51，57，58，67，175，182

先进设计　28，29，39，50，59，66~68，198，200，203，235

先进制造　Q5，Q7，Q8，1~6，8~20，22~25，28，29，37~45，47，48，50~55，59~71，74，79，87，88，91，93，94，108，109，111，117，129，141，142，184，194，195，205，206，215，229，233~237

线性摩擦焊　30，54，94~101

芯片设计　47，197，198，202，204

学习引擎　56，140~142，144~146

Y

优化决策引擎　33，56，140~147

原位协同制造　229

原子级精度　30，105，106

云边协同　19，34，47，51，57，71，159，160，162~165

Z

在线精密测试　47，50，54，108~111，114，115

增材制造　2，7，9，21，25，26，28，32，33，39，47，48，50，55，56，77，95，117~139，206

增减材整体制造　48，50，55，117，119，121，126，127

整体成形　29，53，88~92

知识表达与重用　180

智能化　Q7，Q8，1，2，5，6，9，10，12，15，16，18，19，21，23，28，29，

32，35，39，44，46~49，51，53，
56，57，59，60，66~71，73，77，
79，90~93，119，122~124，130，
137，140~142，147，148，150，155，
156，159，161，165，169，170，
176，194，195，199，201，205，
207，216，224，227，229，234

智能决策 90，145，150，152，156，229

智能设计 5，29，43，48，49，51，66，
67，69，70，72~74

智能制造 2，5，9，10，12，15，18，19，
24，25，28，33，34，39，42，43，
48，49，51，53，55~57，60，67，
68，70，75，76，78，79，87，93，
116，135，143，146，148~150，152，
153，155，158，158，161，166，
195，206，223，233，234

自主决策 18，34，56，150~157，159，
162，164，229